LES DIX MILLENAIRES OUBLIES
QUI ONT FAIT L'HISTOIRE

DU MÊME AUTEUR

Le Néolithique : à l'origine du monde contemporain, La Documentation française, 2017.
Mais où sont passés les Indo-Européens ? Le Mythe d'origine de l'Occident, Seuil, 2014, 2016 ; « Points », 2017.
Exquise planète, avec Pierre Bordage, Roland Lehoucq et Jean-Sébastien Steyer, Olide Jacob, 2014.
On a retrouvé l'histoire de France : comment l'archéologie raconte notre passé, Robert Laffont, 2012 ; Gallimard, 2013.
La Révolution néolithique dans le monde (dir.), Éditions du CNRS, 2010.
La Fabrique de l'archéologie (dir. Avec Christian Landes), La Découverte, 2009.
L'Europe, un continent redécouvert par l'archéologie (dir.), Gallimard, 2009.
La Nécropole gauloise de Bucy-le-Long, codirection avec Sophie Desenne et Claudine Pommepuy, supplément à la *Revue archéologique de Picardie*, 2009.
La Révolution néolithique : les origines de la culture, Le Pommier, 2008, 2017.
L'Avenir du passé, codirection avec Bernard Stiegler, La Découverte, 2008.
Archéologie et patrimoine au Japon, codirection avec Pierre Souyri, Maison des sciences de l'homme, 2008.
Naissance de la figure : l'art du paléolithique à l'âge de fer, Hazan, 2007 ; Gallimard, 2017.
L'Archéologie préventive dans le monde (dir.), La Découverte, 2007.
La Révolution néolithique en France (dir.), La Découverte, 2007.
La France archéologique, (dir.), Hazan, 2004.
Guide des méthodes de l'archéologie, avec François Giligny, Anne Le Hoërff et Alain Schnapp, La Découverte, 2002, 2014.
Chronologie et société des nécropoles celtiques de la culture Aisne-Marne, supplément à la *Revue archéologique de Picardie*, 1999.
Les Gaulois, Hachette Éducation, 1995.
La France de la préhistoire : mille millénaires, des premiers hommes à la conquête romaine, Nathan, 1990, 2017.

Jean-Paul Demoule

Les Dix Millénaires oubliés qui ont fait l'Histoire

Quand on inventa l'agriculture, la guerre et les chefs

Pluriel

Couverture : Delphine Delastre
Illustration © IP-3.fr
ISBN : 978-2-818-50582-3
Dépôt légal : février 2019
Librairie Arthème Fayard/Pluriel, 2019.

© Librairie Arthème Fayard, 2017.

Pour Rebecca et Natacha

Introduction

Chacun d'entre nous a entendu parler des « Gaulois », nos « ancêtres » ; et chacun d'entre nous a entendu parler des « hommes préhistoriques », une massue à la main, vivant velus au fond des grottes, où ils peignaient parfois des animaux. Mais que s'est-il passé entre les deux, que séparent dix millénaires ?

Ces dix millénaires, on peut les appeler les « millénaires zappés », car ils ne sont pas enseignés à l'école, ils n'appartiennent pas à notre culture générale ou médiatique, il n'en est jamais question dans les émissions de radio ou de télévision. Ils sont passés à la trappe de notre mémoire.

Pour le dire autrement, il y a douze mille ans, les humains, au nombre de quelques centaines de milliers, semblables à nous sur le plan physique, psychomoteur et psychique, inchangés depuis des dizaines de millénaires, nomadisaient par petits groupes de quelques dizaines d'individus sur l'ensemble, ou presque, des terres émergées. Aujourd'hui, sept et bientôt neuf milliards d'humains, presque tous sédentaires, peuplent la terre, dont un milliard ne mange pas à sa faim, et un autre milliard est en surpoids. Plus de la moitié vivent dans des agglomérations urbaines qui peuvent rassembler plusieurs dizaines de millions d'individus. Leurs sociétés sont très inégalitaires, puisque environ 1 % d'entre eux possèdent la moitié de la richesse mondiale.

Que s'est-il donc passé de si décisif pendant ces dix millénaires zappés ? Une invention essentielle, définitive, irréversible : celle de l'agriculture et de l'élevage, ce que les archéologues appellent la révolution* néolithique. L'agriculture sécurise l'alimentation et permet la sédentarité. Grâce à elle, la population humaine va s'accroître rapidement, prendre le contrôle de la planète et de toutes les autres espèces biologiques, quitte à en éliminer un grand nombre. Mais cet accroissement démographique indéfini, et qui est toujours hors de contrôle, va provoquer concentrations humaines, tensions sociales, guerres, inégalités croissantes. Il y a cinq mille ans apparaissent les premières villes du monde, en Mésopotamie et en Égypte, tout comme l'écriture, indispensable pour administrer des sociétés de plus en plus nombreuses. En Europe, le chemin sera plus lent, mais tout aussi définitif, avec la conquête romaine.

Mais pourquoi a-t-on inventé l'agriculture – et tout ce qui s'ensuit : les dieux, les chefs, la guerre, entre autres ? C'est le propos de ce livre, qui se déroule, non pas dans l'ordre chronologique des événements passés, mais au fil de onze grandes questions – et de leurs réponses, transversales à tous ces événements, que l'on peut donc lire dans l'ordre que l'on souhaite.

Pour guider cette lecture transversale, on pourra consulter en fin de volume une brève histoire chronologique de l'Europe et de ses alentours, depuis les origines, récapitulée dans une frise. Les mots suivis d'un astérisque sont définis dans le glossaire.

Chapitre 1
Qui a inventé l'agriculture (et l'élevage) ?

Fallait-il inventer l'agriculture ? Qui a eu l'idée ? Et pourquoi à ce moment-là ? Et où ? Dans un seul endroit ou dans plusieurs régions du monde ? Certains peuples s'en sont-ils très bien passés ? Était-ce vraiment un progrès ? Est-ce moins de travail qu'avant ? Avait-on le choix ? Mais pourquoi rien ne fut-il ensuite plus jamais comme avant ?

Pourquoi commencer par l'agriculture ? Parce que tout a commencé par là. Certes, pendant la très grande majorité de leur histoire, les humains ont vécu de chasse, de pêche et de cueillette. Ce n'est qu'il y a dix à douze mille ans, au plus tôt, que certains d'entre eux, d'abord une infime minorité, ont commencé à cultiver certaines plantes et à domestiquer* certains animaux. Dix à douze mille ans, presque rien par rapport à la durée de l'humanité : un millième de son histoire, si l'on remonte à la séparation entre nos plus lointains ancêtres et ceux de nos cousins primates* avec lesquels nous partageons 99 % de nos gènes ; 0,5 % de la durée de vie du genre *Homo** proprement dit, tel que le définissent à ce jour les anthropologues, qui en fixent l'apparition vers 2,5 millions d'années, avec les premiers outils en pierre certains ; ou enfin entre 3 % et 5 % environ de l'histoire de l'homme moderne, l'*Homo sapiens sapiens**, celui comme vous et moi, dont on situe l'émergence en Afrique il y a entre 300 000 et 100 000 ans. Autant dire rien, donc.

Et pourquoi cette étrange invention ? Pourquoi vouloir domestiquer des animaux et des plantes, ce qui demande beaucoup plus de temps, de soins et d'inventivité technique que d'aller simplement chasser ou pêcher des animaux et cueillir des plantes, des fruits ou des racines ?

Longtemps, cette question n'en a pas été une. Depuis la Révolution française puis la révolution industrielle, il allait de soi que l'humanité ne pouvait aller que vers plus de progrès technique, donc vers davantage de bonheur.

Cette vision qui nous paraît si évidente ne l'a pas toujours été, du moins en Occident. Lorsque Adam et Ève furent chassés honteusement du Paradis terrestre pour avoir goûté le fruit de l'arbre-du-discernement-du-bien-et-du-mal (sur la funeste suggestion d'Ève, ne l'oublions pas : nous y reviendrons !) et s'aperçurent qu'ils étaient nus, Dieu leur asséna, si l'on en croit la Genèse : « Maudit soit le sol à cause de toi ! C'est dans la peine que tu en tireras ta nourriture, tous les jours de ta vie. De lui-même, il te donnera épines et chardons, mais tu auras ta nourriture en cultivant les champs. C'est à la sueur de ton visage que tu mangeras du pain, jusqu'à ce que tu retournes dans la terre, d'où tu as été pris ; car tu es poussière, et tu retourneras dans la poussière. » Et l'homme fut chassé du jardin d'Éden, « pour qu'il travaille la terre d'où il avait été tiré ». Le travail de la terre est bien vu comme une punition, conséquence de la Chute.

D'autres civilisations se sont montrées certes plus optimistes. Chez les Grecs, la déesse Déméter donne aux humains les céréales, le dieu Dionysos la vigne. Dans beaucoup de civilisations d'agriculteurs amérindiens, le maïs est offert aux humains par un être surnaturel. Il est vrai que le maïs demande beaucoup moins de travail que le blé.

Mais si l'on écarte l'hypothèse divine et celle des progrès continus de l'humanité (ce qui peut passer pour une autre forme de religion), les causes de cette invention restent discutées. L'archéologie, depuis quelques décennies, ne cesse cependant d'apporter une quantité croissante d'informations concrètes et précises.

QUAND ?

Un premier fait est frappant. L'agriculture (en englobant aussi bien la culture des plantes que l'élevage des animaux) apparaît à peu près en même temps dans diverses régions du monde, sans lien les unes avec les autres, entre 10000 et 7000 ans avant notre ère, avec des plantes et des animaux chaque fois différents. Qu'a de spécifique cette période ? C'est le moment où, pour la première fois de son histoire, *Homo sapiens** vit dans un environnement nettement plus favorable, celui de l'actuel interglaciaire*. Depuis des millions d'années en effet, en raison de variations dans l'orientation de l'axe de la Terre, alternent sur l'ensemble du globe des périodes froides (les glaciations) et des périodes tempérées (les interglaciaires). Le précédent interglaciaire (appelé Éémien en Europe nord-occidentale et Sangamon en Amérique du Nord) a duré de - 130000 à - 115000 ans. Il a été suivi par une longue période glaciaire, celle dite de Würm ou de Weichsel en Europe, et du Wisconsin en Amérique du Nord ; elle s'est achevée progressivement vers 10000 ans avant notre ère. Pendant ces périodes froides, les glaciers du nord de l'Europe avancent jusqu'à la Belgique, les Alpes sont recouvertes de glace sur plusieurs kilomètres d'épaisseur, le niveau des mers est plus bas de plus d'une centaine de mètres puisque les glaces terrestres stockent une grande partie de l'eau du globe. Sur tous les continents, les humains n'occupent plus que les zones les moins défavorables et, en Europe, se concentrent sur la seule moitié méridionale du continent.

Mais, à partir de - 12000 ans, le climat se réchauffe progressivement, en oscillations successives, les terres septentrionales sont peu à peu libérées des glaces, le niveau des mers remonte – et ne sera stabilisé que dans les tout derniers millénaires avant notre ère. C'est alors que commence la période mésolithique, pendant laquelle, en plusieurs points du monde, de petits groupes de chasseurs-cueilleurs entreprennent des expériences de domestication des plantes et des animaux, qui conduiront bientôt aux premières sociétés agricoles de l'histoire. Plus généralement, ces groupes ou d'autres font montre de beaucoup plus d'inventivité qu'auparavant. Alors que la longue durée du Paléolithique supérieur* n'avait été marquée par aucune invention notable, l'archéologie révèle pour la première fois dans l'histoire humaine la présence nouvelle de l'arc, de la pirogue, de la poterie, de bâtiments en pierre, de nasses et filets à poisson, entre autres. On pourrait objecter que ce fut peut-être aussi le résultat d'une évolution du psychisme humain, indépendamment des changements climatiques. Il est probable en effet qu'entre les plus anciennes formes d'humains modernes, il y a entre cent et trois cent mille ans, et l'époque actuelle, la complexité du cerveau humain a pu continuer de croître légèrement, même si cela n'est pas observable sur les crânes qui nous sont conservés (les plus anciens cerveaux qui nous soient parvenus ne remontent qu'à quelques milliers d'années) et que les outillages ou les réalisations artistiques des dernières dizaines de milliers d'années font montre de capacités psychomotrices comparables aux nôtres. Mais un bond cognitif aussi rapide, dans le mince espace de temps qui voit l'invention de l'agriculture et de l'élevage, est inconcevable.

D'autant que, comme nous le verrons au fil de ce livre pour la plupart des « inventions », aucune d'entre elles ne s'est faite d'un coup, en un seul lieu et du fait d'un « génie » particulier. Certaines sont restées longtemps sans lendemain, pour être réinventées plus tard et ailleurs. Ainsi, il y a 25 000 ans, dans les plaines glacées de l'Ukraine et de la Russie méridionale, des chasseurs de la civilisation dite gravettienne construisaient déjà des habitations « en dur », utilisant la matière première la plus accessible : des ossements de mammouth ! À la même époque, un peu plus à l'ouest, à Dolní Věstonice en République tchèque, ont été découverts les plus anciens objets en argile cuite, dont des statuettes féminines – une invention qui en restera là. À l'autre bout de l'Eurasie pourtant, et évidemment sans lien, ont été découvertes, dans la grotte de Yuchanyan en Chine du Sud, les plus anciennes poteries connues, une invention datée de - 18000 ans qui ne s'étendra que très lentement. Les premières poteries du

Japon, dans la culture* de Jomon, remontent à - 14000 ans, et on en trouve un peu plus tard sur certains sites de Sibérie, toujours sans lien avec l'agriculture.

LE LOUP FUT UN CHIEN POUR L'HOMME

Quant au plus ancien animal jamais domestiqué, il ne l'a pas été pour sa viande : il s'agit du loup, qui, au fil des générations et des sélections, est l'ancêtre de toutes les races de chien actuelles, du caniche nain au saint-bernard. Ce sont des groupes de chasseurs-cueilleurs qui l'ont domestiqué, de manière certaine autour de - 10000 ans, dans tout le nord de l'Eurasie, du Japon à l'Angleterre, mais aussi au Proche-Orient – mais peut-être bien avant : on en discute. Le cas du chien prouve que la domestication n'a pas toujours été un processus de prise de contrôle brutale sur une espèce animale. Les meutes de loups et les groupes d'hommes avaient des intérêts communs et chassaient de la même façon : en bande. Leur association a rendu la chasse plus efficace. Les chiens nouvellement issus des loups apportaient aussi une protection, tandis que les campements humains, avec leurs feux, fournissaient chaleur et nourriture aux chiens. Ce fut un processus « gagnant-gagnant », comme on dit de nos jours en langue de bois managériale. De fait, une société de chasseurs est en contact permanent avec les animaux et en connaît les habitudes. Les chasseurs-cueilleurs se perçoivent souvent comme une espèce animale parmi d'autres, se donnent des animaux totems* comme ancêtres et se pensent à travers les animaux, comme le montrent les peintures des grottes préhistoriques (chap. 4, p. 74-75).

Beaucoup de groupes humains traditionnels apprivoisent de petits animaux qui, s'ils sont pris très jeunes et parfois même nourris au sein des humaines, deviennent d'agréables compagnons, bien que sans aucune utilité pratique. Le fait a été bien observé, par exemple, dans des populations d'Amazonie. Certains jeunes animaux sauvages peuvent venir d'eux-mêmes, par curiosité, auprès des humains, et en quelque sorte s'auto-domestiquer. Nos animaux de compagnie actuels n'en sont que la forme occidentale. Un archéologue américain a d'ailleurs pu émettre l'hypothèse, à moitié sérieuse, que la domestication des moutons au Proche-Orient aurait pu être le fait de petites filles qui auraient adopté des agneaux capturés par leurs frères ou pères chasseurs.

Les ethnologues ont signalé depuis le XIXe siècle le culte de l'ours, attesté en Sibérie du Nord-Est et chez les Aïnous du Japon. Un jeune ourson était capturé, nourri et entretenu avec soin, puis finalement sacrifié. Certains en ont tiré la conclusion que les sacrifices d'animaux à but religieux auraient été à l'origine de la domestication – par référence aussi à Abel, frère de Caïn, qui offre ses agneaux à Dieu. Outre que l'on n'en a nulle preuve, les exemples amazoniens et autres de domestications « laïques » suffisent à réfuter cette hypothèse, du moins comme origine unique.

De fait, de nombreux types de domestication fort variés montrent que la frontière entre le « domestiqué » et le « sauvage » est fort poreuse, sinon parfaitement floue. Ainsi des abeilles : un essaim sauvage est installé dans une ruche fabriquée par l'homme et il consent à y rester parce qu'il y trouve un avantage. De fait, les apiculteurs soigneront les abeilles en cas de maladie, changeront les ruches de place en fonction des floraisons, les nourriront en cas de disette, etc. En échange, l'apiculteur installe dans la ruche un magasin à miel plus grand que nécessaire pour la survie des abeilles, lesquelles auront néanmoins à cœur de le remplir totalement, surplus qui sera extrait, consommé ou vendu. C'est donc bien du donnant-donnant. La même question se pose pour les animaux de compagnie, chats surtout, dont on a souvent pu penser qu'ils tiraient plus d'avantages à la domestication que leurs maîtres et maîtresses…

LA FIN DE LA SAUVAGERIE ?

Symétriquement, il n'y a plus vraiment de nos jours d'animaux sauvages dans le monde, du moins quant aux grands mammifères. Les derniers, dont beaucoup en danger d'extinction, sont parqués dans des réserves, nourris et soignés en cas de problème, voire munis de balises, ou aussi bien abattus s'ils sont trop nombreux ou sortent de leur réserve et menacent les récoltes ou les humains. Quant aux réserves de chasse européennes, elles sont gérées de la même façon, à ceci près que le « gibier » a été élevé dans des parcs ou des volières, puis lâché dans la « nature » juste à la saison de la chasse. Sans parler de la chasse à l'ours dans les Balkans ou les Carpates : un garde-chasse conduit le « chasseur » (occidental), qui a payé auparavant une somme rondelette, en haut d'un mirador au-dessous duquel un morceau de viande a été déposé, d'où il pourra tirer en toute quiétude sur l'ours choisi et le faire ensuite empailler pour son salon.

De nombreuses espèces d'animaux sauvages sont désormais élevées, principalement pour la viande (bisons, kangourous, autruches, élans, sangliers, mais aussi poissons comme le bar ou loup, le saumon, la truite, la dorade ou l'esturgeon – ce dernier pour le caviar, qui n'est presque plus jamais sauvage), voire pour la peau (visons, crocodiles, ragondins), sans que cela représente à proprement parler une domestication.

Il a existé aussi des domestications avortées. Des fresques égyptiennes montrent des étables à antilopes, lesquelles sont censées être traites pour leur lait. L'élan a fait l'objet de plusieurs tentatives, notamment pour le trait, et maintenant pour sa viande.

Il faudrait ajouter aussi le cas des animaux dits « commensaux », sinon parasites, qui vivent au contact des humains et en profitent, sans que cela soit réciproque, comme les souris et les rats, ou leur version à plumes que sont les pigeons des villes, voire les cafards, les blattes, les puces, les tiques ou les poux…

Tous ces exemples prouvent que la domestication des animaux est susceptible de processus complexes et variés, depuis le contrôle brutal et permanent jusqu'à la symbiose, mais font aussi bien comprendre combien ces processus ont été progressifs.

DE L'UTILITÉ DES ANIMAUX

Comme l'avait naguère remarqué le grand historien des techniques François Sigaut, les animaux sont susceptibles d'utilisations nombreuses et fort variées, qui n'impliquent pas toutes que l'animal soit domestiqué et réclament pour certaines des animaux vivants, pour d'autres des animaux morts. On peut en effet distinguer quatre grandes catégories d'utilisation, respectivement les produits corporels, le travail, les comportements et les signes. Parmi les produits corporels, il y a ceux prélevés sur l'animal mort : viande, sang, mais aussi os pour l'outillage, peau, cuir, poils, plumes, graisse, tendons, bois, cornes, écailles, dents, défenses ; ou encore les produits de l'animal vivant : sang (à boire comme en Afrique, ou pour les charcuteries comme en Europe), lait, œufs, poils ou laine, bois (perdus par les cervidés), cornes, coquilles, excréments (utilisés comme chauffage, engrais ou liant).

Le travail animal comprend en particulier le portage, le trait, le dépiquage des céréales par piétinement, le manège pour des norias ou des moulins. Quant à l'utilisation de certains comportements animaux, il s'agit de la chasse (chien, faucon, canard appelant), du guet, de la garde (de la maison ou des troupeaux), de l'aide à la cueillette (cochons ou chiens pour les truffes), des combats à la guerre (éléphants, chiens, chevaux) ou en spectacles (coqs, taureaux, animaux de cirque, défilés), de la transmission de messages (pigeons), des courses (chevaux, chiens, dromadaires). Enfin, l'animal comme signe est utilisé dans la divination par le vol des oiseaux ou le foie d'animaux sacrifiés, comme repère temporel (par l'observation des migrations des oiseaux), pour les sacrifices aux divinités, comme monnaie d'échange (bovidés en Afrique ou porcs en Nouvelle-Guinée) ou comme signe de prestige (animaux de luxe).

Ces utilisations ne sont pas toujours faciles à prouver par l'archéologie pour les périodes les plus anciennes, là où nous ne disposons d'aucun texte. Il y a donc débat pour savoir quelles utilisations ont pu inciter à la domestication, processus requérant plus d'énergie que la simple chasse. De fait, la domestication peut avoir plus de motifs culturels, sinon idéologiques, que directement utilitaires. François Sigaut donne l'exemple du Népal traditionnel, où le labour s'effectue presque partout par des bœufs de trait, mais qu'il faut nourrir en récoltant pour eux du fourrage, au prix d'un temps et d'une énergie considérables. La seule région du Népal où les terres sont travaillées à la houe directement par les humains, où il n'y a donc pas de bœufs à nourrir, est celle de Katmandou, précisément la plus riche du pays !

L'archéologie, on le verra plus loin, peut dater le début de la traction animale, prouvée en Eurasie aussi bien par des déformations « professionnelles » sur les articulations des animaux que par l'apparition des premiers véhicules à roues et des premières charrues primitives, les araires, à partir du IVe millénaire avant notre ère, soit au moins cinq millénaires après l'invention de l'agriculture et de l'élevage. On sait aussi que les moutons sauvages n'ont pas de laine exploitable, celle-ci n'apparaissant que lors de l'évolution ultérieure de l'espèce domestique ; la laine n'a donc pas pu avoir été une cause initiale de domestication. Les récentes analyses génétiques ont montré par ailleurs qu'au Néolithique* les Proche-Orientaux et les Européens adultes étaient intolérants au lait, ou plus exactement au lactose, glucide du lait, comme le sont encore aujourd'hui beaucoup d'Asiatiques et d'Africains. Cette intolérance n'a diminué que beaucoup plus tard, progressivement à partir du IIe millénaire avant notre ère, par suite de mutations génétiques. Le lait n'a donc pas non plus pu être un motif initial de domestication de mammifères.

L'aspiration à sécuriser l'alimentation dans une région semi-aride peut être retenue comme l'un des motifs principaux de passage à la domestication, même si elle n'a pas été la seule, puisque, à environnement comparable, d'autres groupes de chasseurs-cueilleurs n'ont pas fait ce choix dans d'autres régions du monde.

PLANTER ET TRANSPLANTER

La domestication des plantes ne s'est pas produite autrement et n'a pas plus résulté des intuitions d'un inventeur génial. En réalité, l'ethnologie nous montre que beaucoup de sociétés de chasseurs-cueilleurs connaissaient le principe de la reproduction des plantes. Ils s'en servaient parfois pour des besoins cultuels, replantant par exemple une igname sur la tombe d'un défunt en Océanie. Dans d'autres cas, comme en Amazonie, ils pratiquaient une petite agriculture d'appoint, ou plus exactement une petite horticulture, c'est-à-dire la culture de diverses plantes dans des jardins à proximité des habitations. Mais l'essentiel de l'alimentation continuait à provenir de la chasse, de la pêche et de la cueillette – pour les sociétés anciennes, l'analyse chimique des ossements humains permet de préciser quelle était l'importance respective des grandes catégories d'aliments (viandes, ou ressources aquatiques, ou plantes, etc.). Cet intérêt pour les expérimentations sur les plantes est bien parallèle à celui pour l'apprivoisement d'animaux sauvages, la curiosité étant sans doute l'une des caractéristiques de l'espèce humaine, sinon des primates en général.

Une autre forme de rapport aux plantes sauvages a consisté à favoriser la pousse de certaines, jugées utiles, au détriment des autres. Ainsi, dans certaines formes d'agriculture itinérante sur brûlis en Afrique, les villageois défrichaient par le feu et la hache un secteur de forêt pour s'y installer et cultiver en épargnant certains arbres, comme les palmiers à huile. Puis ce secteur était abandonné au bout de quelques années et le village se déplaçait ainsi régulièrement vers d'autres zones, pour revenir à l'endroit initial après plusieurs décennies, où les anciens palmiers à huile subsistaient tandis que d'autres arbres avaient entre-temps poussé. À nouveau, les villageois brûlaient ou coupaient tous les autres arbres sauf les palmiers à huile. C'est ainsi qu'au fil des siècles ont pu se constituer de véritables plantations naturelles de palmiers à huile, sans qu'aucun d'entre eux n'ait jamais été planté par l'homme.

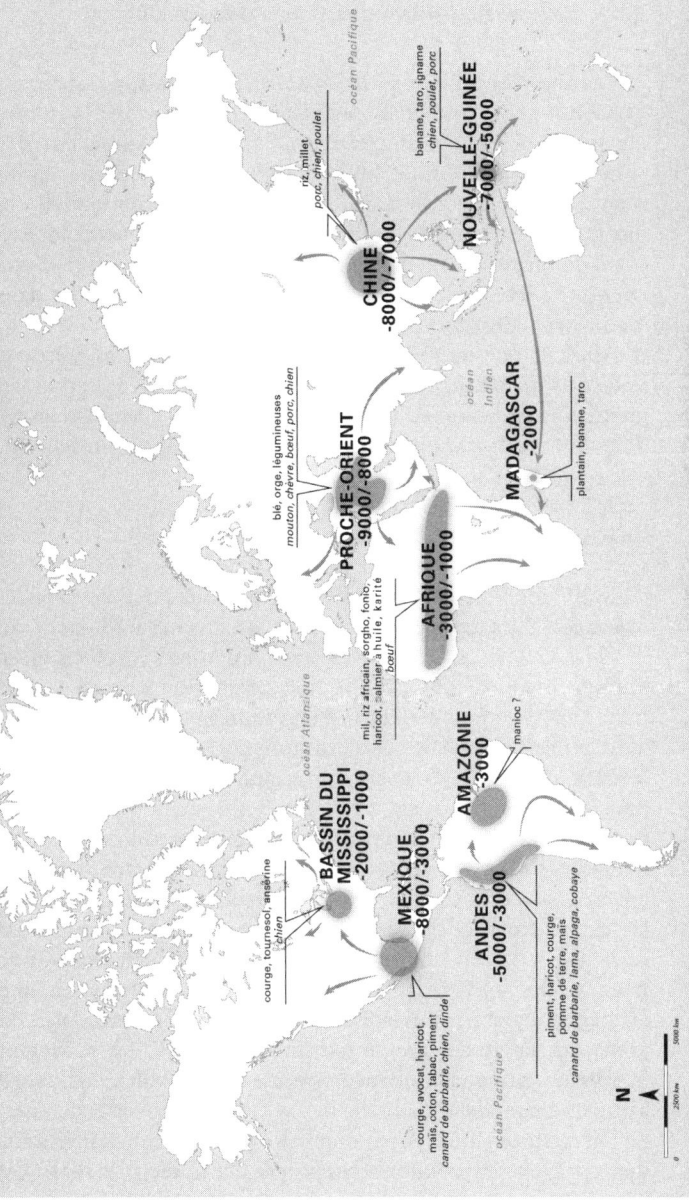

Les analyses génétiques des glands et des marrons asiatiques consommés par les chasseurs-cueilleurs sédentaires de la culture de Jomon au Japon suggèrent que ceux-ci pratiquaient il y a cinq mille à six mille ans une forme de sylviculture, qu'ils « cultivaient » des arbres. En effet, le spectre génétique de ces fruits est très resserré, indiquant que les arbres descendaient d'un nombre réduit d'ancêtres communs et non pas d'une grande variété d'arbres tels qu'ils poussent normalement dans une forêt naturelle.

Ainsi, la question de la domestication des plantes n'est pas celle de son commencement, mais celle de sa généralisation, en particulier en dehors de l'habitat naturel de ces plantes sauvages. Plus que planter, c'est transplanter qui fut le geste important.

POURQUOI SE DONNER TANT DE PEINE ?

Mais pour quelle raison ? Les expériences sur les céréales sauvages (blés et orges) présentes encore naturellement au Proche-Orient ont montré aux botanistes archéologues qu'une famille de quatre ou cinq personnes pouvait amplement moissonner les quantités nécessaires pour vivre le restant de l'année pendant les quelque trois semaines où ces plantes étaient bonnes à récolter. On aurait donc pu en rester là, sans déployer le temps, l'énergie et les techniques qu'exige la culture des céréales. Pour que cette peine soit rentable, il faut effectivement se trouver dans un environnement instable, où de mauvaises années peuvent succéder aux bonnes. Dans ce cas, le stockage de céréales est une garantie de survie. Ce sont dans de tels environnements qu'agriculture et élevage vont se développer. Ils n'ont pas de raison d'être, c'est une évidence, dans des environnements par trop défavorables, ni dans des environnements très favorables, où les ressources naturelles sont en abondance, comme dans le bon vieux temps du paradis terrestre.

Par exemple, pour les Indiens des Plaines nord-américains, qui voyaient passer quotidiennement des milliers de bisons, il aurait été déraisonnable de se donner le mal de domestiquer un animal peu commode, alors qu'il suffisait d'en tuer un de temps en temps pour subvenir aux besoins carnés du groupe. Même chose sans doute avec les tapirs qui parcourent en nombre la grande forêt amazonienne. Même chose encore avec les glands et les saumons qui abondent sur la côte nord-ouest des États-Unis et du Canada, et permettaient aux chasseurs-cueilleurs-pêcheurs sédentaires locaux, non seulement de vivre facilement de ces ressources, mais même de développer des formes de société fort complexes et hiérarchisées. Même chose enfin avec les glands et les marrons que récoltaient les chasseurs-cueilleurs du Jomon japonais. Ce sont donc seulement dans les régions où agriculture et élevage représentaient un « plus » que ces activités se sont développées.

Trois autres conditions ont été nécessaires. Il a fallu que les chasseurs-cueilleurs qui ont adopté agriculture et élevage soient déjà sédentaires afin de pratiquer l'agriculture, c'est-à-dire bénéficient à l'origine d'un environnement favorable, dont les ressources alimentaires soient suffisantes et réparties sur l'ensemble de l'année, ce qui est souvent le cas des ressources aquatiques – poissons, coquillages, mammifères marins. La deuxième condition est la capacité technique de mettre en œuvre agriculture et élevage, et en particulier de pouvoir stocker les produits agricoles. Pour que les céréales ne germent pas, une des solutions est de les renfermer dans des contenants hermétiques, fosses-silos ou grands récipients totalement fermés. Dans ce cas en effet, les grains dégagent du gaz carbonique qui les « endort » et interrompt leur germination. La troisième condition est de savoir protéger les récoltes contre les prédateurs, les rongeurs en particulier, qu'il faudra soit chasser, au besoin à l'aide de petits carnivores domestiqués (le chat l'est dès le VIIIe millénaire au Proche-Orient), soit piéger, soit contrarier par des greniers aériens dont les poteaux sont munis de rondelles empêchant toute escalade inopportune. De même, il faut être capable de s'occuper des animaux désormais enfermés, arrachés à leur milieu naturel, de les protéger, les nourrir et les soigner. Ces savoirs techniques ont dû être appris peu à peu, et certainement au prix de nombreux échecs.

L'AGRICULTURE FUT AUSSI UN CHOIX

Toutes ces conditions sont nécessaires. Mais sont-elles suffisantes ? La domestication des animaux et des plantes suppose un rapport nouveau à la nature. Naguère, les archéologues opposaient les chasseurs-cueilleurs aux agriculteurs en traitant les premiers de « prédateurs » et les seconds de « producteurs » (*food-gatherers* contre *food-producers*, disait le grand archéologue australien Gordon Childe dans les années 1930). C'était une vision très optimiste, du temps où il paraissait évident que les sociétés industrielles occidentales ne feraient que produire de plus en plus, sinon de mieux en mieux. La montée des angoisses écologiques, les crises financières et industrielles, les questions énergétiques ont bien changé cette manière de voir. Du reste, la pêche en mer, même industrielle (et elle peut l'être au point d'épuiser durablement les bancs de poissons, sans parler des baleines), relève toujours d'une économie « paléolithique* », de pure et simple prédation. Plus généralement, l'extraction de matières premières contenues dans le sol, bien que destinées à la production industrielle, n'est jamais qu'une prédation à très grande échelle de ressources forcément finies, au point qu'on ne cesse de rechercher des matières et des énergies de substitution.

C'est pourquoi des ethnologues, comme l'Américain Marshall Sahlins, ont plaidé que les seules vraies sociétés d'abondance de l'histoire humaine furent celles des chasseurs-cueilleurs. On ne saurait en effet définir l'abondance de manière absolue : notre niveau de vie actuel et ses biens matériels sont infiniment supérieurs à ceux dont jouissaient Louis XIV ou Napoléon, et ils seront donc, si tout se passe bien, infiniment inférieurs à ce qu'ils seront pour l'humanité à venir, dans mille ans ou dans dix mille ans. L'abondance n'est donc que relative, c'est le rapport entre l'énergie investie et ses résultats. De ce point de vue, les chasseurs-cueilleurs qui ont pu être observés avant leur anéantissement ne consacraient en moyenne que trois heures par jour à l'acquisition de leur nourriture, soit vingt et une heures par semaine, le reste du temps étant voué aux loisirs. Si l'on considère que nous travaillons toute la journée, essentiellement pour survivre, les loisirs n'occupant qu'une place restreinte et la fameuse semaine de 35 heures restant un acquis fragile et réservé à peu de pays, il est indéniable que l'abondance relative des chasseurs-cueilleurs était bien supérieure à la nôtre, nous qui vivons des produits de l'agriculture. C'est là plus qu'un aimable paradoxe.

Ceux qui passèrent progressivement à l'agriculture n'ont évidemment jamais été conscients des conséquences à long terme de leur choix. Il a fallu pourtant regarder la nature autrement. Les peintures et gravures des grottes paléolithiques ne figurent qu'exceptionnellement des êtres humains, et ce sont en général des silhouettes féminines aux traits sexuels exagérés – nous y reviendrons (chap. 4, p. 75, et chap. 5, p. 99). Ce sont des animaux qui sont représentés, sauvages par définition, et qui servent aux humains à parler d'eux-mêmes. Comme les sociétés de chasseurs-cueilleurs nous l'enseignent, les humains se perçoivent comme une espèce animale parmi d'autres, certains groupes ont un animal comme totem ancestral et, avant de tuer un animal à la chasse, il faut s'en excuser auprès d'un être surnaturel, esprit ou dieu, régnant sur les animaux, et l'en remercier ensuite.

En prenant le contrôle de certains animaux et de certaines plantes, les humains se sont comme extraits de la nature, ils se sont « dé-naturés », pour reprendre le titre d'un roman de l'écrivain Vercors, *Les Animaux dénaturés*, justement consacré à la définition de l'humain par rapport à l'animal. L'archéologue français Jacques Cauvin a même suggéré, au moins pour le Proche-Orient, l'idée d'une « révolution des symboles », d'une révolution dans la culture, et plus précisément dans les conceptions religieuses, qui aurait précédé la révolution technique de l'agriculture : au lieu de se percevoir au milieu de la nature, les humains se seraient sentis en droit d'en prendre possession.

Une hypothèse séduisante, proposée sous des formes voisines dès le XIXe siècle par l'ethnologue allemand Eduard Hahn, et plus récemment par le philosophe français René Girard. Cependant elle peine à être démontrée dans les faits. Il est beaucoup plus probable que les causes environnementales, techniques, culturelles se sont indissociablement entremêlées pour provoquer cette rupture radicale, quoique lente et progressive, dans le mode de vie. Rupture qui ne s'est produite qu'en un très petit nombre de régions au monde (Proche-Orient, Chine du Nord, Chine du Sud, Andes, Mexique, Nouvelle-Guinée, peut-être nord de l'Afrique).

L'interaction entre causes économiques et environnementales et causes culturelles et idéologiques a d'ailleurs fonctionné dans les deux sens, et les domestications ont eu un effet sur la vision du monde des sociétés. L'ethnologue et linguiste André-Georges Haudricourt a pu mettre ainsi en relation, dans un trop bref article, le rapport brutal des agriculteurs du Proche-Orient puis de l'Europe avec le blé, que l'on coupe, que l'on bat et que l'on broie, comme avec le mouton, animal docile et dépendant s'il en est, avec les conceptions dualistes du monde occidental, opposant les humains ici-bas à un pouvoir divin et transcendant, de même que le corps est opposé à l'âme. En Asie, au contraire, les plantes réclament des traitements soigneux et indirects, comme l'igname, le taro et partiellement le riz, de la même manière que le buffle est un animal ombrageux mais qui se laisse conduire par des enfants, qu'il protégera au besoin contre le tigre. Ce qui peut se mettre en rapport avec les philosophies et religions orientales, immanentes, monistes, où l'homme est immergé dans le cosmos et l'esprit dans le corps, qui se reflètent dans leurs médecines et leurs disciplines du corps. Le rapport au monde et sa compréhension sont de ce point de vue indissociables.

Ce ne sont évidemment pas les mêmes plantes et les mêmes animaux qui ont été domestiqués selon les régions. Nous allons brièvement le préciser maintenant, en traitant plus longuement du Proche-Orient et de l'Europe, car c'est non seulement là où les domestications ont été les plus anciennes, mais c'est par des migrations humaines parties du Levant que la domestication des animaux et des plantes, autrement dit le Néolithique, a atteint l'Europe et y a installé pour près de huit mille ans un mode de vie rural et villageois, qui est en train de prendre fin sous nos yeux.

Chapitre 2
Qui a inventé les maisons et les villages ?

De quand datent les premiers villages, et comment sont-ils apparus ? À quoi ressemblaient les premiers villages sur le territoire français ? Quelles sont les conséquences du fait de devenir sédentaire et de plus en plus nombreux dans un même village ? Quels en sont les avantages et les inconvénients ? De nouvelles maladies sont-elles apparues ? Comment l'agriculture s'est-elle répandue dans le monde entier, mais pourquoi certains groupes humains ne l'ont pas adoptée ? Et comment cela s'est-il passé dans le reste du monde ?

L'agriculture une fois acquise, que s'est-il passé, et comment est-elle arrivée jusqu'à nous ? Car il faut s'y résoudre, ni l'agriculture ni l'élevage n'ont été inventés sur l'actuel territoire français, pas plus que sur le continent européen d'ailleurs. En France comme dans le reste de l'Europe vivaient, sept mille ans avant notre ère, de petits groupes de chasseurs-cueilleurs, qui parcouraient la forêt tempérée dont l'ensemble du continent était alors recouvert. Ils y chassaient aurochs (les derniers disparurent au XVIIe siècle – voir p. 31), cerfs, sangliers ou chevreuils. Certains avaient, comme ailleurs, domestiqué* le chien à partir du loup. Dans les régions abondantes en ressources aquatiques tout au long de l'année, tels les poissons, les coquillages, voire les mammifères marins, certains de ces groupes avaient choisi de se sédentariser, construisant des abris plus stables et permanents que les groupes nomades.

Il s'agissait des régions côtières, notamment de l'Atlantique et de la Baltique, ou encore le long des grands fleuves européens, comme le Danube ou ceux qui traversent la Russie méridionale et l'Ukraine : Dniepr, Donets, Don, Volga... On appelle traditionnellement cette période, entre 12000 et 6000 environ avant notre ère, le Mésolithique*, du grec ancien *méson*, « milieu », car c'est une période considérée comme intermédiaire entre le Paléolithique*, où l'Europe était en pleine période glaciaire* depuis 115 000 ans, et le Néolithique* proprement dit, avec l'arrivée des colons agriculteurs venus du Proche-Orient à partir de - 6500.

En fait, le Mésolithique est simplement la période où les descendants des chasseurs-cueilleurs du Paléolithique continuent de vivre de chasse, de cueillette et de pêche, mais dans un environnement devenu tempéré et non plus glaciaire. Ce mode de vie aurait sans doute pu durer encore très longtemps. Le gibier était abondant, et ils disposaient d'au moins six cents espèces de plantes sauvages comestibles. Ailleurs dans le monde, comme en Australie, en Amazonie ou dans d'autres régions des Amériques, des chasseurs-cueilleurs se sont maintenus jusqu'à l'arrivée des colons européens. Les chasseurs-cueilleurs connaissaient le principe de la domestication, puisqu'ils avaient créé le chien domestique. Ils chassaient des animaux sauvages, le sanglier et l'aurochs, qui étaient déjà domestiqués au Proche-Orient. Ils auraient donc pu faire de même. Mais ils ne l'ont pas fait. Ils étaient pourtant d'une grande inventivité : c'est de cette époque que date l'existence certaine de l'arc, de la pirogue, de la nasse et du filet.

L'hypothèse la plus vraisemblable serait que, dans un milieu relativement favorable, et avec une démographie plutôt basse, leurs ressources étaient suffisantes pour éviter la dépense supplémentaire d'énergie qu'impliquait l'adoption du mode de vie sédentaire néolithique. On peut leur supposer aussi des motivations d'ordre culturel et idéologique, mais cela reste très difficile à prouver, dans la mesure où nous savons très peu de leur vie

Aurochs

C'est à partir de l'aurochs, le bovidé sauvage (*Bos primigenius*), qu'ont été domestiqués au Proche-Orient il y a 10 000 ans les bovins que nous connaissons. Il atteignait 1,80 mètre au garrot, voire peut-être 2 mètres, et pesait une tonne, contre 1,50 mètre et 600 à 800 kilos pour les bovins actuels. Il a souvent été représenté sur les parois des grottes préhistoriques. Les derniers représentants connus ont disparu en Pologne au XVIIe siècle, même si on a tenté de le recréer en croisant diverses espèces domestiques ayant chacune des traits jugés archaïques.

non matérielle. À la différence de leurs ancêtres paléolithiques qui peignirent les grottes de Lascaux ou d'Altamira, ils avaient presque entièrement, sauf en quelques régions restreintes, abandonné l'art figuratif – ou du moins ne s'est-il pas conservé.

Pourtant, ils n'eurent pas le choix.

LA PLUS VIEILLE AGRICULTURE DU MONDE

Au Proche-Orient, à partir de - 10000 environ, les chasseurs-cueilleurs de la culture* appelée Natoufien* se sédentarisent dans tout le Levant le long d'une bande allant du Néguev, au sud, jusqu'au nord-ouest de l'Irak et à l'extrême sud de la Turquie et, suivant le schéma général décrit au chapitre précédent, entreprennent la domestication progressive du blé et de l'orge, du porc, du mouton, de la chèvre et du bœuf – ils avaient déjà, comme bien d'autres, domestiqué le chien.

En quelques siècles, ils débouchent donc sur une économie proprement néolithique – que les archéologues appellent le Néolithique précéramique* (*Pre-Pottery Neolithic* en anglais, ou PPN) car la poterie n'y existe pas encore. Elle ne sera inventée que vers - 7000, alors que d'autres chasseurs-cueilleurs, en Chine et au Japon, la maîtrisait déjà entre 18000 et 14000 ans avant notre ère.

Ce Néolithique proche-oriental, le plus ancien du monde, provoque bientôt une poussée démographique de plus en plus forte. En effet, si l'ethnologie nous montre que les chasseurs-cueilleurs, ou plutôt les chasseuses-cueilleuses, ont en moyenne un enfant tous les trois ans, c'est pratiquement un enfant par an que mettent au monde les agricultrices dans les sociétés traditionnelles – même si la moitié mourait avant l'âge d'un an. Les villages néolithiques ne cessent donc de grossir en taille, au point, vers 8000 avant notre ère, de réunir parfois plusieurs milliers d'habitants. Vers - 7000 cependant (en même temps qu'apparaissent les premières poteries), le système semble s'effondrer, sans doute pour des raisons logistiques, mais peut-être aussi des épidémies que favorise la proximité avec les animaux. Si les villages redeviennent plus petits, une partie des habitants quittent la région. C'est le moment où l'ensemble de la Mésopotamie (l'actuel Irak) est colonisée par les agriculteurs, tout comme l'actuelle Turquie (chap. 10, p. 201).

Vers - 6500 environ, les colons agriculteurs, ou plutôt leur trop-plein démographique, traversent le détroit du Bosphore et prennent pied en Europe. Certains ont dû même passer par les îles de la mer Égée et arriver directement en Grèce, d'autant plus facilement que, le niveau marin étant encore au moins sept mètres plus bas qu'actuellement puisque la fonte des glaces n'était pas encore complètement achevée, il y avait beaucoup plus d'îles et de plus grande taille. On connaît d'ailleurs des pirogues de cette époque, creusées dans des troncs d'arbres. La péninsule balkanique est bientôt entièrement occupée, jusqu'à la vallée du Danube,

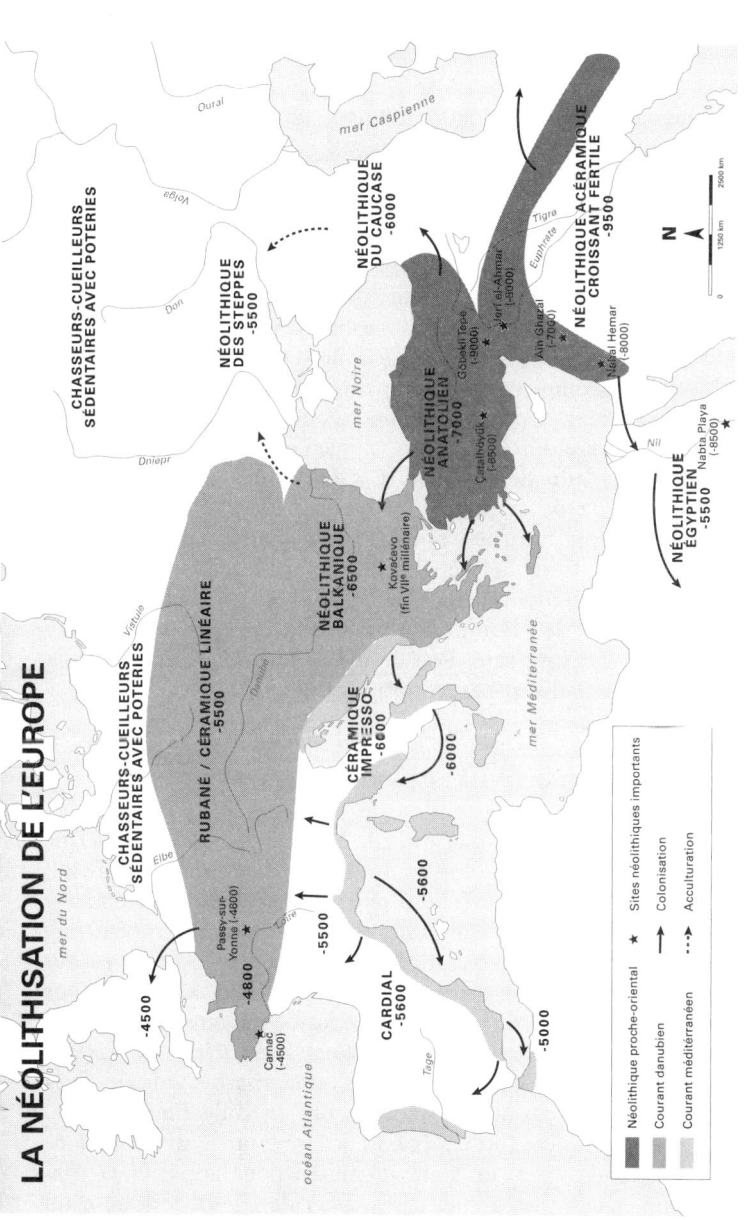

tandis que certains entreprennent de suivre les côtes de la Méditerranée vers l'ouest, longeant la mer Adriatique ou bien la traversant directement au niveau du talon de la botte italienne, et prennent pied sur les côtes françaises vers 5800 ans avant notre ère. Si les poteries du premier Néolithique de la péninsule balkanique sont remarquables par leurs formes élégantes et soignées, et leurs décors géométriques peints en rouge, blanc ou noir sur une surface brillante, celles du courant méditerranéen, du nord de la Grèce jusqu'au Portugal, sont plus simples, n'utilisent pas la peinture et sont sommairement ornées de coups de poinçons ou d'impressions de coquillage, très souvent des coques ; si bien qu'on nomme cardiale*, du nom latin de la coque (*Cardium edule* ou *Cerastoderma edule*) ce type de poterie, et qu'on parle plus généralement de « culture cardiale » pour cette civilisation colonisatrice et maritime. Cette dernière est néanmoins beaucoup plus étirée et beaucoup moins dense que celle qui occupe les Balkans puis l'ensemble de l'Europe tempérée. On en connaît beaucoup moins l'architecture, l'économie et les modes de vie, leurs habitats semblant beaucoup plus discrets.

LES PREMIERS VILLAGES D'EUROPE

Dans ce climat méridional, les maisons du Néolithique balkanique sont la plupart du temps de petite taille, de cinq à six mètres de côté, une partie de la vie quotidienne se déroulant à l'extérieur. Elles sont quadrangulaires, en terre et en torchis, ou encore en briques crues, voire avec des soubassements en pierre, selon les matériaux disponibles sur place. Il arrive qu'elles brûlent accidentellement, qu'on en abatte les ruines et que l'on reconstruise par-dessus, scellant ainsi leurs vestiges, témoins de l'organisation initiale de la maisonnée, comme à Stara Zagora en Bulgarie vers 5600 avant notre ère : une pièce à l'arrière pour le stockage dans de grands vases, un four au milieu pour apporter la chaleur et cuire les aliments, un plan de travail le long d'un mur pour broyer la farine par va-et-vient sur une meule en pierre et des espaces libres qui devaient servir au repos. Une maquette de maison en terre cuite trouvée à Zarko en Grèce sous le sol d'une habitation, datée vers - 5300, confirme ce type d'aménagement, avec le four et la porte d'entrée ; de plus, trois couples de petits personnages en argile cuite, de taille décroissante, avaient été couchés sur le sol de cette maquette. Maison de poupées pour les enfants ou objet rituel déposé à dessein dans les fondations de la demeure, cet objet rarissime suggère en tout cas l'existence de trois générations vivant sous le même toit de manière monogame.

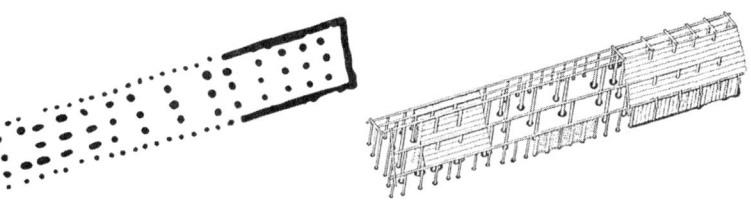

Maison néolithique

Plan et reconstitution d'une maison néolithique de la culture de la Céramique linéaire (ou Rubané) telle qu'elles sont connues dans toute l'Europe tempérée (ici en République tchèque), France comprise. Les archéologues n'en retrouvent que les fondations des trous de poteaux en bois et les tranchées de fondation des murs en torchis, dans la mesure où, sous nos latitudes, bois et terre fondent en quelques générations, contrairement aux régions arides. C'est en combinant profondeurs, diamètres et organisation des poteaux, en s'inspirant aussi de petites maquettes en terre cuite de la même époque, que l'on peut reconstituer la forme de l'habitation, la pente du toit se situant dans une fourchette de possibilités. Il s'agissait de maisons collectives, qui abritaient plusieurs familles.

Les villages ne sont pas (encore) fortifiés et l'organisation des maisons, toutes orientées de la même façon, est assez souple, comme on peut le voir vers la fin du VIIe millénaire à Kovačevo, dans le sud-ouest de la Bulgarie, fouillé sur une surface importante. La reconstruction régulière des habitations au même endroit donne lieu à la formation de collines artificielles (*tell* en arabe, *mogila* en bulgare, *magoula* en grec, *tépé* en iranien), qui peuvent atteindre une quinzaine de mètres de hauteur et permettent d'établir commodément la succession des périodes et des civilisations, même si chaque construction nouvelle a tendance, de par ses fondations, à perturber les couches sous-jacentes. Ces collines artificielles, typiques du Proche- et du Moyen-Orient, ne dépassent cependant pas la péninsule balkanique et la plaine hongroise ; on ne les rencontre pas ailleurs en Europe, sauf exception.

À partir de - 5500, après une halte de quelques siècles le long du Danube, mise à profit pour que les espèces animales et végétales d'origine proche-orientale méditerranéenne, et aussi les humains, s'acclimatent dans le nouvel environnement de type continental, aux hivers plus froids et humides, aux terres plus lourdes, la colonisation reprend à mesure que la population continue de croître inexorablement et elle s'étend à l'ensemble de l'Europe tempérée, de la mer Noire à l'Atlantique et des Alpes à la Baltique. Elle est le fait d'une nouvelle culture qui se forme sur le Danube à partir du Néolithique balkanique, que l'on nomme culture de la Céramique linéaire*, ou encore Rubané*, dans la mesure où les poteries sont décorées de motifs géométriques gravés sur la pâte fraîche avant cuisson.

Cette culture franchit le Rhin vers - 5300 et atteint le Bassin parisien et toute la moitié septentrionale de la France, tandis que, de leur côté, les colons venus le long des côtes méditerranéennes remontent vers le nord et rencontrent les précédents – leurs lointains parents – au niveau de l'Auvergne. Vers - 4500, l'ensemble de l'actuel territoire français est occupé par des communautés agricoles, et plus généralement l'ensemble de l'Europe méditerranéenne et tempérée. Les agriculteurs, qui vont occuper sur leur lancée les Îles britanniques, viennent buter pour longtemps contre l'Atlantique – plus précisément pour les six millénaires qui les séparent de Christophe Colomb ! À partir de ce moment, les sociétés européennes ne cesseront de grossir dans un espace désormais fini, ce qui les contraindra d'une part à des

« gains de productivité », c'est-à-dire à accroître indéfiniment la production alimentaire, d'autre part à de constants essais de réorganisation sociale, sur lesquels nous reviendrons.

LA VIE DES PREMIERS PAYSANS DE L'EUROPE

À quoi ressemblait la vie dans ces premiers villages néolithiques de l'Europe tempérée, par exemple sur l'actuel territoire français, il y a sept mille ans ? Nous connaissons bien la forme de leurs maisons : elles étaient rectangulaires, en bois et en terre, de cinq à huit mètres de largeur en moyenne, de quinze à quarante-cinq mètres de longueur, avec un toit à double pente (voir p. 35). Les archéologues ne les ont évidemment pas retrouvées telles quelles, mais les traces de leurs fondations, les poteaux en bois enfoncés profondément dans le sol qui soutenaient les murs et la toiture sont toujours bien visibles après sept millénaires. Il suffit de retirer avec précaution (souvent avec des engins de chantier adroitement conduits) la couche de terre végétale remuée par sept mille ans de labours pour voir apparaître ces traces de terre brune foncée, régulièrement circulaires et alignées. On en connaît plusieurs centaines dans le seul Bassin parisien, et plusieurs milliers de par l'Europe. Ces maisons, vu leur taille, devaient abriter plusieurs familles, et aussi les animaux, comme ce fut traditionnellement le cas dans beaucoup de campagnes françaises et européennes jusqu'au XXe siècle. Au moins dans les Balkans, on a retrouvé des traces d'enduits peints, qui décoraient l'intérieur et l'extérieur des maisons de motifs géométriques soignés, les mêmes que ceux qui décoraient les poteries. Il faut donc imaginer des demeures bien construites et plaisantes à regarder, loin des cabanes primitives longtemps supposées.

Les habitations du Néolithique étaient regroupées en hameaux, régulièrement échelonnés tous les trois ou quatre kilomètres, au milieu de vastes clairières. Les premiers pionniers suivaient le cours des rivières et des fleuves, comme l'ont montré les fouilles archéologiques préventives dans la vallée de l'Aisne[1]. Les paysans néolithiques s'établissaient de préférence sur des sols légers, plus faciles à travailler, en Europe centrale les lœss* déposés sur plusieurs mètres d'épaisseur par les vents durant la dernière glaciation.

Il faut imaginer une Europe entièrement recouverte d'une forêt, vierge par définition, composée des essences que nous connaissons, chênes surtout, mais aussi tilleuls, hêtres, noisetiers, ormes, aulnes, sans compter de nombreux arbres fruitiers encore sauvages, pommiers, pruniers, vignes et baies diverses. Cette forêt devait être déboisée par le feu et par la hache, pour y ménager des clairières, qui peu à peu allaient l'entamer puis la réduire. C'est à cela que servaient les haches en pierre polie, d'où le nom ancien d'Âge de la pierre polie* que l'on donnait jadis au Néolithique, par opposition à l'Âge de la pierre taillée*, qui désignait le Paléolithique – il faut d'abord tailler la pierre avant de la polir, et c'est ce qu'on faisait au Néolithique. Le polissage rend la pierre plus résistante aux coups que subissaient ces objets pour l'abattage des arbres. Mais ce pouvait être aussi des objets d'apparat ; les pierres les plus prisées étaient les jadéites vertes, qui commencèrent à être extraites sur les pentes du mont Viso dans les Alpes italiennes et furent échangées sur des centaines de kilomètres. On recourt aussi à la dolérite des Côtes-d'Armor et à l'aphanite des Vosges.

En réalité, s'il n'y avait pas de haches polies chez les chasseurs-cueilleurs du Paléolithique européen, il y en avait chez leurs lointains cousins australiens. La grande île de Nouvelle-Guinée, au large de l'Australie, est le dernier lieu où l'on fabrique encore des haches polies de nos jours. Ses habitants originels, les Papous, ont été colonisés par les Européens à partir du XIXe siècle. La partie orientale le fut par les Allemands, puis les Anglais, puis les Australiens, et est maintenant indépendante. La partie occidentale l'a été par les Hollandais, qui l'ont ensuite

---

[1]. Où l'avancée des carrières de sable, destinées à notre béton, menaçaient les sites néolithiques (et de toutes les périodes d'ailleurs) d'une destruction irrémédiable. D'autres régions furent moins heureuses en termes d'archéologie préventive, même si celle-ci gagne du terrain – pendant qu'il est encore temps.

rétrocédée à l'Indonésie, qui en a fait une colonie de peuplement, au prix d'un véritable génocide toujours en cours bien qu'ignoré – sans compter les intérêts de grandes compagnies minières internationales. Les archéologues français Anne-Marie et Pierre Pétrequin ont néanmoins réussi à mener des enquêtes détaillées, les dernières sans doute, sur la manière traditionnelle d'extraire et de polir ces haches, tout à fait semblables à leurs homologues néolithiques européennes, et aussi sur leurs modes de circulation et d'échange, et leur valeur sociale.

PARURES, TOMBES ET TATOUAGES

La nécessité de se fournir en matières premières de qualité crée en permanence dans l'Europe néolithique de vastes réseaux d'échange, portant aussi bien sur les roches dites tenaces destinées aux haches, que sur le silex* utilisé pour les faucilles à moissonner les céréales ou à récolter les plantes, ou encore les coquillages qui servaient à parer les corps. On portait des bracelets, souvent façonnés dans de grandes coquilles de spondyles (*Spondylus princeps*) collectées sur les bords de la Méditerranée, ou des perles en plus petits coquillages marins, portées en colliers ou cousues sur les vêtements. Certains coquillages venaient des bords de l'Atlantique, alors que les Néolithiques n'avaient pas encore atteint ses rivages : cela suppose que des contacts avaient été noués avec les chasseurs-cueilleurs qui s'interposaient encore entre le front pionnier agricole et l'océan, et qui de proche en proche transmettaient ces objets, sans doute contre des produits fournis en échange par les agriculteurs.

La sédentarité a suscité la création de cimetières permanents, que ne connaissaient pas les sociétés nomades. Les défunts sont inhumés, très rarement incinérés (un rituel qui est attesté en Europe dès le Mésolithique, mais qui restera longtemps minoritaire, chap. 8, p. 167), et déposés dans une fosse en position fœtale, même si quelques régions pratiquent la position allongée sur le dos. Les tombes ne montrent guère de différences de richesse entre les morts à cette époque, mais seulement des différences entre les âges et surtout entre les sexes : les femmes emportent plutôt des meules à broyer le grain, les hommes des haches et des pointes de flèche. Les deux ont droit à des poteries, qui contenaient sans doute des aliments pour l'au-delà. Les parures de coquillages sont portées également par les deux sexes. On ne connaît pas les vêtements de cette époque, faute d'en retrouver dans des milieux très humides, qui les auraient conservés. Mais les traces d'usure sur les parures qui se sont frottées aux vêtements sont une indication, tout comme les empreintes des tissus ou des vanneries sur lesquels des poteries ont été posées lors de leur façonnage nous renseignent sur les points de tissage utilisés, tissage confirmé par l'existence de poids de métiers à tisser. Il existait au moins en Turquie et dans les Balkans des labrets*, sorte de clous en terre cuite que l'on se passait dans les lèvres ou dans les oreilles, piercings avant l'heure.

On ignore si ces cultivateurs peignaient leur corps, voire se tatouaient. Mais le plus ancien corps humain conservé avec sa peau, le guerrier néolithique retrouvé en 1991, momifié naturellement dans un glacier alpin et surnommé Ötzi en référence à la vallée autrichienne de l'Ötz où il a été découvert, était déjà tatoué de simples signes en bâtonnets. Il existe aussi dans une partie de l'Europe des sortes de tampons en argile cuite, appelés *pintaderas*, qui portent en creux des motifs géométriques et dont on pense qu'ils servaient à imprimer des motifs de couleur, sur la peau ou bien sur des textiles. Certaines figurines en terre cuite portent des motifs géométriques qui pourraient évoquer des peintures corporelles ou bien les motifs décoratifs de leurs vêtements.

Des maisons rectangulaires en terre et en bois, une économie fondée sur la culture du blé et de l'orge, sur l'élevage du bœuf, du porc, du mouton et des chèvres ? Le mode de subsistance ne changera guère ensuite pendant… sept mille ans ! Bien des campagnes françaises, voire même européennes, vivaient encore à ce rythme jusque dans la première moitié du XXe siècle. Les perfectionnements techniques ne furent que lents et progressifs, nous y reviendrons : la roue et la traction animale par des bœufs, à partir du IVe millénaire avant notre ère, puis aussi par des chevaux un peu plus tard, puis enfin et surtout, dans les derniers siècles avant notre ère, la métallurgie du fer* appliquée aux outils agricoles : faucille, faux, soc. Pour le reste, durant ces sept millénaires, les régimes politiques, les propriétaires terriens et les collecteurs d'impôts les plus divers se succédèrent, sans que change notablement la vie quotidienne des paysans.

LA RÉSISTANCE
DES CHASSEURS-CUEILLEURS INDIGÈNES

Mais, une fois tout l'espace disponible rempli, que sont devenus les chasseurs-cueilleurs mésolithiques indigènes dont nous parlions au début de ce chapitre ? La question a longtemps fait débat, mais est en passe d'être tranchée. Certains archéologues en effet, plutôt de tradition anglaise, étaient hostiles à l'idée de migrations ou colonisations généralisées venues du dehors de l'Europe. Ce seraient seulement des techniques et un mode de vie qui auraient été transmis de proche en proche depuis le Proche-Orient jusqu'à l'ensemble de l'Europe, de communauté en communauté, sans qu'il n'y ait jamais eu le moindre mouvement de population – un peu comme le Coca-Cola, les jeans, le rock and roll ou les hamburgers se sont répandus dans le monde entier uniquement de par le prestige culturel attaché à la civilisation nord-américaine.

Pour certains autres archéologues, par une forme de nationalisme diffus, il y aurait même eu des inventions sur place, en Europe, de l'agriculture et de l'élevage. Il est vrai qu'il n'était pas toujours agréable de penser qu'une invention aussi essentielle que l'agriculture serait venue d'ailleurs, surtout de pays voisins avec lesquels on avait pu être en guerre par le passé, voire d'un Proche-Orient exotique, sinon hostile ! Ainsi avait-on voulu voir dans les années 1960, sur la base de grottes du Midi de la France hâtivement fouillées, une lente évolution continue depuis les couches archéologiques mésolithiques vers celles proprement néolithiques, avec une apparition progressive de nouveaux outillages et aussi d'ossements de moutons domestiques. Las, il ne s'agissait que de mélanges, les agriculteurs néolithiques ayant, en s'installant, plus ou moins bouleversé les restes des campements mésolithiques antérieurs. De même, la collecte de plantes sauvages par des chasseurs-cueilleurs mésolithiques a parfois été mise au compte d'une sorte de proto-agriculture. Mais ces plantes, comme la vesce ou la gesse, ne seront jamais cultivées par la suite.

Un fait est patent : chèvres, moutons, blés et orges n'existent pas en Europe à l'état sauvage, et ont donc forcément été introduits, ce qu'ont confirmé des analyses d'ADN de ces plantes et de ces ossements. L'ADN montre même que, alors qu'il existait en Europe des bœufs et des sangliers, il n'y a pratiquement pas eu d'essais de domestication et ce sont les bovins et les porcs venus du Proche-Orient qui ont continué à être exploités. Il est vrai que, après plusieurs millénaires de domestication et de sélection, ces animaux étaient infiniment plus dociles et manipulables que leurs lointains cousins sauvages européens et il ne valait donc pas la peine de tenter de domestiquer avec beaucoup d'efforts ces individus indigènes malcommodes et ombrageux. Il y eut néanmoins chez les bovins et les porcs, sans doute lors de rencontres fortuites, quelques croisements entre mâles sauvages et femelles domestiques, comme le confirment également les analyses génétiques.

GÉNÉTIQUE ET MÉTISSAGES

Ces analyses ont également été pratiquées sur des ossements humains et, bien qu'encore en petit nombre, elles indiquent qu'en grande majorité les agriculteurs néolithiques européens proviennent du Proche-Orient et que, parmi eux, la part génétique des chasseurs-cueilleurs reste très modeste. Les données archéologiques suggèrent de fait que la population mésolithique était relativement faible, sans doute de quelques centaines de milliers d'individus seulement pour toute l'Europe, à comparer aux quelque deux millions d'agriculteurs estimés pour la seule culture de la Céramique linéaire, au moment de sa plus forte expansion, vers 5000 ans avant notre ère. Cette population indigène semble donc avoir été assez vite absorbée dans la masse des agriculteurs, même si des sociétés de chasseurs-cueilleurs se sont maintenues encore quelques siècles sur les bords de la mer du Nord et de la Baltique, régions peu fertiles qui n'intéressaient guère les agriculteurs. Mais ces régions de « résistance » sont peu à peu pénétrées à leur tour par les influences des sociétés agricoles voisines ; l'usage de la poterie, même grossière, s'installe, on commence à élever porcs et bœufs, et l'ancien mode de vie disparaît aux alentours de 4000 avant notre ère.

Dans tous les cas, en tant qu'Européens, nous avons toutes et tous des gènes issus de la colonisation agricole proche-orientale de l'Europe, mais aussi certains gènes des chasseurs-cueilleurs indigènes, descendants de ceux de Lascaux – entre autres gènes, sans compter ceux légués par Néandertal*.

Du reste, la colonisation agricole venue du Proche-Orient n'a concerné directement que les Balkans, l'Europe centrale et occidentale. Si l'on regarde une carte, cette colonisation ne dépasse guère une ligne sud-est nord-ouest qui irait d'Odessa sur la mer Noire à Gdansk ou Kaliningrad sur la Baltique, une ligne qui correspond aussi, pour les géographes, à l'un des isthmes de l'Europe, c'est-à-dire un rétrécissement de notre continent. Plus à l'est s'étendent les Pays baltes, l'Ukraine orientale, la Biélorussie et toute la Russie européenne, soit une superficie au moins aussi grande. De cette superficie, la partie méridionale est traversée par une zone de steppes, qui part des Carpates pour atteindre la Chine, sur 7 000 kilomètres de long et un millier de kilomètres de large ; la partie médiane est entièrement occupée par la même forêt tempérée qui recouvre aussi l'Europe centrale et occidentale ; enfin, la partie septentrionale est le domaine de la taïga, la forêt boréale de conifères.

Cette large moitié orientale de l'Europe restera longtemps occupée par de petits groupes de chasseurs-cueilleurs, dont certains, sédentaires, fabriquent de la poterie. Il s'agit de récipients à fond pointu, décorés d'impressions sommaires faites à l'ongle, au poinçon ou à l'aide de coquillages. Ils sont bien différents des poteries de meilleure facture, à fond arrondi et à riches décors peints ou gravés que produisent les agriculteurs des Balkans. Ces groupes de chasseurs-cueilleurs avec poteries vivent aussi bien dans la steppe, le long des grands fleuves de l'Ukraine abondants en poissons, que plus au nord dans la vaste forêt russe, jusqu'en Finlande. De tels groupes, sédentaires ou non, se rencontrent également dans l'ensemble de la moitié nord de l'Asie, notamment en Sibérie et jusqu'aux côtes du Pacifique.

Toutefois, sans qu'il y ait de mouvements perceptibles de population, le mode de vie néolithique issu des Balkans, mais peut-être aussi depuis la Turquie à travers le Caucase, va peu à peu être adopté par ces chasseurs-cueilleurs. Peu à peu, car il faudra plusieurs siècles pour qu'il s'étende à l'ensemble de l'Ukraine actuelle, et plusieurs millénaires, jusqu'aux environs de 2000 avant notre ère, pour qu'il atteigne le nord-est de l'actuelle Russie d'Europe.

DU DANUBE À L'ATLANTIQUE

Pour revenir à la moitié occidentale de l'Europe, on est frappé par la relative rapidité de progression du front de colonisation, depuis les rives du Bosphore et de la mer Égée jusqu'à celles de l'Atlantique : soit près de trois mille kilomètres à vol d'oiseau en deux millénaires à peine. Ce qui ne signifie pas une progression d'un kilomètre et demi par an, mais plutôt un déplacement de trente à quarante kilomètres environ par génération. Ce mouvement n'a pas été continu, mais avec des accélérations, quand l'ensemble de la péninsule balkanique est occupé en quelques siècles, tout comme le Bassin parisien à l'autre extrémité ; mais tout autant des périodes d'arrêt, quand il a fallu, arrivés au niveau de la vallée du Danube moyen, que les humains, les plantes et les animaux, voire les habitations, s'accoutument au climat continental.

Il est étonnant que, sur une aussi longue période de temps, la culture matérielle* de ces premiers agriculteurs soit restée aussi homogène. De l'Ukraine à la Normandie, ce sont les mêmes formes de maison, les mêmes coutumes funéraires et des décors de poteries très proches, compte tenu d'inévitables évolutions stylistiques et régionales. Un fait est cependant frappant. Alors que les paysans des Balkans fabriquent des poteries aux formes et à l'ornementation très riches, que celle-ci soit peinte ou gravée, et une grande variété de figurines en terre cuite ou en pierre, cet art plastique s'appauvrit progressivement au fur et à mesure de la lente marche vers l'ouest. Ce phénomène de « périphérisation » peut sans doute s'expliquer par l'isolement croissant des pionniers sur le front de colonisation, même s'ils s'efforcent de maintenir leurs traditions et leur identité dans l'architecture ou les pratiques funéraires.

La vitesse de progression du front pionnier à travers l'Europe est étonnante, car elle aboutit à une densité moyenne d'environ un habitant au kilomètre carré, dérisoire par rapport à la densité actuelle de cent vingt habitants au kilomètre carré sur la même surface. Dans un environnement moins favorable, la densité des agriculteurs néolithiques du Proche-Orient était bien plus forte. Il est vrai que les grandes agglomérations du VIIIe millénaire semblent y avoir disparu, précisément au moment où les pionniers agriculteurs commencent à se répandre en Mésopotamie, en Turquie et, de là, en Europe. Il faut donc supposer que ce n'est ni le manque d'espace ni le manque de ressources qui ont poussé les agriculteurs européens à aller toujours plus de l'avant, mais des raisons que l'on pourrait qualifier de politiques : ils ne voulaient plus que leurs villages dépassent un certain seuil, de l'ordre d'une ou deux centaines d'habitants, évitant provisoirement tous les problèmes que pose la gestion de grandes masses humaines – mais c'était reculer pour mieux sauter !

À L'AUTRE BOUT DE L'EURASIE, LA CHINE

Il ne saurait être question de regarder aussi en détail le destin des premiers agriculteurs dans le reste du monde. Mais il faut au moins évoquer les autres régions où s'inventa l'agriculture, ne serait-ce que pour montrer les différences, mais aussi les similitudes : le destin du continent européen en général, et du territoire français en particulier, n'a pour ces époques rien de singulier, et il est indispensable de considérer cette révolution* néolithique, qui changea à jamais le destin de l'humanité, à l'échelle du monde global.

Pour l'Asie centrale et orientale, c'est de Chine que viennent les plus anciens témoignages agricoles, mais aussi, bien avant, la plus vieille poterie du monde. La grotte de Xianrendong, dans la province du Jiangxi, dans le sud-est de la Chine, a fourni des récipients en terre cuite datés de - 18000 ans, donc plusieurs millénaires avant les plus anciennes poteries japonaises de la culture de Jomon, longtemps considérées comme les plus vieilles du monde. Dans les deux cas, il s'agit de chasseurs-cueilleurs, que l'existence de tels récipients fragiles fait supposer peu mobiles. On imagine qu'ils pouvaient servir à faire bouillir des aliments, tel le riz sauvage ou aussi bien les escargots, tous deux trouvés à proximité. D'autres sites ont livré, au cours des millénaires suivants et dans différentes régions, des restes de poteries, à fond pointu ou à fond plat, mais aussi des meules à broyer les plantes sauvages (graminées, glands, noix) et même des outils polis. À partir de - 9000 se multiplient des campements durables de chasseurs-cueilleurs, exploitant les ressources d'eau douce (poissons, coquillages, mollusques), les cerfs et diverses plantes, comme à Donghulin, dans la banlieue de Pékin, situé en milieu steppique et où plusieurs tombes ont été retrouvées ; ou à Shangshan, près du Yangzi (Yang Tsé), dans un climat subtropical, où en sus des ressources aquatiques étaient exploités les glands, les châtaignes d'eau et même le riz, qui semble en voie de domestication mais n'occupe encore qu'un rôle modeste dans l'alimentation. De nombreuses fosses confirment les capacités de stockage de cette société, et donc sa relative sédentarité.

Comme au Proche-Orient, l'exploitation intensive de ressources sauvages permettant une sédentarité accrue, associée à des expérimentations ponctuelles et progressives, débouche sur de véritables sociétés néolithiques agricoles, cette fois autour de sept mille ans avant notre ère. On peut distinguer ainsi un certain nombre de zones culturelles, comme celle de Xinglongwa au nord-ouest, de Peiligang sur le fleuve Jaune ou de Pengtoushan sur le Yangzi. Le chien, le porc et bientôt le poulet sont domestiqués – mais pas encore les bovins, ni les ovins. Les céréales cultivées sont majoritairement le millet dans la région du fleuve Jaune, et le riz dans le bassin du Yangzi, mais ces deux zones évoluent visiblement en interaction. Néanmoins la collecte des nourritures végétales continue à jouer un rôle important et des sites saisonniers, spécialisés dans le ramassage des noix et des glands, ont été identifiés. Et, comme au Japon, il semble qu'on puisse parler d'une certaine sylviculture, ou arboriculture, de par le contrôle de la reproduction des arbres porteurs de glands et de noix.

Comme au Proche-Orient également, ces transformations économiques et sociales s'accompagnent d'activités cérémonielles beaucoup plus développées qu'auparavant. Des figurines, principalement féminines, sont modelées en argile cuite. Des flûtes sont taillées dans des os de grue. On porte des masques faits en coquillages, en pierre et même en crânes humains.

À partir de - 5000 environ, l'histoire s'accélère. On connaît désormais des milliers de villages néolithiques, les poteries sont de plus en plus complexes, souvent peintes comme dans la culture de Yangshao, et la société se complexifie et se hiérarchise, à peu près en même temps qu'en Europe, avec les mêmes conséquences, des inégalités croissantes, et finalement les villes, l'État et l'écriture.

VERS LE SUD-EST DE L'ASIE, ET AU-DELÀ

De Chine, l'agriculture gagne petit à petit l'ensemble de l'Asie du Sud-Est, même si l'Inde est aussi considérée par certains archéologues comme un autre foyer possible de néolithisation, qui aurait rayonné vers l'est. Mais les recherches archéologiques actuelles ont été singulièrement compliquées depuis des décennies dans toutes ces régions de par la succession de conflits armés. En tout cas, ce sont les mêmes espèces animales (porc, chien, poulet) que l'on retrouve en Asie du Sud-Est, tout comme le riz, et il faudra sans doute attendre des analyses génétiques pour confirmer leur origine. À partir du IIIe millénaire, la riziculture se répand dans toute la péninsule indochinoise et malaise, accompagnée par la poterie. Le mouvement se poursuit ensuite vers les îles, Philippines et Indonésie, et s'étendra bientôt à toute l'Océanie, via les navigations polynésiennes, parmi les plus spectaculaires de l'histoire humaine, que certaines hypothèses font partir de l'île de Taiwan, et qui atteindront aussi l'extrême sud-ouest du Pacifique, avec le peuplement de Madagascar. Des sociétés de chasseurs-cueilleurs perpétueront pourtant leur mode de vie jusqu'à l'époque subactuelle dans certaines régions périphériques, telles les populations dites négritos des îles Andaman ou des Philippines (Aetas ou Agtas).

La grande île de Nouvelle-Guinée, avec son peuplement mélanésien comme celui de l'Australie – et non austronésien comme l'Asie du Sud-Est insulaire, la Polynésie et Madagascar –, est à part. De manière indépendante ont été entreprises à partir de - 5000 des expériences d'horticulture sur des plantes locales, banane, igname et taro, y compris avec irrigation, comme sur le site de Kuk dans les hautes terres occidentales, l'essentiel de l'alimentation continuant cependant à provenir de la chasse et de la pêche. L'élevage n'apparaît que plus tard, vers - 1000, avec le même trio apporté d'Asie du Sud-Est : chien, poulet, porc – ce dernier animal appelé à jouer un grand rôle économique, symbolique et de prestige dans les sociétés papoues traditionnelles.

L'AGRICULTURE DES AMÉRIQUES

Les deux Amériques représentent près de 30 % des terres émergées et une grande partie reste encore largement inexplorée d'un point de vue archéologique. Les processus de domestication des animaux et des plantes sont originaux par rapport à l'Asie ou au Proche-Orient, et on peut discerner plusieurs centres indépendants d'invention de l'agriculture. La domestication des animaux joue un rôle mineur, puisqu'il s'agit surtout du lama et du cochon d'Inde, en sus du chien, déjà possédé par certains groupes de chasseurs-cueilleurs et, de manière annexe, du dindon et du canard. Il existe certes de grands mammifères comestibles, comme le tapir ou le bison, mais ils étaient suffisamment abondants dans la nature pour que leur domestication ait paru inutile, et par ailleurs peu aptes à une utilisation pour le trait (avant l'arrivée des chevaux introduits par les colons espagnols) ; seuls les chiens dans les Grandes Plaines d'Amérique du Nord tireront des travois, faits de deux perches jointes en V traînant par terre et supportant des fardeaux. L'absence d'animaux de trait et le relief trop inégal de nombreuses régions ne conduiront pas à l'invention de véhicules à roues, alors même que le principe de la roue est connu et utilisé pour des jouets.

Une grande partie des plantes n'ont pas de fonction alimentaire : calebasses, coton, tabac, plantes psychotropes ou médicinales, gommes à mâcher, colorants ; et d'autres n'ont qu'une fonction alimentaire marginale : piment, cactus, avocat, épices. Le maïs jouera donc un rôle fondamental, d'autant que sa culture est beaucoup moins coûteuse en temps et énergie que celle des autres céréales. Cependant l'histoire de sa domestication n'a pu encore être éclaircie, qu'il dérive d'une plante sauvage, la téosinte, d'une autre espèce sauvage aujourd'hui disparue ou de tout autre processus (voir p. 50).

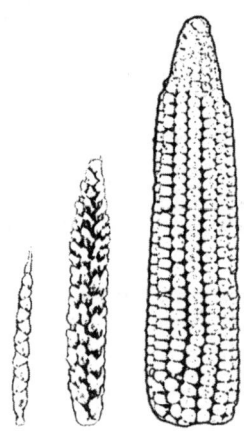

De la téosinte au maïs

Les téosintes (à gauche) appartiennent à la famille générale des graminées (tout comme le blé, le riz ou le sorgho). On considère que notre maïs moderne (à droite) est issu de la domestication de cette plante, sur le territoire actuel du Mexique, qui commence aux alentours du VIIe millénaire avant notre ère. La sélection, à chaque fois, des plants les plus fournis a permis d'obtenir des épis de taille de plus en plus importante, en passant par des intermédiaires (au centre). Puis le maïs se répandra jusque dans les régions tempérées d'Amérique du Nord, avant d'être adopté par les colons européens, pour devenir la seconde plante la plus cultivée au monde (après la canne à sucre).

Plusieurs foyers indépendants d'invention de l'agriculture peuvent être identifiés, sur des trajectoires comparables. Au niveau du Pérou, des chasseurs-cueilleurs côtiers exploitant, vers 8000 ans avant notre ère, des ressources marines qui leur permettent de rester sédentaires, ajoutent progressivement une petite horticulture d'appoint avec courges et haricots. Plus haut dans les Andes, à partir de - 6000 ans, sont cultivés des haricots, un maïs primitif, du piment et des courges, et beaucoup plus tard, vers - 2000, notre pomme de terre. Plus au nord, en Amérique centrale, le maïs cultivé apparaît à partir de - 4000 ans. Plus au nord encore, dans le bassin du Mississippi et jusqu'aux Appalaches, à partir de - 2000 ans environ, commencent à être cultivés, chez des chasseurs-cueilleurs sédentaires, la courge, le tournesol ou encore l'ansérine (potentille).

Peu à peu l'agriculture se répand à partir de ces foyers, tandis que la poterie, apparue vers - 5000 ans chez des chasseurs-cueilleurs amazoniens, se généralise. Toutefois, dans le nord de l'Amérique du Nord, comme dans le sud de l'Amérique du Sud ainsi que dans les grandes prairies steppiques et aussi bien dans la forêt amazonienne, le mode de vie des chasseurs-cueilleurs se poursuivra jusqu'à la colonisation européenne et au-delà.

PREMIERS PAYSANS AFRICAINS

Le continent africain est encore moins connu, de par ses dimensions, la faiblesse de son réseau de chercheurs et de ses crédits de recherche, et aussi son instabilité géopolitique, d'ailleurs croissante. Les conditions climatiques et environnementales y étaient à l'origine différentes et plus clémentes, le Sahara plus restreint et bordé au sud de lacs et d'une faune subtropicale, comme le confirment certaines gravures et peintures rupestres. Des groupes de chasseurs-cueilleurs fabriquent dès - 8500 une poterie soignée avec des décors imprimés et moissonnent des graminées sauvages dont le sorgho, stockées dans des fosses-silos, comme à Nabta Playa dans le sud de l'Égypte. Une possible domestication de bovidés est toujours en discussion. Dans la grotte libyenne de Uan Afuda, des mouflons sauvages ont été enfermés, sans que l'on sache s'il s'agissait déjà d'un début de domestication. Au cours du VIe millénaire, le Néolithique du Proche-Orient s'étend vers le sud-ouest et pénètre peu à peu en Égypte par l'est, par colonisation mais aussi par emprunt de la part de chasseurs-cueilleurs sédentaires vivant de ressources aquatiques sur les bords du Nil et du lac du Fayoum.

Au sud du Sahara, à partir de - 3000 environ, sont domestiquées des plantes indigènes comme le mil, un riz local, le sorgho, le fonio (une autre graminée), le haricot ou plus au sud l'igname, sans que l'on sache encore s'il s'agit d'un foyer indépendant ou d'une influence venue du nord. Il faut ajouter le palmier à huile et le karité. Le cas de Madagascar est à distinguer, peuplé sans doute à partir de 2000 avant notre ère par des navigateurs austronésiens venus de l'aire dite malayo-polynésienne, comme on l'a évoqué plus haut. Ils apportent avec eux, depuis l'Asie, taro, plantain, banane, entre autres. De là, ces plantes se diffusent progressivement sur le continent africain. À partir de 1500 ans avant notre ère, des populations bantoues d'Afrique centrale descendent peu à peu vers le sud, cantonnant les chasseurs-cueilleurs dans les zones forestières équatoriales (Pygmées) ou au contraire dans les régions les plus arides (Bochimans ou Sans).

Cette rapide revue de l'émergence de l'agriculture et de l'élevage à travers le monde montre les différences comme les similitudes. Il a fallu à chaque fois un enchevêtrement de causes, entre conditions environnementales, capacités techniques et choix culturels. À chaque fois de petits groupes de chasseurs-cueilleurs ont été en situation de pouvoir se sédentariser, puis de pratiquer une petite agriculture ou horticulture d'appoint, en même temps qu'ils se familiarisaient avec certains animaux, le premier ayant été le plus souvent le chien à partir de canidés sauvages. Puis le nouveau mode de vie, au fil des siècles, s'est généralisé, débordant par colonisation ou par emprunt de sa zone d'apparition, pour absorber ou refouler, sinon exterminer (chap. 7), ceux qui continuaient à vouloir pratiquer chasse, pêche et cueillette.

Le résultat le plus visible en est l'extraordinaire densification de la population, qui en peu de millénaires s'empare des régions où est apparue en premier l'agriculture. De ce surplus démographique croissant vont émerger des modifications encore plus radicales, et pas toujours bénéfiques.

Chapitre 3

Qui a inventé les outils, le métal et la roue (et le travail) ?

De quand datent les premiers outils, et à quoi servaient-ils ? Les animaux ont-ils des outils ? Et pourquoi invente-t-on ? Comment a-t-on inventé le métal, et quels furent les premiers métaux ? Et de quand datent les premières machines, et à quoi servaient-elles ? Et qui a inventé la roue, et pourquoi ? Et pourquoi pas partout ? Pourquoi, à partir des « millénaires zappés », a-t-on inventé de plus en plus ? Ces inventions ont-elles libéré du temps et de l'énergie pour les humains, ou bien les ont-elles fait travailler de plus en plus ?

Les préhistoriens ne parlent habituellement d'« hommes », d'*Homo** dans les dénominations savantes, forcément latines, qu'à partir du moment où ils retrouvent des outils associés à des hommes préhistoriques. Le premier *Homo* officiel, c'est l'*Homo habilis**, qui vivait il y a un peu plus de deux millions d'années dans le nord-est de l'Afrique. Ces premiers outils certains étaient des galets qui avaient été volontairement éclatés, dégageant ainsi des surfaces tranchantes permettant, par exemple, de découper le gibier. Cette définition de l'homme pourrait paraître une évidence.

Le problème, c'est que d'autres primates*, classés comme « animaux », ont des outils. On ne parle pas des animaux pour lesquels cela relève de l'instinct, comme les araignées et leurs toiles, les abeilles et leurs alvéoles, ou encore les oiseaux et leurs nids – certains oiseaux lâchant même en vol des coquillages ou des noix pour que leurs coquilles s'ouvrent en tombant sur le sol. Ni même des castors, dont les barrages sont une forme d'outillage. Si l'on en reste aux singes, les chimpanzés ont des outils : certains cassent des noix avec des cailloux, d'autres pêchent des termites au fond des termitières à l'aide de brindilles. Les mères apprennent à leurs petits à le faire. On cite souvent la découverte faite en 1953 par une femelle macaque japonaise, surnommée Imo (c'est-à-dire patate douce en japonais), dans l'îlot de Koshima : elle trempait les patates douces de son ordinaire dans la mer afin de les nettoyer et, remarquant que cela leur donnait un agréable goût salé, elle les trempa désormais systématiquement ; et ce comportement fut ensuite imité par les jeunes macaques du lieu.

DES OUTILS DE PLUS EN PLUS ANCIENS

Il n'y aurait donc aucune raison de penser que les primates humains, antérieurs aux *Homo* officiels, n'auraient pas manié d'outils. Ils existent depuis sept millions d'années au moins, sous diverses formes plus ou moins bien définies, et à partir de quatre à cinq millions d'années gambadent dans une bonne partie de l'Afrique les Australopithèques* (« singes du Sud » en grec), bien connus grâce à la célèbre Lucy*. Mais on ne leur attribuait pas d'outils, ce n'étaient pas des *Homo*. Tout a changé en 2015, quand une équipe française a découvert au Kenya, sur le site de Lomekwi, de lourds outils en pierre, datés de… 3,3 millions d'années, donc bien avant *Homo habilis*. Ils n'ont donc pu avoir été fabriqués que par des « singes du Sud », dont une variante, le Kenyanthrope (ou plus exactement le *Kenyanthropus platyops*, l'« homme du Kenya à face plate »), vivait à proximité – même s'il n'est attesté jusqu'à présent que par les restes fragmentaires d'un seul individu, à face plate.

La suite de l'histoire est beaucoup mieux identifiée. *Homo habilis* évolue en Afrique vers *Homo erectus**, lequel part à la conquête de l'Eurasie à partir de deux millions d'années et fabrique les premiers outils inutilement réguliers et symétriques, appelés bifaces*, en sculptant soigneusement un bloc de silex* – inventant en même temps le *design*. Les *Erectus* étaient sensibles aux objets qu'ils réalisaient, sinon à leur beauté, puisqu'ils avaient laissé en offrande funéraire un biface* de grande qualité, en quartzite rouge et jamais utilisé, au milieu des morts qu'ils déposaient dans une cavité de la sierra d'Atapuerca, dans le nord de l'Espagne (chap. 8, p. 160). On attribue aux descendants européens d'*Erectus*, les hommes de Néandertal* (*Homo sapiens neandertalensis*), qui émergent à partir de 300 000 ans, un degré supplémentaire de complexité psychique : ils taillent des blocs de silex, mais ce sont les éclats qu'ils détachent qui les intéressent, non le noyau central (le nucléus, disent les préhistoriens), qui n'est plus que le résidu – alors que le biface était le produit recherché en dégrossissant progressivement le bloc de silex. En utilisant les éclats, ils augmentent ainsi le nombre de surfaces utiles, avec des outils plus légers.

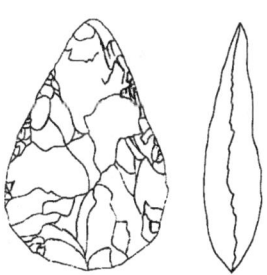

Biface

Les bifaces sont les premiers outils symétriques qu'aient taillés les humains, avec *Homo erectus*, il y a au moins 1,8 million d'années. Cette symétrie témoigne d'une première recherche esthétique au-delà de la simple utilité pratique, et peut être considérée comme les débuts du *design*. Le nom de cet outil (on disait autrefois « coup-de-poing ») vient du fait qu'il est taillé symétriquement sur ses deux faces. Il semble qu'il ait servi à plusieurs usages – chasse, découpe de la viande, raclage, etc. Son mode de préhension ou d'emmanchement n'est pas encore établi.

Pendant ce temps, les *Erectus* restés en Afrique continuent d'évoluer et débouchent il y a entre trois cent et cent mille ans environ sur les premiers *Homo sapiens sapiens** (les « hommes sages sages »), sensiblement dotés des mêmes capacités psychomotrices qu'aujourd'hui, même si nous continuons toujours d'évoluer, mais imperceptiblement, au gré de la sélection naturelle et sexuelle, évolution sur laquelle nous pouvons désormais intervenir partiellement, avec les diagnostics prénataux ou les traitements génétiques, entre autres. Avec le même bloc de silex d'un kilogramme, d'où les *Erectus* tiraient un seul outil doté d'un tranchant d'une dizaine de centimètres, les *Sapiens* fabriquent plusieurs dizaines d'outils totalisant quelque sept mètres de surfaces actives (tranchantes, coupantes, grattantes, perçantes, etc.). Ils utilisent aussi l'os, la corne, le bois de cervidé et certainement le bois végétal – *Erectus* le faisait déjà.

Néanmoins, à cette époque où, depuis - 115000, règne une période glaciaire*, les glaciers recouvrant tout le nord de l'Europe jusqu'à la Belgique et tous les massifs montagneux, les inventions ne se font que très lentement. Il y a sans doute vingt mille ans est inventé le propulseur, un crochet sur lequel on engage l'extrémité du manche du javelot et qui augmente la force du lancer par effet de levier ; ainsi que l'usage de barbelures sur les harpons de pêche et les hameçons. Peu après, prenant le relais du propulseur, a dû être inventé l'arc, dont les preuves certaines ne datent pour l'instant que de dix mille ans. Plus pacifique, apparaît aussi l'aiguille à chas, qui permet de coudre plus aisément entre elles les peaux d'animaux destinées aux vêtements ou aux tentes. Mais aussi la poterie : après quelques expérimentations sans lendemain vers 25000 ans, la poterie se développe peu à peu chez des chasseurs-cueilleurs sédentaires en Asie orientale à partir de - 18000 environ et plus tard, indépendamment, en Amérique et en Afrique.

POURQUOI INVENTER ?

Mais les rythmes d'invention restèrent longtemps très lents. Pourquoi, d'ailleurs, inventer de nouveaux types d'outils alors que ceux que l'on possède fonctionnent très bien et que la vie s'écoule paisiblement dans les steppes d'Eurasie ou d'Amérique, parcourues par d'abondants troupeaux d'herbivores – bisons, aurochs, chevaux, mammouths, rennes – dans lesquels il n'y a qu'à puiser (« prélever », dit-on maintenant) à l'heure de la chasse ? Il semble que les inventions se soient accélérées à partir du réchauffement climatique qui déboucha il y a douze mille ans sur notre actuelle période interglaciaire*, vouée à durer encore quelques millénaires. Climats, faunes et flores changèrent, obligeant les humains à de nouvelles adaptations. Du moins, sans faire de déterminisme environnemental excessif, est-ce l'une des explications possibles à cette accélération, en dehors de la curiosité naturelle d'*Homo sapiens*, propre cependant à beaucoup d'autres primates.

Toujours est-il que l'on voit apparaître vers la fin de la dernière glaciation les premiers chiens, domestiqués* à partir des loups et autres canidés sauvages (prélude à des domestications animales généralisées), les premières pirogues taillées dans des troncs d'arbres (monoxyles), les premiers filets et nasses de pêche, les premières maisons en bois et avec parfois soubassements de pierre (si l'on excepte les cabanes ukrainiennes en os de mammouth de la période gravettienne, plus anciennes de dix mille ans), les premiers systèmes de stockage des plantes (glands, châtaignes, graminées en particulier). Ces inventions permettent à un certain nombre de groupes de chasseurs-cueilleurs, là où les ressources alimentaires l'autorisent, de devenir sédentaires dans des villages permanents, puis pour certains d'entre eux de commencer à domestiquer des animaux et des plantes.

LES INVENTIONS DU NÉOLITHIQUE

Le nouveau mode de vie supposa et suscita, dans les différentes régions du monde, de nouveaux outillages. Il provoqua aussi un boom démographique toujours pas achevé ni maîtrisé, et ces concentrations humaines croissantes nécessitèrent évidemment un flux continu d'inventions et de techniques dans tous les domaines, matériels comme culturels. Construire des bâtiments de plus en plus grands, mais aussi les éclairer et les chauffer, provoqua des inventions nouvelles, tout comme la production et le transport de la nourriture de communautés humaines toujours plus importantes, et le développement de nouveaux moyens de communication. À cela s'ajoutèrent les techniques « inutiles », celles sans aucune utilité pratique pour la survie de l'espèce, mais destinées au domaine de l'immatériel, que ce soit pour les plaisirs individuels (parures du corps), collectifs (musique, jeu, art plastique, fresques, etc.), mais aussi pour le commerce avec le surnaturel (avec les mêmes moyens), et enfin le marquage et l'affirmation des chefs émergents (chap. 6, p. 118-119).

On ne passera pas en revue toutes ces nouvelles inventions, conséquences du Néolithique*, car la plupart se trouvent toujours sous nos yeux et nos mains. Le grand préhistorien français André Leroi-Gourhan a dressé dans deux livres, *L'Homme et la Matière* et *Milieu et technique*, un inventaire et une classification systématiques de toutes les techniques traditionnelles des sociétés humaines. Mais notons ici quelques inventions décisives, dans un ordre à peu près chronologique, même si les rythmes n'ont pas toujours été identiques selon les régions du monde.

On associe traditionnellement la poterie et la hache polie à l'invention de l'agriculture et de l'élevage, au point qu'on dénommait jadis le Néolithique Âge de la pierre polie*. En fait, la technique du polissage, qui rend le tranchant de la hache plus résistant aux chocs, avait été inventée bien avant à l'autre bout du monde, en Australie, par des chasseurs-cueilleurs très actifs dans le travail du bois, tout comme ceux de Chine et du Japon conçurent la poterie bien avant le Proche-Orient. Ce ne sont donc pas, paradoxalement, les inventions les plus caractéristiques du Néolithique.

LA PREMIÈRE MÉTALLURGIE DU MONDE

En revanche, le travail du métal est un acquis certain de cette période – même si un Néandertalien (ou une Néandertalienne) a rapporté dans la grotte d'Arcy-sur-Cure dans l'Yonne il y a quarante mille ans une pyrite de fer* dont la forme inhabituelle lui avait paru digne d'attention. On trouve dans le plus ancien Néolithique de Turquie, comme à Çayönü, des perles à base de pépites de cuivre martelées à froid il y a huit mille ans. Et l'azurite broyée en poudre, l'un des minerais de cuivre, était aussi utilisée à la même époque comme colorant. Il a fallu des températures plus hautes, de l'ordre de 1 000 degrés (les poteries étant usuellement cuites à 600 degrés au Néolithique, rarement plus) pour pouvoir à partir de 5500 environ avant notre ère réduire le minerai de cuivre, mélangé à du bois ou du charbon de bois, dans des bas fourneaux où une température élevée était obtenue à l'aide de soufflets munis de tuyères en argile cuite. On récupérait la loupe de métal au fond du fourneau et on la coulait à nouveau dans des moules en pierre, ou bien on la martelait à chaud.

Les objets obtenus, qui imitaient des formes jusque-là produites en pierre ou en os (poignards, hachettes, épingles), étaient cependant trop mous pour être vraiment efficaces : ils servaient essentiellement à marquer le prestige de leurs propriétaires. Le minerai était extrait à ciel ouvert ou dans des puits, retrouvés dans les Balkans en Serbie (Rudna Glava près de Majdanpek) et en Bulgarie (Aï Bunar près de Stara Zagora et Medni Rid près de Sozopol). On parle souvent d'« Âge du cuivre » ou de « Chalcolithique* » ou « Énéolithique » (des mots grecs pour le cuivre, *lithos* signifiant « pierre » et indiquant la coexistence transitoire des deux matériaux) pour cette seconde période du Néolithique, sachant que, derrière cette invention technique, d'ailleurs inégalement répandue en Eurasie, ce sont surtout les transformations sociales, avec l'apparition des premières inégalités sociales visibles et l'émergence des sociétés à chefferies* (chap. 6), qui sont essentielles – tout comme le Néolithique est caractérisé d'abord par l'invention de l'agriculture, plus que par celle des haches polies. Le cuivre sera beaucoup moins exploité en Afrique, où l'on passera directement de la pierre au fer (on parle cette fois d'une période sidérolithique*, du mot grec *sidéros* pour le fer), et dans les Amériques.

C'est à la même époque et dans les mêmes régions, notamment dans la nécropole de Varna en Bulgarie (chap. 6, p. 118) qu'ont été retrouvés les plus anciens objets en or, issus d'orpaillages dans les cours d'eau des Balkans ; il s'agit de parures (bracelets, perles, pendentifs) et d'objets de pouvoir évoquant des sceptres.

À partir du IIIe millénaire, l'adjonction d'étain à hauteur de 10 % environ crée un alliage nouveau, le bronze*, beaucoup plus résistant et permettant des formes nouvelles, pour les parures (bracelets, torques*), les instruments de musique à percussion ou à vent, mais surtout pour les armes, dans une nouvelle course aux armements : épées, poignards, lances et hallebardes d'un côté, casques, cuirasses et jambières de l'autre : c'est alors l'« Âge du bronze* » (de - 2200 à - 750 environ en Europe), lequel, du point de vue de l'organisation sociale, ne diffère guère du Chalcolithique en Europe. Ce sont toujours de petits villages, mais souvent fortifiés, aux maisons de terre et de bois, avec des fermes à part, celles des chefs ; en revanche, Mésopotamie et Égypte voient l'apparition des premières villes du monde (chap. 4, p. 81). Épées, casques et cuirasses sont les premiers objets inventés spécifiquement comme armes, pour tuer des humains ou s'en défendre – outre les poignards en silex, sans doute davantage des armes d'apparat, qui apparaissent à la fin du Chalcolithique. Jusque-là on avait, pour ce faire, utilisé des objets créés à d'autres fins : les haches polies, qui servaient normalement à travailler le bois, mais qui ont parfois été utilisées pour défoncer des crânes, comme sur le site néolithique allemand de Talheim (chap. 8, p. 148-149), les flèches en silex destinées à la chasse, mais que l'on retrouve aussi fichées dans des vertèbres humaines. Alors nouvellement inventés, casques, cuirasses et épées seront désormais fabriqués jusqu'à nos jours, d'abord pour la guerre, et finalement pour la parade ou le sport.

Le bronze permet aussi des usages plus pacifiques, avec des haches à abattre les arbres plus efficaces que celles en pierre, des outils à travailler le bois ou le métal qui se transmettront jusqu'à nos jours, il est vrai bientôt réalisés en fer.

DU BRONZE AU FER

Le fer apparaît au cours du IIIe millénaire avant notre ère en Afrique et à la fin du même millénaire en Turquie. S'il était connu des Néandertaliens sous forme de pyrite (voir plus haut) et des Mésopotamiens comme des Inuits sous forme de fer météoritique, il réclamait pour être réduit et travaillé des températures de 1 500 degrés. Il ne se développera vraiment en Europe qu'à partir de la première moitié du dernier millénaire avant notre ère et on parlera d'un « Âge du fer » à partir de - 750 environ, période où sont fondées les premières villes de Grèce et d'Italie, puis, dans les tout derniers siècles avant notre ère, en Europe tempérée, les premières villes celtiques. Très précieux au début, le fer sera d'abord réservé à la confection d'épées et de parures – bracelets, torques, bagues, fibules. Il est beaucoup plus répandu dans la nature que le cuivre nécessaire au bronze et provoqua une véritable révolution technique. De là date l'essentiel de nos outils quotidiens, avant leur mécanisation progressive, et c'est ainsi que naquirent pour deux millénaires de nouveaux gestes et de nouveaux sons.

Il faudra attendre le Moyen Âge, les fourneaux permanents en pierre, la houille comme combustible et les soufflets actionnés par la force des cours d'eau pour obtenir des températures plus hautes, et avec elles la fonte, puis l'acier, le troisième matériau le plus utilisé de nos jours, après le bois – toujours – et le béton.

Ainsi des matières nouvelles, travaillées par l'homme, sont apparues successivement au fil des millénaires : en plus de la pierre, des végétaux et de l'os est donc venue l'argile cuite, puis les métaux, avant les matières synthétiques, dont la première sera le verre, inventé au Proche-Orient il y a environ cinq mille ans, d'abord sous forme de glaçures décorant les poteries, puis de petits objets, le soufflage apparaissant dans les derniers siècles avant notre ère, et le verre à vitre, encore translucide, à l'époque romaine.

PREMIÈRES MACHINES

Parallèlement, ce sont les formes d'action sur la matière qui se feront de plus en plus complexes. Déjà, au cours du Mésolithique*, il y a plus de dix mille ans, est inventé le *punch*, ou chasse-lame : pour débiter un bloc de silex, au lieu de le frapper directement comme pendant toute la période paléolithique*, on place un objet intermédiaire, souvent en bois de cerf, entre le marteau et le bloc. Cette technique, toujours utilisée de nos jours par les sculpteurs, mais aujourd'hui avec un ciseau en fer, permet des coups beaucoup plus précis. C'est ce qu'on appelle la « percussion indirecte ». Quelques millénaires plus tard, vers - 4500 environ, est mis au point ce qui peut passer pour la première machine : pour tailler les longues lames de silex, parmi les plus spectaculaires signes de prestige des riches tombes chalcolithiques de Varna, et exercer ainsi une pression de quatre cents kilogrammes au centimètre carré (chap. 6, p. 119), il n'y a pas d'autre solution qu'un complexe système de leviers, qu'ont tenté de reconstituer les archéologues. D'autres types de leviers ont dû être utilisés pour l'érection des monuments mégalithiques à la même époque.

Une nouvelle source d'énergie apparaît à peu près au même moment : l'utilisation de la force des animaux, portage ou traction, alors qu'ils ne servaient jusque-là que de ressource alimentaire. Ce produit dit « secondaire » des animaux (au même titre que les laitages ou la laine – la peau étant déjà utilisée au Paléolithique), qui suppose une bonne maîtrise de l'élevage, suscite à son tour de nouvelles inventions. Si la force humaine peut servir à tirer des charges, les animaux de trait apportent une beaucoup plus grande efficacité pour tirer l'araire, une charrue primitive qui gratte le sol sans le retourner et améliore les rendements, ou encore le travois.

Ce dernier objet, retrouvé en fouille dans le Jura sur les bords du lac de Chalain ou représenté sur des gravures de la vallée des Merveilles dans les Alpes-Maritimes, était aussi utilisé par les Amérindiens des Grandes Plaines nord-américaines : le fardeau était disposé sur deux grandes perches réunies en V, traînant sur le sol d'un côté, et tirées par l'animal (cheval ou chien) de l'autre (voir p. 64). L'exemplaire de Chalain mesurait trois mètres de haut et a été reconstitué. Parce qu'il a été retrouvé devant une maison isolée, tout porte à croire qu'il fut aussi au début un objet de prestige, avant sans doute de se généraliser. Certaines tombes mégalithiques de la même époque, comme celle de Sion dans le Valais suisse, ont un plan triangulaire, qui pourrait évoquer la forme d'un travois et confirmer, comme sa représentation sur les gravures rupestres, sa haute valeur symbolique. La domestication du bœuf, puis celle du cheval à partir du IVe millénaire (d'abord pour la viande, puis pour le trait, la monte étant beaucoup plus tardive), permettra des tractions bien plus importantes, travois, araire ou chariot, conjointement avec l'invention de la roue. Dans d'autres régions du monde, le chameau, l'éléphant ou le lama seront sollicités.

Travois

Le travois est un véhicule tracté mais sans roues. Il est fait de deux perches en bois attachées en V, tirées par un cheval, voire un chien, et sur lesquelles est posée une charge. Il était caractéristique des déplacements des Amérindiens des Grandes Plaines nord-américaines. Mais il est attesté en Europe dès le Néolithique, représenté sur des gravures rupestres comme dans le Valais suisse, ou même retrouvé «en vrai», comme sur les bords du lac de Chalain, vers 3000 avant notre ère.

L'INVENTION DE LA ROUE

Le principe du mouvement rotatif est connu dès le Paléolithique, où une tige verticale, maniée en va-et-vient entre les mains ou avec un archet, permet de faire du feu ou aussi bien de perforer des perles. Un autre mouvement rotatif était celui des rhombes* (voir p. 65) : un objet perforé losangique accroché au bout d'une corde émet des sons lorsqu'on le fait tourner, une technique musicale pratiquée jusqu'à aujourd'hui en Australie et Nouvelle-Guinée (chap. 5, p. 100). Au Néolithique, le travail de la laine suscite l'invention du fuseau, que l'on fait tourner sur lui-même, au sol ou en l'air, en le lestant d'un volant d'inertie en pierre ou en terre cuite, appelé « fusaïole ». Au cours du IVe millénaire est inventé au Proche-Orient le tour de potier, toujours selon le même principe, d'abord lent (ou tournette) puis rapide, entraîné par la force humaine. Enfin, il est plus que probable que les lourdes dalles des tombeaux mégalithiques ont dû être déplacées à l'aide de systèmes de rondins roulant sur eux-mêmes.

Rhombe

Représentation du maniement d'un rhombe, afin de produire un sifflement continu, en général lors d'activités cérémonielles. Le rhombe se compose d'une plaquette d'os, de bois ou de pierre, qu'on fait tournoyer au bout d'une cordelette. Connus en Australie et en Nouvelle-Guinée, les rhombes sont attestés dès le Paléolithique supérieur.

Tout cela mène à l'invention de la roue à la même date que le tour de potier, sans doute à la fois au Proche-Orient et dans les steppes au nord de la mer Noire. On retrouve de lourds véhicules à quatre roues pleines aussi bien dans des représentations en Mésopotamie ou en Europe centrale, qu'en fouilles, dans certaines tombes de la culture* steppique dite des « tombes à fosse » (*yamnaya kultura* en russe) ou au bord des lacs alpins ou jurassiens. Le poids de ces roues pleines en bois nécessitait une traction par des bœufs. C'est plus tard, au début du IIe millénaire avant notre ère, qu'apparaissent en Égypte et en Russie (culture dite « de Sintashta ») les roues à rayons, beaucoup plus légères, et avec elles le char de guerre, véhicule plus rapide, qui peut être attelé à un ou deux chevaux (et plus tard avec quatre chevaux, dans les parades de l'Empire romain ou, à tort, dans le film *Ben Hur*). Ce sera l'arme de guerre favorite au Proche-Orient, chez les Égyptiens, les Hittites ou les Assyriens, et elle atteindra d'un côté la Chine, de l'autre le monde mycénien* (voir l'*Iliade*), puis, au ve siècle avant notre ère, le monde celtique, qui cercle les roues d'une bande de fer – on connaît plusieurs centaines de tombes à char en Allemagne, France, Belgique ou Angleterre –, et enfin le monde gréco-romain et byzantin, ou encore l'Afrique saharienne.

Toutes les civilisations n'ont pas utilisé la roue. Outre le travois des Grandes Plaines, l'Amérique précolombienne connaissait le principe de la roue, utilisée pour de petits jouets montés sur roulettes. Mais le caractère accidenté des reliefs andins et la faible capacité de trait des lamas ne l'ont pas généralisée, de même que le traîneau est bien préférable dans les régions enneigées. La roue ne sera pas réservée qu'au transport. Dotée d'aubes et grâce à la force hydraulique, elle équipera à l'époque gréco-romaine aussi bien les moulins à broyer la farine, généralisés au Moyen Âge, que les norias à puiser l'eau, en attendant les navires à vapeur et leurs roues à aubes – sans compter les pédalos, qui continuent à utiliser la force humaine…

Il faudrait encore mentionner le rouet, né en Chine au début de notre ère, et tous les mécanismes à roues dentées, attestés dès la période grecque antique, comme dans le mécanisme retrouvé dans une épave romaine au large de l'île grecque d'Anticythère qui permettait de calculer le mouvement des astres, première machine à engrenage connue, considérée comme le premier calculateur analogique de l'histoire. À cette même époque, le principe de la machine à vapeur avait été également inventé, avec l'éolipyle d'Héron d'Alexandrie, sans toutefois dépasser le stade de la « curiosité » scientifique.

ET MAINTENANT ?

Une fois encore, c'est pendant ces millénaires zappés du Néolithique et de l'Âge du bronze et du fer qu'eurent lieu, avant celles de la révolution industrielle, les inventions les plus décisives de la longue histoire humaine, et que nous continuons à utiliser quotidiennement. Mais ces inventions ont-elles soulagé le travail des humains, et leur ont-elles facilité la vie, ou bien les humains ont-ils été pris dans une spirale, à travailler plus pour travailler plus ? La philosophe Hannah Arendt a distingué le *travail*, imposé pour vivre, de l'*œuvre*, véritablement créatrice ; de même qu'elle a distingué le temps *vide*, où l'on ne fait rien d'autre que récupérer sa force de travail, du temps *libre*, que l'on peut consacrer à son épanouissement personnel. Comme on sait, le mot « travail » vient du latin *tripalium*, qui désignait un instrument de torture destiné aux esclaves. D'autres civilisations que la nôtre ont beaucoup moins magnifié le travail : pour le bouddhisme, c'est l'accomplissement de soi par la méditation et le détachement qui doit primer. L'écrivain révolutionnaire Paul Lafargue dénonça dans son livre *Le Droit à la paresse* (1880) ce qu'il considérait comme une « folie » : « L'amour du travail, la passion moribonde du travail, poussée jusqu'à l'épuisement des forces vitales de l'individu et de sa progéniture » – ce qui le fit d'ailleurs regardé avec une certaine méfiance par le mouvement ouvrier de l'époque. Sentant ses forces physiques et intellectuelles décliner, il se suicida avec sa femme Laura Marx, la deuxième fille de Karl Marx, à l'âge de 69 ans, déclarant dans une lettre qu'il accomplissait ce geste « avant que l'impitoyable vieillesse qui m'enlève un à un les plaisirs et les joies de l'existence et qui me dépouille de mes forces physiques et intellectuelles ne paralyse mon énergie, ne brise ma volonté et ne fasse de moi une charge à moi et aux autres ».

Chapitre 4
Qui a inventé les dieux (et Dieu) ?

Dieu a-t-il créé l'homme à son image, ou bien est-ce l'inverse ? Depuis quand y a-t-il des dieux ? Et depuis quand n'y en aurait-il qu'un seul ? Qui a inventé les églises ? La religion a-t-elle une fonction sociale ? Dans toutes les civilisations anciennes qui nous ont laissé des textes écrits, il est question d'un monde de dieux et de déesses, d'esprits et de démons qui peuplent la nature, les sociétés des humains, l'au-delà, et exigent offrandes et sacrifices. L'ethnologie nous montre les mêmes comportements chez les populations traditionnelles qui survivent encore. De nos jours, des religions à Dieu unique se sont imposées un peu partout, sauf en Inde et, partiellement, au Japon – même si ces dieux uniques sont en général entourés de divinités secondaires de moindre pouvoir. Dans le même temps, si le nombre d'athées augmente dans le monde, sectes et bricolages New Age pullulent. Qu'en était-il pendant les millénaires zappés, et même avant encore ? Et maintenant ?

Toutes les sociétés humaines connues ont honoré ou continuent d'honorer des créatures surnaturelles, visibles ou non : c'est ce qu'on appelle des religions. Pourquoi les sociétés humaines les ont-elles créées, et quelles sont leurs fonctions ? On peut en trouver trois principales, quelles que soient les époques et les régions du monde. La première est de donner du sens à la vie humaine, qui en manquerait singulièrement si la seule raison d'être d'une espèce biologique n'était que de se reproduire indéfiniment, dans une évolution où le hasard occupe une place importante, et pour chaque individu de mourir après avoir procréé. La seconde fonction est de gérer la vie quotidienne, d'aider à la réalisation de ce que l'on souhaite obtenir ou éviter, par des prières, des incantations, des vœux, des offrandes, des gris-gris ou tout autre moyen réputé efficace. Enfin, la troisième fonction est d'assurer une cohésion sociale minimale par la définition de règles et d'interdits arbitraires ou non, bref ce qu'on appelle parfois une « morale » sous son versant positif ; et sous un versant moins positif, ce qui constitue usuellement une justification de l'ordre établi et une exhortation à s'y soumettre, sous peine de diverses menaces et punitions, terrestres ou dans l'au-delà.

QU'EST-CE QU'UNE RELIGION ?

Quant à leur fonctionnement, les religions nécessitent, outre, évidemment, des fidèles ou croyants, quatre autres éléments : des entités surnaturelles, en nombre variable – même si ce nombre a tendu à se restreindre au fil des millénaires ; des intercesseurs auprès de ces entités (prêtres, chamans, magiciens, devins, etc.) ; des actions (rituels, prières, magies, cérémonies) ; et enfin des lieux pour ces actions – sanctuaires construits, parties dédiées d'un bâtiment, endroits naturels chargés d'une valeur sacrée.

Tel est du moins ce que nous enseigne l'étude des religions dans les sociétés contemporaines ou dans celles connues par les textes qu'elles nous ont laissés, et qu'il nous faudra tâcher de repérer par l'archéologie dans les sociétés pour lesquelles nous n'avons aucun témoignage ni oral ni écrit. L'archéologie préhistorique, par définition, ne retrouvera que des traces matérielles, celles de rituels ou celles de sanctuaires, qu'il faudra interpréter par comparaison avec des sociétés déjà connues. Les aspects immatériels des croyances religieuses ne pourront qu'être déduits de ces traces.

LE « DÉSENCHANTEMENT DU MONDE »

On ne connaît pas vraiment de société où la religion serait totalement absente, même si une partie des membres de ces sociétés, comme en Europe, peut se déclarer athée ou agnostique (ce qui revient sensiblement au même). Le seul État qui ait jamais été officiellement laïc fut l'Albanie communiste ; mais sitôt le régime tombé, la pratique de l'islam traditionnel est revenue de plus belle. Il existe depuis plusieurs siècles une tendance lourde dans les sociétés les plus industrialisées, surtout européennes, vers un « désenchantement du monde », selon le mot de Max Weber, c'est-à-dire un monde d'où le divin serait absent. Déjà la Réforme protestante du XVIe siècle s'était efforcée de chasser ce qui lui paraissait relever du paganisme dans le catholicisme, comme le culte des saints et de la Vierge, ou l'adoration des reliques ; et le catholicisme, par la Contre-Réforme, en tint en partie compte. À partir du XVIIIe siècle, la franc-maçonnerie européenne, en même temps qu'elle tissait des réseaux sociaux souterrains, s'appuyait sur des croyances et des rituels encore plus minimalistes, autour d'un « grand architecte de l'univers », tout comme les révolutionnaires tâchèrent, en vain, de promouvoir le culte d'un « Être suprême » tout aussi impersonnel. Cela ouvrit la route, au XIXe siècle, à des visions du monde s'affirmant rationnelles et totalement désacralisées.

Toutefois, aucune société ne l'est totalement. Les régimes autoritaires du XXe siècle se sont souvent appuyés sur le culte du chef et ont mis en scène des cérémonies fortement calquées sur des rituels religieux. Même les actuelles cérémonies funèbres non religieuses s'inspirent souvent, faute de mieux, dans l'architecture des lieux comme dans leur déroulement, de rituels religieux traditionnels.

De fait, une part importante de nos vies n'est pas nécessairement régie par le rationnel, même si les mécanismes de la vie biologique le sont. Ainsi de l'amour, de l'art et des sentiments en général, sans compter ce qui est rationnel mais dû au hasard, comme les jeux d'argent, ou ce qui peut laisser croire à une part de hasard, comme les accidents de la route ou du travail, les résultats des concours ou des examens, ou encore la réussite des traitements médicaux de maladies graves. Et moins rationnelles encore sont nos perpétuelles interrogations sur la vie et la mort. En outre, les enfants sont usuellement élevés, leurs premières années, dans un monde merveilleux où les animaux parlent et où les fées, les lutins, les sorcières ou toute autre créature accomplissent des actes normalement impossibles, tandis qu'un père Noël visible ou invisible leur apporte (en principe) les cadeaux dont ils rêvaient. D'autant que leurs aînés se plaisent à les entretenir dans ce monde magique qu'ils ont naguère connu. Il est donc difficile ensuite, sinon impossible, de se retrouver brutalement dans un univers totalement et froidement rationnel, où presque tout de sa propre vie ne dépendrait plus que de soi-même et de ses propres actes.

C'est pourquoi, si les grandes religions traditionnelles sont notoirement en perte de vitesse, les sectes pullulent, soit à l'intérieur de ces religions, comme les mouvements évangélistes chrétiens ou l'islamisme fanatique radical, salafiste ou wahhabite ; soit à côté, voire en opposition, et elles sont de plus en plus nombreuses et diverses. Il n'est d'ailleurs que de voir la croissance constante, depuis au moins trois décennies, des rayons « ésotérisme » ou « spiritualité », voire « sciences (*sic*) divinatoires », dans toutes les grandes librairies occidentales pour en prendre la mesure. De même les rubriques « horoscope » (« solaire », « lunaire », « chinois », « numérologique », etc.) se sont multipliées dans les journaux et les magazines, tout comme les consultations de « voyance », sur place ou à distance, par téléphone ou en ligne.

PREMIERS SIGNES

Il y a donc toutes les raisons de penser que les sociétés préhistoriques, dont les membres ont depuis 100 000 ans et l'émergence d'*Homo sapiens** un psychisme et des capacités psychomotrices sensiblement analogues aux nôtres, même si elles ne nous ont pas laissé de traces écrites, étaient habitées par des angoisses comparables et qu'elles ont essayé de les résoudre de manière analogue.

Un rituel funéraire probable est attesté chez les derniers *Homo erectus**, à Atapuerca en Espagne (chap. 8, p. 160). Leurs descendants immédiats, les hommes de Néandertal*, creusent les premières tombes individuelles. Ils façonnent aussi les premières parures connues, des dents d'animaux accrochées en pendentifs, et se peignent peut-être le corps, car ils ont broyé de l'ocre rouge. De fait, leur capacité crânienne est comparable à la nôtre et leur appareil phonatoire leur permettait le langage articulé. Mais, à part une sorte de quadrillage gravé sur les parois de la grotte de Gorham à Gibraltar, on ne leur connaît pas d'activités de représentation (chap. 5, p. 97).

Les *Homo sapiens*, c'est-à-dire nous-mêmes, issus de l'évolution des *Erectus* africains restés sur place, arrivent à leur tour en Europe, vers - 40000 ans, en passant par le Proche-Orient où ils sont présents dès - 100000 ans – à moins que certains n'aient également traversé le détroit de Gibraltar, bras de mer de quelques kilomètres, d'autant plus étroit qu'à cette époque glaciaire* le niveau des océans est de cent mètres plus bas qu'aujourd'hui. Avec lui, tout change, même si des groupes de Néandertaliens survivront encore pendant plusieurs millénaires et si des unions eurent lieu entre *Sapiens* et Néandertal, puisque Européens et Asiatiques actuels ont, d'après les généticiens, environ 4 % de gènes néandertaliens en moyenne.

Sapiens trace, sur les parois des grottes, des signes abstraits et y applique ses mains, enduites de peinture rouge, ou les détoure en soufflant de la couleur tout autour, les laissant apparaître en négatif comme par l'effet d'un pochoir. *Sapiens* peint aussi des animaux, comme il y a près de 35 000 ans dans la célèbre grotte Chauvet en Ardèche – lions, rhinocéros, ours, chevaux, cervidés, bisons. Ces peintures ne sont pas propres à l'Europe. À l'autre bout de l'Eurasie, on vient de découvrir dans l'île indonésienne de Sulawesi des peintures aussi anciennes, avec exactement les mêmes mains humaines en négatif et la représentation de babiroussas, une sorte de suidé local, désormais en voie d'extinction.

Pourquoi peindre ses mains, en positif ou en négatif? Ce sont aussi bien des mains de femmes que des mains d'hommes, du moins si on applique l'indice dit de Manning, selon lequel les femmes ont un annulaire sensiblement de même longueur que leur index, tandis que celui des hommes est un peu plus long. Si représenter est rendre présent quelque chose que l'on ne voit pas, appuyer et décalquer sa propre main sur une paroi est une manière de se représenter soi-même, ou du moins une partie importante de soi-même, et de peindre à distance.

Pourquoi les premières représentations n'apparaissent-elles qu'à mi-chemin de l'évolution d'*Homo sapiens*? Ce n'est sans doute pas un soudain miracle, comme on parle du « miracle grec » ou du « miracle égyptien », terme habituellement utilisé quand on ne sait pas produire d'explication historique un peu argumentée. Il est probable qu'*Homo sapiens* n'est pas apparu d'un seul coup, qu'il résulte d'une évolution imperceptible au fil de la sélection naturelle et sexuelle. Et donc que son cerveau a continué à se complexifier et qu'il était un peu plus complexe il y a quarante mille ans, quand apparaissent les premières représentations, qu'il ne l'était il y a cent mille ans, quand il sortit d'Afrique*.

LA SOCIÉTÉ, LE SEXE ET LES ANIMAUX

Et pourquoi peindre des animaux, plutôt que des humains, des plantes, des objets ou des paysages? Il existe en effet à travers l'Europe des dizaines de milliers de représentations d'animaux, mais à peu près aucun objet, plante ou paysage, et quelques centaines à peine de représentations humaines, très majoritairement féminines. On peut penser que les humains se ressentent à cette époque comme une espèce animale parmi d'autres, minoritaire et plus vulnérable que d'autres. Ils se seraient perçus à travers les animaux, lesquels auraient été une façon de se penser eux-mêmes. De fait, certaines sociétés traditionnelles sont organisées en clans ou groupes, chacun portant le nom d'un animal, qui peut parfois être l'ancêtre mythique de ce groupe, parfois dénommé totem* ; les ethnologues parlent alors de totémisme. C'est pourquoi certains d'entre eux, comme l'ethnologue français Alain Testart, ont supposé que ces différents animaux peints pouvaient représenter chacun différents clans.

Pour les périodes plus récentes que Chauvet, comme les célèbres grottes de Lascaux, Niaux ou Altamira, datées du Solutréen* et du Magdalénien*, soit entre 20000 et 10000 ans environ avant notre ère, il semble qu'il se soit agi d'une opposition sexuelle, entre les chevaux d'une part, associés aux hommes, et les bisons ou aurochs, associés aux femmes, comme l'ont suggéré les préhistoriens André Leroi-Gourhan et Annette Laming-Emperaire.

Cette dernière hypothèse serait cohérente avec les représentations féminines, peintes et surtout sculptées. Il s'agit de statuettes aux caractères sexuels exagérés, que les premiers préhistoriens baptisèrent pudiquement « Vénus », cette dénomination latine étant censée leur conférer un statut plus honorable. La plus ancienne, découverte récemment dans la grotte de Hohle Fels dans le Jura souabe, est une petite statuette en ivoire de mammouth aux seins et au sexe démesurés, datant de - 35000 ans, où, à la place de la tête, l'artiste a sculpté un anneau de suspension : ce n'était donc pas cette partie du corps qui l'intéressait ; en étant suspendu, l'objet avait une fonction utilitaire, voire ostentatoire. Ces petites sculptures devaient être visibles, puisqu'elles sont réalisées selon les mêmes canons esthétiques, du Périgord jusqu'à l'Ukraine. Elles devaient servir de support à des interrogations sur la sexualité, plutôt vue d'un point de vue masculin, ce que confirmerait l'abondance des représentations de sexes féminins stylisés, bien plus nombreuses que celles de sexes masculins, tout comme les femmes sont beaucoup plus représentées que les hommes (chap. 5, p. 99).

Or ces interrogations seront au cœur de la plupart des systèmes religieux à venir, marqués par une obsession du contrôle de la sexualité (féminine) et aux craintes qu'elle inspire. Qu'on pense à la virginité de la bien nommée Vierge Marie, elle-même issue d'une « immaculée conception » de la part de sa mère, sainte Anne ; au célibat des prêtres ou des moines ; à l'enfermement, au masquage et au marquage des femmes dans l'islam. Ces obsessions s'incarnent de la façon la plus visible dans la gestion de la pilosité : barbes des musulmans pratiquants, des popes et des rabbins ; cheveux rasés des juives orthodoxes et des religieuses catholiques ; crâne rasé des moines bouddhistes ou tonsure des prêtres catholiques. Mêmes préoccupations frappantes dans des religions plus lointaines et de bien moindre extension : chez les Papous de Nouvelle-Guinée, toutes les cérémonies secrètes d'initiation des adolescents tentent de mimer une communauté masculine où l'on n'aurait pas besoin des femmes pour se reproduire, mais où les objets les plus sacrés, révélés au terme ultime des cérémonies, ont directement à voir avec la féminité.

Si l'on ne saurait retracer le contexte cérémoniel de la manipulation des statuettes paléolithiques*, on peut affirmer, en se rappelant toujours qu'elles étaient l'œuvre d'humains strictement identiques à nous-mêmes, que la gestion sociale de la sexualité semble bien présente dès les premières représentations humaines connues, et que cette gestion paraît relever d'un point de vue masculin sur la sexualité féminine (chap. 9, p. 177).

Rien n'indique cependant qu'aient existé à cette époque des religions telles que les ont inventées et pratiquées les sociétés étatiques et urbaines actuelles ou anciennes, que nous connaissons par les textes qu'elles ont laissés ; des religions organisées autour d'un panthéon hiérarchisé composé de dieux et de déesses ayant chacun et chacune leurs fonctions et leurs pouvoirs. L'ethnologie le confirme : les sociétés très peu différenciées de chasseurs-cueilleurs vivent dans un monde peuplé d'entités surnaturelles de toutes sortes, où les pratiques magiques et les mythes abondent, mais fort différemment des religions historiques. Quant aux grottes peintes, souvent interprétées comme des « sanctuaires », elles avaient sans nul doute une signification importante pour la cohésion du groupe, mais on ne saurait non plus y voir des « temples » au sens classique.

LES RELIGIONS DE L'AGRICULTURE

En Europe, la fin de la dernière glaciation*, il y a environ douze mille ans, entraîne un bouleversement total de l'environnement, et donc des modes de vie : c'est le Mésolithique* (chap. 2, p. 30). Une forêt vierge, on l'a vu, composée d'essences tempérées, chênes, hêtres, tilleuls, recouvre le continent, parcourue de cerfs, sangliers, ours, aurochs ou loups. Les animaux habitués au froid, rennes ou mammouths, sont remontés vers le nord, tandis que les chevaux, friands de grands espaces découverts, se concentrent dans les zones de steppes ou de prairies. Dans ce nouvel univers, les chasseurs-cueilleurs changent insensiblement de croyances et de représentations. Les grottes et leurs peintures sont abandonnées, les images se raréfient.

Dans l'ouest de l'Europe, on se contente de peindre ou de graver des motifs abstraits sur des galets plats. Dans les marécages du nord de la Russie, on modèle aussi de frustes statuettes en bois, animaux ou humains, qui, grâce à l'humidité de la vase, ont été conservées jusqu'à nous. Peut-être existaient-elles aussi dans d'autres régions, puisqu'on en retrouve incidemment ailleurs dans diverses régions au cours des millénaires suivants. Sur les bords du Danube, dans le défilé des Portes de Fer aux confins de la Serbie et de la Roumanie, des chasseurs-cueilleurs, mais aussi pêcheurs, sculptent de gros galets, mi-humains, mi-poissons, et les déposent dans les tombes. La repousse de la forêt a ainsi cloisonné les territoires et l'unité stylistique des Vénus paléolithiques, qui s'étendait du Périgord jusqu'à l'Ukraine, a disparu au profit de styles régionaux très divers, et très diversement connus. Mais l'arrivée des colons agriculteurs, venus du Proche-Orient, apportera une nouvelle vision du monde.

Au Proche-Orient, l'émergence des premières sociétés agricoles – apparues à partir de 10000 ans avant notre ère en plusieurs points du monde (chap. 1) – ne modifie pas dans un premier temps la thématique des représentations du Paléolithique. La révolution économique, technique et sociale du Néolithique* va cependant les démultiplier. Ce sont toujours en majorité des statuettes de femmes nues, cette fois majoritairement en terre cuite, une nouvelle invention technique, et non plus en pierre ou en ivoire, que l'on retrouve sur les sites archéologiques. Mais, à la faveur de la sédentarité et de l'accroissement continu de la population, les rituels se font plus complexes. Les relations avec le surnaturel ne semblent plus traitées au seul niveau du groupe familial, de la maisonnée, même si des cultes domestiques se poursuivront jusqu'à nos jours dans la plupart des religions, qu'il s'agisse d'un crucifix avec sa branche de buis consacrée, d'un chandelier à neuf branches (*menorah*) ou d'un autel portatif avec statuettes et bougies.

De véritables bâtiments voués à des cultes collectifs peuvent être désormais identifiés. L'un des sites les plus spectaculaires est celui de Göbekli Tepe dans le sud-est de la Turquie, aux confins de la Syrie et du Kurdistan. Vers 9000 ans avant notre ère, une vingtaine d'impressionnantes structures circulaires en pierre ont été construites, dont quatre ont déjà été fouillées par une équipe allemande. Elles passent pour avoir été les premiers temples de l'histoire humaine. Chacune mesure une vingtaine de mètres de diamètre et se compose de deux ou trois, voire quatre murs circulaires concentriques en pierres sèches, renforcés par des dalles verticales en pierre, d'environ trois mètres de hauteur, en forme de T et serties transversalement dans le mur. Chacune de ces dalles est ornée d'animaux en léger bas-relief. Il existe aussi de véritables sculptures d'animaux en ronde-bosse. Au milieu de chaque bâtiment circulaire se dressaient deux dalles sculptées de cinq mètres de haut, se faisant face, également en forme de T et suggérant des êtres humains par la représentation de bras et d'une ceinture. Lorsque le sexe des animaux en bas-relief est indiqué, il s'agit presque toujours d'animaux sauvages mâles, lions, sangliers, renards, sans compter des serpents, des vautours, des oies, des échassiers, et même un scorpion. On ne sait rien de la toiture qui a dû recouvrir ces édifices.

Il n'y a pas trace de vie quotidienne à l'intérieur de ces monuments, tandis que de petits bâtiments d'habitation, en pierre, bois et torchis, avaient été construits à proximité. Les restes d'animaux consommés retrouvés, gazelles et aurochs, ne sont pas ceux représentés sur les bas-reliefs – c'était déjà le cas à l'époque des grottes paléolithiques d'Europe occidentale. Curieusement, ces monuments circulaires ont été condamnés. Ils n'ont pas été détruits violemment, mais remplis de terres et de débris, et abandonnés. Göbekli Tepe n'est pas isolé : trois ou quatre autres sites analogues ont été identifiés dans la même région, chacun régulièrement espacé des autres d'une cinquantaine de kilomètres. Il se serait agi de lieux cérémoniels, qui auraient à date régulière rassemblé des communautés locales en cours de passage vers la sédentarité, l'agriculture et finalement l'élevage. Ce moment décisif aurait suscité des manifestations idéologiques hors du commun, mais dont la fonction aurait cessé à partir du moment où le nouveau mode de vie aurait été solidement et définitivement installé. D'autres cas de condamnations volontaires de bâtiments cultuels sont attestés plus au sud, comme à Jerf el-Ahmar sur les bords de l'Euphrate en Syrie, ou à Jéricho en Cisjordanie.

CRÂNES ET MASQUES

L'existence de bâtiments cérémoniels imposants, facile à identifier pour les archéologues, n'est pas toujours certaine durant les périodes postérieures. Les activités liées au surnaturel peuvent parfois se dérouler dans les habitations individuelles, plutôt que collectivement. Sur le site mondialement connu de Çatalhöyük, près de Konya dans le sud de la Turquie, deux millénaires après Göbekli Tepe, chaque maison est décorée de fresques évoquant des scènes complexes (chasse à l'aurochs, vautours attaquant des hommes sans tête, paysages), tandis que des crânes de taureaux sauvages, sur lesquels on a remodelé un mufle en argile peinte, sont fichés dans les murs. Les défunts de chaque maisonnée sont enterrés au fur et à mesure des décès sous l'habitation même, dans des sortes de coffrages. Cette proximité des morts se retrouve dans tout le Proche-Orient avec la pratique des crânes surmodelés* : le crâne d'un défunt est récupéré après décomposition et un visage d'argile lui est modelé, à l'instar des aurochs de Çatalhöyük, rehaussé d'yeux en coquillages. Ces crânes d'ancêtres étaient sans doute exposés à la vue, même s'ils ont été retrouvés soigneusement déposés dans des fosses.

C'est à cette époque aussi, vers 8000 ans avant notre ère, qu'ont été découverts les plus anciens masques, une douzaine en tout, principalement en territoire israélien. Il s'agit de pièces en calcaire grandeur nature, avec des ouvertures pour les yeux et la bouche et des trous de fixation pour les ajuster sur le visage. L'un provient de la région d'Hébron, d'autres de la grotte de Nahal Hemar. Sachant que la plupart des masques connus dans les sociétés traditionnelles sont en matières périssables (bois, cuir, textile, plumes, etc.), l'existence de ces masques en pierre il y a déjà dix millénaires suggère que la confection de masques a pu être bien plus ancienne encore. Dans les sociétés traditionnelles d'Afrique, d'Amérique ou même de l'Europe rurale jusqu'au XXe siècle, ce ne sont pas des objets de distraction comme dans nos propres sociétés, mais des objets cérémoniels importants, en relation avec le surnaturel. Le mot *persona*, en latin, qui a donné notre mot « personne », désignait à l'origine le masque de théâtre.

Si l'on excepte Göbekli Tepe et quelques autres sites proches, les figurations humaines au Proche-Orient, lorsque le sexe est identifiable, sont majoritairement féminines, qu'il s'agisse de statuettes ou de gravures, découvertes dans des habitations, des tombes ou des bâtiments apparemment collectifs. L'une des plus célèbres est une figurine en argile cuite représentant une femme assise, les bras posés de part et d'autre, chacun sur un fauve. Elle a été retrouvée à Çatalhöyük dans une jarre à grains. Une autre figurine féminine en argile, à Hacilar, en Turquie également, est cette fois assise sur un léopard adulte et nourrit au sein un jeune léopard. Cette association de la femme avec les bêtes fauves et la sauvagerie pourrait poursuivre encore les traditions du Paléolithique. Les différentes civilisations qui se succèdent au Proche- et Moyen-Orient jusque vers - 3500 continuent d'exprimer par leurs images, toujours principalement féminines, ces préoccupations.

L'ÉTAT ET SES DIEUX

Mais au Proche-Orient ces sociétés débouchent bientôt, à partir du milieu du IVe millénaire, de par leur croissance démographique continue, sur les premières villes du monde, en Mésopotamie comme en Égypte, et bientôt au Levant. Des religions étatiques polythéistes complexes, avec un panthéon hiérarchisé sous les ordres d'un roi des dieux solaire, confortent ce nouvel ordre social, chaque dieu ou déesse, en Mésopotamie comme en Égypte, étant chargé d'une fonction particulière. Puisque avec l'État, ses rois, ses prêtres et sa bureaucratie, est inventée l'écriture pour des nécessités d'administration et de communication, nous disposons désormais de textes, qui nous décrivent le nom et la vie des dieux et des déesses, les cérémonies et les prières qui doivent les honorer, tout comme les hauts faits des rois qui sont censés détenir directement leurs pouvoirs de la main de ces êtres divins. Nous comprenons d'autant mieux comment la société hiérarchisée des dieux reflète, et justifie, la société des hommes. De fait, d'après les récits mésopotamiens, les humains ont été créés pour servir les dieux, ce qui sous-entend qu'ils doivent aussi servir leurs souverains. Des temples, entretenus par des castes de prêtres, se dressent un peu partout dans les villes. Et les dieux ont, définitivement, figure humaine.

Ce sont désormais des images masculines, la plupart du temps barbues, qui sont représentées en très grande majorité, en statues ou en bas-relief. On a changé de monde. Rétrospectivement, nous retrouvons dans ces religions orientales des éléments dont nous pouvons faire remonter l'origine jusqu'aux figurations du Néolithique, voire au-delà, et qui peuvent conforter nos interprétations. La sexualité féminine est en effet explicitement portée par une grande divinité, Inanna chez les Sumériens, qui devient Ishtar (Astarté) chez les Akkadiens et les Babyloniens, leurs successeurs en Mésopotamie. Son importance confirme celle de ce domaine de la vie humaine. Inanna peut être explicite, comme lorsqu'elle s'adresse au dieu et berger Dumuzi (qui deviendra Tammouz plus tard), qu'elle convoite comme amant : « Quant à moi, Inanna, qui labourera ma vulve ? Qui labourera mon champ ? Qui labourera ma terre humide ? [...] Rends ton lait doux et épais, mon époux. Mon berger je boirai ton lait frais. Dumuzi, taureau sauvage, rends ton lait doux et épais. »

La virilité en effet est souvent associée, à ces époques, au plus grand animal vivant dans ces régions, le taureau sauvage, comme en atteste le dieu Baal, ou Hadad suivant les régions, dieu de l'orage, de la pluie et de la fécondité. C'est lui qui sera caricaturé dans la Bible comme le Veau d'or, symbole des croyances fausses et impies. De fait, on rencontre souvent au Proche-Orient, y compris à l'époque et sur le territoire des royaumes hébraïques de Juda et d'Israël, des statuettes de taureau à l'intérieur des habitations – comme on y trouve aussi les statuettes d'une divinité féminine nue. Des inscriptions associent Yahvé à Asherah, son épouse, indiquant que les Hébreux étaient à l'origine, comme leurs voisins, polythéistes, avant qu'un courant religieux ne parvienne à imposer le monothéisme dans les derniers siècles avant notre ère, en partie sous l'influence de Babylone, lorsque les élites juives avaient été retenues en otages dans cette ville. Les Perses de Cyrus le Grand, qui s'en emparent en - 539, pratiquaient en effet une religion monothéiste, le zoroastrisme, l'une des plus anciennes avec celle d'Akhenaton en Égypte quelques siècles auparavant.

Sur d'autres images mésopotamiennes, une divinité féminine dompte des animaux sauvages, ce qui nous rappelle la dame de Çatalhöyük, assise entre deux léopards. Plus tard, en Grèce, « maîtresse des bêtes sauvages » (*Potnia thérôn*) sera l'un des qualificatifs de la déesse chasseuse Artémis, sœur du dieu solaire Apollon. De même, les palais crétois, très liés culturellement au Proche-Orient, montrent au IIe millénaire parmi leurs images favorites des femmes aux seins nus, maniant parfois des serpents, et des figurations de taureaux, avec leurs têtes cornues sculptées, ou représentées sur des fresques, illustrant des « corridas » cérémonielles. Vers - 1500, la porte d'entrée de la citadelle de Mycènes*, dans le nord-est du Péloponnèse, est surmontée de deux lionnes affrontées, de part et d'autre d'un pilier, objet qui, symbole phallique ou non, était souvent en Orient la figuration d'une divinité.

Ces éléments, qui s'appuient sur les plus vieux textes du monde, nous confirment que les grandes religions orientales s'enracinaient bien dans la préhistoire régionale, dans le cadre d'une évolution historique et culturelle continue depuis l'invention de l'agriculture et de l'élevage. Ces statuettes néolithiques de femmes nues parlaient bien de la sexualité, l'image de la femme était bien associée à la sauvagerie, et les représentations de taureaux, voire les têtes de taureaux réelles, comme à Çatalhöyük, ont bien à voir avec la virilité.

TRAJECTOIRES EUROPÉENNES

Dans ce premier Néolithique européen, ces figurines de terre cuite ont une autre particularité : elles sont presque toujours retrouvées brisées, bris intentionnels, car ils dépassent de loin la probabilité statistique. Certaines, comme à Kovačevo en Bulgarie ou sur d'autres sites, sont même fabriquées pour être plus faciles à briser : chaque membre inférieur est façonné à part, puis simplement réuni à l'autre par une cheville de bois et par application, tandis que la statuette est amincie au niveau de la taille – si bien que, après cuisson puis utilisation, il sera aisé de la séparer en trois : les deux membres inférieurs et le reste. À Kovačevo toujours, où une fouille minutieuse a pu être menée, à peu près le même nombre (une centaine) de cuisses et jambes droites, et de cuisses et jambes gauches ont été retrouvées. Mais presque aucune ne recolle avec une autre :

le bris intentionnel a été suivi d'une dispersion importante des fragments. On ne sait pas exactement à quoi correspondaient de telles pratiques, sur des objets visiblement de nature rituelle. Mais on les retrouve aussi dans certains usages funéraires, où les ossements des défunts ont été intentionnellement dispersés, rituels attestés dans diverses régions du monde (chap. 8, p. 168). On peut penser, par exemple, que ces fragments étaient distribués entre les habitants pour renforcer l'homogénéité du groupe.

À partir du Ve millénaire, les premiers signes de hiérarchisation sociale commencent à se manifester en Europe, notamment dans les tombes (chap. 8, p. 162). Sur la plupart du continent, les figures féminines se raréfient, sauf dans quelques régions périphériques, comme l'archipel de Malte ou celui des Cyclades, avec les fameuses statues de marbre dites « cycladiques ». Alors que les figurines se retrouvaient jusque-là dans les habitations ou dans les tombes, évoquant des cultes domestiques et privés, des dispositifs collectifs nouveaux sont construits dans une grande partie de l'Europe centrale et occidentale. Il s'agit souvent de grands enclos composés de palissades et de fossés parallèles mais discontinus, entourant plusieurs hectares et avec de multiples ouvertures, ce qui en diminue donc l'intérêt défensif ; plusieurs centaines d'exemplaires en sont connus, repérés en photo aérienne ou bien fouillés, comme dans le Bassin parisien à Bazoches-sur-Vesle, Maizy ou Noyen. On retrouve en outre dans les fossés les indices de rituels, vases déposés entiers renversés, animaux sacrifiés, statuettes brisées, voire tombes. Parmi les animaux, le dépôt de crânes de taureaux (ou bucranes) est régulièrement attesté, certains comme sur la récente fouille de Passel, dans l'Oise, strictement calibrés et alignés, à proximité des entrées. Parfois, notamment dans le sud-ouest de l'Europe, de vastes foyers empierrés semblent indiquer qu'on a cuit de la nourriture en grande quantité pour de vastes banquets collectifs, comme autour de Toulouse à Saint-Michel-du-Touch ou Villeneuve-Tolosane.

Ce sont donc des espaces cérémoniels à ciel ouvert, impliquant un grand nombre de personnes pour de grandes réunions collectives, assurant la cohésion de groupes humains de taille croissante. Visiblement, le rapport au surnaturel change d'échelle, il n'est plus traité seulement dans le cadre familial d'une maisonnée, mais dans celui de communautés de plus en plus complexes et hiérarchisées, comme en témoignent les tombeaux des chefs (cf. *infra*, et chap. 8, p. 162 *sqq*). Or c'est aussi le moment où les représentations féminines vont passer nettement au second plan.

LA MORT ET LE POUVOIR

Sur toute la façade ouest du continent sont élevés au même moment, à partir de la fin du Ve millénaire avant notre ère, les grands tombeaux mégalithiques, les dolmens (chap. 8, p. 162-166). Leur sont associées de nouvelles images, avec des emblèmes de pouvoir comme des crosses ou des haches, des figures humaines très stylisées, des représentations de bovidés, voire peut-être de cachalots (on est au bord de l'Atlantique). Des vestiges de cérémonies (foyers, vases brisés) sont retrouvés aux abords immédiats de ces monuments. Une nouvelle idéologie, encore mal connue, s'est donc élaborée avec l'émergence du pouvoir. Sur la façade sud du continent, de l'Espagne jusqu'aux Balkans et à la mer Noire, on érige au cours du IIIe millénaire des pierres dressées et ornées, souvent de forme humaine, les statues-menhirs*, représentant parfois des guerriers en armes ou servant de supports à diverses représentations, armes encore, soleils, laboureurs, animaux. Comme on les trouve en général isolées, il est difficile de connaître leur contexte ; mais cela peut justement suggérer qu'elles se dressaient en pleine nature.

C'est en effet une période où les lieux naturels semblent investis de qualités nouvelles, en particulier les lieux humides (cours d'eau, sources, marécages), les hauteurs et les rochers – alors qu'au début du Néolithique les activités cérémonielles semblaient se dérouler dans le seul espace habité. Sur des rochers, comme dans tout le massif alpin, sont gravées des scènes représentant des armes, des guerriers et des chars. La vallée des Merveilles dans le parc du Mercantour, ou encore le Valcamonica dans le nord de l'Italie, en sont parmi les lieux les plus spectaculaires.

Cette tendance s'accentue encore à l'époque suivante, l'Âge du bronze*, de la fin du IIIe millénaire au début du Ier millénaire avant notre ère. On trouve fréquemment des objets métalliques précieux, armes ou parures de bronze, jetés au fond de cours d'eau, et les gravures sont toujours pratiquées sur les rochers qui s'y prêtent, toujours dans le massif alpin et aussi en Scandinavie. L'invention du bronze donne lieu à de nouvelles figurations. La célèbre trouvaille de Trundholm, découverte dans une tourbière danoise et datant d'environ 1500 avant notre ère, est un char miniature en bronze d'environ soixante centimètres de long, tiré par un cheval et portant un disque solaire vertical plaqué d'or. De la même époque date un disque en bronze rehaussé d'or, de trente centimètres de diamètre, trouvé à Nebra dans le nord de l'Allemagne et figurant le soleil, la lune et la constellation des Pléiades. L'impressionnant monument mégalithique de Stonehenge, dans le sud de l'Angleterre, est tout autant, surtout dans son dernier état, contemporain de Nebra et Trundholm, un sanctuaire voué au soleil, orienté par rapport au lever de l'astre au solstice d'été, le 21 juin.

L'Âge du fer* de l'Europe occidentale, à partir de 800 avant notre ère, poursuit ces tendances. Des sanctuaires guerriers, comme Ribemont-sur-Ancre dans la Somme ou Gournay-sur-Aronde dans l'Oise, exaltent les victoires guerrières en exposant en trophées les armes et les corps des adversaires vaincus. Plus au sud, à Entremont près d'Aix-en-Provence, des portiques publics en pierre sont creusés d'alvéoles destinées à accueillir les têtes coupées des ennemis. Nous ne connaissons vraiment les dieux des Celtes que par des textes romains, datant de Jules César et de la guerre des Gaules ou postérieurs, qui évoquent Taranis, dieu du tonnerre, ou Épona, déesse à cheval, Cernunnos, à la ramure de cerf, ou Lug, que les Romains assimilent à Mercure et qui a donné son nom à la ville de Lyon, Lugdunum. On peut tenter aussi, à partir des légendes irlandaises du Moyen Âge, à une époque où le pays est déjà christianisé depuis près d'un millénaire, de reconstituer des fragments de mythologies disparues. Enfin, nous disposons de quelques figurations, dont un pilier quadrangulaire en pierre, découvert en 1711 dans les fondations de Notre-Dame de Paris et exposé au musée de Cluny à Paris. Dédié à l'empereur Tibère, il date donc du premier siècle de notre ère et a été offert par une confrérie de nautes du territoire des Parisii, des armateurs fluviaux fortunés. Dans un louable souci de collaboration avec Rome, il montre et nomme sur ses différentes faces à la fois des dieux latins (Jupiter, Mars, Vénus, Fortuna, Mercure, Castor et Pollux), et des dieux gaulois (Cernunnos, Esus, Smertrios et le dieu taureau Tarvos Trigaranus).

Mais le document le plus riche est un chaudron d'origine celtique, trouvé isolé et démonté dans une tourbière danoise à Gundestrup, composé de plaques d'argent travaillées au repoussé qui représentent à la fois des figures de divinités et des scènes d'une grande complexité, preuve du niveau de notre ignorance sur cette (ou ces) religion(s) : des soldats défilent à cheval ou à pied avec les trompettes guerrières, les carnyx* ; un personnage est plongé dans un chaudron ; le dieu cornu Cernunnos est assis en tailleur et tient dans ses mains un torque* et un serpent ; un homme chevauche un poisson ; des éléphants tachetés encadrent une figure humaine qui surmonte des griffons ailés affrontés, etc.

À l'autre bout de l'Europe, à Letnitsa en Bulgarie, une série de plaquettes d'argent quadrangulaires qui ornaient le harnachement d'un cheval illustre à la même époque des croyances thraces, tout aussi mal connues : outre des cavaliers armés de lances, on voit une femme tenant un miroir et maîtrisant un serpent à trois têtes ; un griffon ailé attaquant un cerf ; ou encore un personnage féminin chevauchant un homme assis, les organes sexuels explicitement représentés.

Ainsi, bien que de manière indépendante, l'Europe suit dans ses croyances et ses figurations sensiblement le même chemin que le Proche-Orient. Les pratiques visiblement liées à la sexualité pendant le Paléolithique supérieur* et le début du Néolithique passent au second plan, même si elles subsistent, devant l'émergence des hiérarchies sociales, où sont exaltés à la fois les chefs en armes et un cosmos lui-même hiérarchisé.

VERS L'HISTOIRE

Ces sociétés dites alors « barbares », Celtes ou Thraces ou Scythes, qui n'écrivaient pas encore, ou à la marge, sont contemporaines des plus anciennes religions européennes connues par des textes, la religion grecque classique en tout premier lieu. Près de mille ans auparavant, les tablettes mycéniennes, écrites au milieu du IIe millénaire en grec archaïque et qui constituent la plus ancienne écriture déchiffrée du continent, mentionnaient déjà les noms d'Artémis, Athéna, Arès, Dionysos, Héra, Poséidon, Zeus, et même une Potnia (Maîtresse). Mais elles ignoraient ceux d'Aphrodite, Apollon, Déméter ou Héphaïstos. Et comme il ne s'agit que de registres essentiellement comptables, on ne sait rien d'autre de ces entités, ni s'il s'agit bien de divinités, même si cela reste très plausible. Dans tous les cas, les plus anciens textes grecs classiques, ceux de l'*Iliade* et de l'*Odyssée*, nous décrivent des sociétés guerrières dominées par des rois régnant sur des villes et par une société des dieux tout aussi hiérarchisée, exigeant qu'on leur sacrifie des animaux et ne cessant d'intervenir dans les affaires humaines.

Ces deux épopées nous montrent aussi en arrière-plan de constantes préoccupations autour de la sexualité. La guerre de Troie commence elle-même, on l'a rappelé, par une infraction sexuelle, l'enlèvement par le prince Pâris d'Hélène, femme de Ménélas, roi de Sparte. Puis une dispute éclate entre Agamemnon, chef de l'expédition punitive grecque, et Achille, le meilleur guerrier de cette armée, à propos d'une captive enlevée lors d'une razzia, que le premier a ravie au second. Lors des combats, la perspective d'emmener prisonnières, en esclaves sexuelles, les femmes de l'autre camp est régulièrement évoquée. Le contrôle de la sexualité reste un thème iconographique important tout au long de la Grèce classique, avec les scènes, déjà évoquées, du combat contre les Amazones, ou de l'enlèvement par les centaures des femmes des Lapithes.

L'historien des religions Georges Dumézil a montré qu'il existait dans un certain nombre de religions d'époque historique en Europe, Iran et Inde, des similitudes, dans un certain nombre de mythes et aussi dans une structure d'ensemble, où les dieux, les hommes et leurs travaux se répartiraient entre trois fonctions : la première liée à la souveraineté et aux pouvoirs magico-religieux, la deuxième à la guerre et à la violence, et la troisième au travail, au plaisir et à la reproduction. Il attribue ces ressemblances à l'existence d'un peuple préhistorique originel, les Indo-Européens, qui se serait ensuite scindé en plusieurs groupes, donnant naissance à la fois aux langues indo-européennes* anciennes et aux peuples parlant ces langues. Ce n'est pas ici le lieu de traiter de cette question complexe et controversée (chap. 9, p. 179), mais du moins les études de Georges Dumézil mettent-elles en évidence les croyances propres à ces sociétés guerrières de l'Âge du bronze et de l'Âge du fer. Les échanges, emprunts et mélanges ont sans doute joué un rôle au moins aussi important qu'une éventuelle origine commune dans l'espace resserré d'un continent, l'Europe, qui n'est finalement qu'une presqu'île de l'Eurasie. Par ailleurs, une mythologie aussi importante que celle de la Grèce ne rentre pas du tout dans le schéma trifonctionnel, de l'aveu même de Dumézil, alors que, symétriquement, on le retrouve chez certaines sociétés asiatiques qui ne sont pas de langue indo-européenne.

L'INVENTION DU MONOTHÉISME

Ces sociétés et ces croyances polythéistes vont être bouleversées par un phénomène nouveau, le monothéisme, qui se répand dans les premiers siècles de notre ère, d'abord à la faveur de l'Empire romain. De fait, il y a comme une sorte d'homologie entre une idée nouvelle, celle d'un empire universel qui aurait vocation à régner sur le monde entier, et celle d'un dieu (mâle) unique, qui serait le seul vrai – un non-sens pour les sociétés polythéistes, qui avaient chacune leurs dieux et ne niaient pas l'existence de ceux de leurs voisines, même ennemies.

Ces religions monothéistes ont depuis cette époque peu à peu gagné le monde entier, même si certaines régions résistent, comme l'Inde avec le très polythéiste hindouisme, ou encore le Japon, où le polythéisme shinto coexiste avec le bouddhisme, une forme particulière de monothéisme. Quatre phénomènes caractérisent ces monothéismes. Le premier, principalement dans l'aire du christianisme, est une lente évolution vers le désenchantement du monde déjà évoqué, c'est-à-dire vers une religion tellement épurée qu'elle tend vers un simple principe rationnel (avec les étapes successives du protestantisme strict, de la franc-maçonnerie avec son grand architecte, et finalement de la pensée rationnelle), qui gagne peu à peu, avec des oscillations, une partie du monde. Le deuxième phénomène, opposé, est l'intolérance des monothéismes, au nom de leur prétention à la seule vérité, et qui s'est traduite par d'innombrables massacres et conversions forcées, au détriment des peuples colonisés. Le troisième, paradoxal, est que ces monothéismes sont très souvent polythéistes. Le christianisme, avec la Vierge et les saints (contre lesquels s'est insurgée la Réforme protestante) ; l'islam avec ses propres saints et ses djinns (bêtes noires des mouvements fanatiques radicaux) ; et même le judaïsme, qui a aussi ses démons et ses pratiques magiques (contre Ashmodaï, roi des démons, et Lilith, leur mère, nous protègent, à grand renfort d'amulettes, les anges Sanoï, Sansanoï et Semangelof).

Enfin, le quatrième phénomène est la préoccupation persistante, issue des premiers temps de l'humanité, du contrôle de la sexualité, singulièrement féminine, dans la plupart des religions actuelles, que nous rappelions à l'entrée de ce chapitre. Le christianisme met au centre un dieu né d'une Vierge. Hindouisme et bouddhisme plaident pour un détachement des passions qui mènerait à la libération, forme suprême de la réalisation de soi. Outre la fixation sur la pilosité, déjà évoquée, on connaît la place des mutilations sexuelles dans l'islam et le judaïsme, mais aussi chez de nombreuses sociétés traditionnelles (chap. 9, p. 188), dont les rites d'initiation masculine peuvent être parfois compris tout entiers comme la tentative de créer une société où l'on puisse se passer des femmes pour la reproduction, comme chez les Baruya de Nouvelle-Guinée, bien étudiés par l'ethnologue Maurice Godelier.

ET MAINTENANT ?

Les dieux (au pluriel ou au singulier) vont-ils disparaître ? On pourrait penser, comme on a commencé à le faire dès le XIXe siècle, que le progrès continu, sinon exponentiel, des sciences et des techniques, placerait les humains dans un monde de plus en plus rationnel. Mais d'une part le psychisme humain, avec ses angoisses et ses névroses, sa quête de consolation, est resté inchangé. D'autre part, et paradoxalement, nos ancêtres pouvaient directement juger de l'efficacité rationnelle d'un arc, d'un chariot ou d'un tour de potier ; mais désormais la plupart d'entre nous sommes intellectuellement démunis devant le fonctionnement – ou la panne – des systèmes électroniques d'une automobile, d'un ordinateur ou d'une navette spatiale. Le monde des objets garde sa part de magie et de mystère, tout comme celui de l'art ou de nos conduites amoureuses. En outre certains mouvements religieux apportent un sens, à tort ou à raison, aux revendications de populations qui s'estiment maltraitées, qu'il s'agisse de formes pacifiques, comme la théologie de la libération du catholicisme sud-américain ou, plus sinistres, comme les sectes islamistes radicales. Il n'est pas si facile de vivre dans un univers désenchanté dont on porterait seul la responsabilité.

Chapitre 5
Qui a inventé l'art (et le *design*) ?

Qui fut le premier ou la première artiste ? Néandertal a-t-il été le premier collectionneur ? De quand datent les premières musiques ? Pourquoi a-t-on longtemps surtout représenté la femme ? Et de quand datent les premières statues d'hommes en armes ? Qu'est-ce que le beau ? Et qui en décide ? À quoi sert l'art ? Pourquoi certains objets utiles doivent-ils aussi être beaux ? Et l'art a-t-il toujours existé ? Sommes-nous proches de la fin de l'art ?

Les premiers objets fabriqués par les humains, du moins ceux qui sont parvenus jusqu'à nous, n'étaient pas particulièrement beaux. C'était de grosses pierres éclatées, pesant plusieurs kilos, que maniaient des Australopithèques* du côté du Kenya il y a près de trois millions et demi d'années (chap. 3, p. 54). Mais un peu plus tard, il y a environ 1,8 million d'années, leurs lointains descendants ou cousins, des *Homo erectus**, donnent peu à peu à leurs outils, les bifaces* (voir p. 55), une forme inutilement symétrique, plus symétrique qu'il n'était nécessaire pour simplement casser des os, couper de la viande, briser des noix ou tuer un animal. Triangulaires ou ovales, soigneusement taillés sur leurs deux faces, d'où leur nom, ces objets peuvent être considérés comme la première manifestation du *design*, c'est-à-dire d'objets fonctionnels qui soient en même temps beaux aux yeux de leurs utilisateurs.

Le préhistorien André Leroi-Gourhan s'est demandé si, dans le processus de l'hominisation, c'est-à-dire l'émergence d'un cerveau de plus en plus complexe, la recherche du beau n'avait pas joué un rôle. La symétrie existe dans la nature, puisque notre corps est symétrique. Évidemment, nous n'avons aucun moyen de savoir si les *Erectus* trouvaient effectivement leurs bifaces beaux. Mais toujours est-il qu'ils se donnaient du mal, prenant leur temps et mesurant leurs coups sur la pierre. Si bien qu'on pourrait tenter, à la suite de l'ethnologue américain Franz Boas, une première définition du « beau », de l'objet « beau » : c'est un objet pour lequel on a investi du temps, des efforts et du savoir-faire, au-delà de sa stricte utilité matérielle. Bien sûr, il restera une part de subjectivité, de choix culturels, par exemple à la Renaissance, on trouvera « gothique », c'est-à-dire digne des barbares Goths, l'art des cathédrales médiévales. Jusqu'à ce que le romantisme les redécouvre. Ou que les poètes surréalistes réhabilitent l'art africain, l'« art nègre », dans les années 1930, alors qu'il n'était regardé jusque-là qu'avec un mépris condescendant. Quant à certaines œuvres de l'art contemporain, pourtant hors de prix…

Le plus ancien objet complètement désintéressé a été récemment découvert en réexaminant les trouvailles d'un site archéologique fouillé il y a plus d'un siècle, à Trinil sur l'île de Java en Indonésie : il y a 500 000 ans, un ou une *Homo erectus* (*erecta*) a soigneusement gravé, sur une valve de coquille de moule d'eau douce, une série de zigzags. Pour le plaisir, pour décorer ou pour signifier quelque chose ? Ce geste témoigne dans tous les cas du sens du rythme et de la régularité. Moins patents mais très probables sont certains ossements, vieux parfois jusqu'à un million d'années comme dans la grotte de Kozarnika en Bulgarie, qui portent des séries de stries parallèles et régulières sans aucune portée pratique ; c'est aussi le cas à l'abri Suard en Charente ou à Bilzingsleben en Allemagne.

On ignore évidemment ce qui pouvait être beau pour un *Erectus*, s'il s'émerveillait, par exemple, des teintes lumineuses d'un coucher de soleil. Il en est pourtant quelques indices. Dans une autre île, à l'autre bout du continent eurasiatique par rapport à Trinil et à ses zigzags javanais, un autre *Erectus* taille un biface, près de ce qui est maintenant West Tofts à Thetford dans le Norfolk britannique. Ce faisant, il découvrit, pris dans le silex*, une coquille fossile (*Spondylus spinosus*, pour les zoologues), qu'il dégagea soigneusement, la faisant apparaître bien au centre de l'outil, ainsi naturellement ornementé. Un de ses semblables fit de même à Swanscombe, dans le Kent, cette fois avec un oursin fossile.

C'est pourquoi on continue à s'interroger sur deux ou trois objets en pierre, soit curiosités naturelles, soit statuettes féminines intentionnelles, soit les deux à la fois, datant toujours de l'époque d'*Erectus*. L'une provient de la région de Tan-Tan, au Maroc, l'autre de Berekhat Ram dans le Golan, à la frontière syro-israélienne. Pour cette dernière, les études fines au microscope suggèrent qu'un objet naturel a été retouché pour accentuer son aspect humain. Ce n'est pas la plus ancienne « récupération » de ce type. Il y a trois millions d'années, des Australopithèques ont rapporté jusqu'à l'une des grottes de Makapansgat, en Afrique du Sud, un galet ferrugineux rougeâtre, de la taille de la paume de la main, qu'ils avaient trouvé à une trentaine de kilomètres de là : les trous naturels creusés dans l'objet évoquent de manière saisissante une tête humaine.

NÉANDERTAL, COLLECTIONNEUR ET ARTISTE ?

Cet intérêt pour les curiosités naturelles s'est poursuivi tout au long de l'histoire humaine, puisque André Leroi-Gourhan a découvert dans la grotte de la Hyène, à Arcy-sur-Cure en Bourgogne, un véritable petit musée d'histoire naturelle, datant de… 50 000 ans : des hommes de Néandertal* avaient soigneusement recueilli des fossiles et une pyrite de fer* pour les rapporter dans leur grotte. Non loin de là, dans la grotte de la Roche-au-Loup, d'autres Néandertaliens ont ramassé un oursin fossile et l'ont retaillé pour en faire un racloir. De fait, des oursins fossiles seront utilisés à toutes les époques, au moins jusqu'au Moyen Âge. Ainsi, sous un tumulus* de l'Âge du bronze* à Dunstable Downs en Grande-Bretagne furent déposés dans l'une des tombes, celle d'une jeune femme de vingt-cinq ans environ tenant dans ses bras un enfant de cinq ans, plus de deux cents oursins fossiles.

Les humains ne sont cependant pas les seuls collectionneurs. Un oiseau, le bowerbird, ou merle bleu d'Australie, de la famille des passereaux, groupe des Ptilonorhynchidae (*Amblyornis inornata*), et propre à l'Australie et à la Nouvelle-Guinée, pourrait leur être comparé. Pour séduire les femelles, ce fascinant animal compense son terne plumage uni en construisant des jardins agrémentés de toutes sortes d'objets colorés qu'il ramasse, galets ou coquillages, mais aussi bien pinces à linge, jouets d'enfants, morceaux de plastique, papiers bariolés divers, etc. L'observation montre que les femelles sont d'autant plus attirées que ces jardins sont élaborés et bigarrés. Mais au moins, malgré son inventivité esthétique, le bowerbird n'a pas conquis la planète pour lui-même, au détriment des autres espèces.

Quant aux humains, la rencontre entre l'observation de la nature et l'attrait pour les formes régulières fut sans doute l'un des lieux de la naissance de l'art, si tant est qu'on puisse jamais en découvrir un point d'origine. La nature offrait des sortes de *ready-made*, « déjà prêts », comme le fera bien plus tard l'artiste Marcel Duchamp dans une démarche contraire de déconstruction de l'art au sens usuel. Elle suggérait aussi une action sur ces objets. Dans plusieurs grottes du monde, de l'Inde à l'Afrique, des *Erectus* et leurs descendants ont visiblement récupéré des morceaux d'ocre rouge qui ont été utilisés par frottement, mais on ne sait pas sur quels supports. Comme on n'a pas encore trouvé de peintures rupestres de la même époque, il est possible que ces colorants aient été appliqués sur les corps eux-mêmes pour les orner. De fait, les plus anciennes parures connues sont des coquillages volontairement perforés datant d'environ 80 000 ans, qui ont été trouvés aussi bien dans la grotte des Pigeons à Taforalt (ou Tafoughalt) au Maroc, que dans celle de Blombos en Afrique du Sud. Les parures marocaines portaient des traces d'ocre et celles de Blombos étaient accompagnées de petits blocs d'ocre, dont un parallélépipédique, orné de croisillons finement gravés.

Cet objet a paru tellement emblématique qu'il est reproduit en hologramme à l'entrée du musée national sud-africain.

Dans ces deux grottes africaines, les porteurs et porteuses de ces parures étaient des *Homo sapiens** anciens, issus de l'évolution sur place des *Erectus* originels. Ce sont ces premiers *Homo sapiens* qui sortiront à leur tour d'Afrique et se répandront dans l'ensemble du monde, se croisant ponctuellement avec leurs lointains cousins d'Europe et d'Asie, les Néandertaliens et les Denisoviens*, issus de la première sortie d'Afrique (voir p. 244). De fait, ces Néandertaliens européens témoignaient eux-mêmes d'une complexité psychique croissante, creusant les premières tombes du monde, fabriquant eux aussi des parures, dents perforées destinées à des colliers ou des pendentifs, et, on l'a vu, collectant des curiosités naturelles. En parant son corps, on s'individualise, on construit son identité, en même temps qu'on en fait un objet esthétique. Le beau est bien présent pour se penser et se regarder soi-même, et pour se présenter aux autres et pour séduire. On connaît au moins un tracé abstrait, déjà mentionné, attribuable à des Néandertaliens, dans la grotte de Gorham, au pied du rocher de Gibraltar, en bord de mer, fait de croisillons gravés avec application sur une paroi.

En 2016, une découverte encore plus spectaculaire fut annoncée, qui remontait aux années 1990, mais était passée jusque-là inaperçue, faute d'avoir pu être datée avec précision. Il s'agissait, sur le sol et au fond de la grotte de Bruniquel dans le Tarn-et-Garonne, de plusieurs cercles, le plus grand d'environ trois mètres, formés de stalactites brisées, et donc sans aucune utilité pratique. Grâce à la méthode de l'uranium-thorium, il a été possible de dater le moment où ces stalactites ont été brisées pour être ainsi disposées, et la date obtenue est de… 174500 avant notre ère ! À cette date-là, il n'y avait aucun *Homo sapiens* dans la région, puisqu'ils ne sont arrivés que vers - 35000 ans et que, même en Afrique, leur berceau d'origine, ils n'existaient pas encore sous cette forme. Ces étranges cercles de stalactites brisées n'avaient pu être confectionnés que par des hommes de Néandertal, qui furent donc les premiers humains à pénétrer profondément dans l'intérieur des grottes, ce qui suppose non seulement une relative absence d'angoisse vis-à-vis de l'obscurité, mais aussi des moyens d'éclairage. Quant à la fonction de ces structures, esthétique, religieuse ou pratique, on n'en sait rien encore. Mais certains Néandertaliens ont aménagé des zones d'habitat circulaire, comme cette structure délimitée par une palissade et de gros blocs de calcaire d'environ dix mètres de diamètre découverte près de Poitiers en bordure du Clain au lieu-dit La Folie.

Les Néandertaliens, dont l'appareil phonatoire permettait le même langage articulé que nous-mêmes, ont donc fait montre de nombreuses capacités psychiques dans leur rapport aux formes, qui annoncent la période suivante.

ET VINT L'*HOMO SAPIENS*...

On ne décrira pas ici à nouveau l'art tel qu'il se développe de manière spectaculaire avec l'émergence d'*Homo sapiens*, ou plutôt à mi-parcours de son histoire, à partir de - 40000 ans, dans l'état actuel des découvertes : cet art a été traité dans le chapitre précédent, consacré aux dieux (chap. 4, p. 74-77). En effet, tout indique que ces premières représentations n'étaient pas un innocent passe-temps au fond des grottes, mais correspondaient à des préoccupations profondes, qui évolueront vers les religions antiques que nous connaissons à partir du moment où nous disposons de textes. Rappelons néanmoins pour mémoire quelques-unes des constantes de cet art, que nous retrouvons jusqu'à nos jours.

La première est un investissement esthétique sur certains objets utilitaires, décelable dès les bifaces symétriques des *Homo erectus*, et qui se poursuit, comme dans l'agrémentation des propulseurs destinés à amplifier la force des javelots, qui sont souvent ornés d'animaux sculptés, chevaux, oiseaux ou faons. La deuxième est la poursuite de signes abstraits, attestés dès les zigzags du coquillage indonésien puis dans les quadrillages de Blombos, et que l'on retrouve en de nombreux endroits des grottes, peints ou gravés : lignes de points, bâtonnets, quadrillages, etc., dont on peut faire une classification stable, preuve qu'il ne s'agit pas non plus de tracés faits au hasard, mais qu'ils répondaient à une signification. La troisième constante, intermédiaire entre signes et représentations, est l'apposition de mains peintes, en positif ou détourées en négatif sur les parois des grottes, manière de se représenter en partie, par une partie de son corps, tandis que ces groupes de mains peintes devaient aussi avoir des significations particulières, mais sans doute différentes suivant les lieux ; de fait, on trouve des mains peintes aussi bien à l'ouest de l'Europe que dans l'île indonésienne de Sulawesi, ou encore en Inde. La quatrième constante est la figuration, largement majoritaire, d'animaux, de l'Indonésie à l'Atlantique, venant d'une espèce de primates*, les humains, qui se vivaient comme une espèce animale parmi d'autres, et pas la plus invulnérable, et se pensaient à travers les animaux – comme le font beaucoup de sociétés traditionnelles, et comme le font tout aussi bien nos contes pour enfants.

Enfin, la dernière constante est la figuration de femmes, sculptées, gravées ou peintes, aux caractères sexuels exagérés. Plutôt que la fertilité ou la fécondité, c'est bien la sexualité qui paraît en question par ces images, sexualité à se représenter, à comprendre, voire à contrôler, plutôt d'un point de vue masculin. De ce fait, l'art semble bien en ses débuts lié aux représentations du monde des sociétés préhistoriques, à leurs éventuelles actions ou tentatives d'actions sur ce qu'elles imaginaient relever du surnaturel. Objets techniques esthétiques relevant du *design* mis à part, il est peu d'évidence d'un art « profane » ou « désintéressé », si tant est que ces catégories ne soient pas anachroniques. On peut mentionner peut-être des plaquettes en calcaire, trouvées dans la grotte de La Marche dans la Vienne ou dans celle d'Enlène dans l'Ariège, sur lesquelles étaient gravés des visages plus ou moins caricaturaux, et même une scène de coït assez approximative, qu'on imagine un peu comme des feuilles de brouillon provisoires, voire anecdotiques, et non des productions définitives au rôle social précis.

Ces cinq constantes esthétiques, une fois mises en place, vont, sous des formes et des expressions variées, perdurer jusqu'à nos jours, inchangées dans leur fond, au sein de toutes les sociétés humaines. S'y ajouteront seulement, au fur et à mesure que certaines de ces sociétés deviendront plus complexes, des manifestations liées aux pouvoirs politiques de plus en plus puissants et aux couches sociales dominantes, et à leur besoin d'ostentation.

L'art ne se limite cependant pas au visuel. Les autres sens sont sollicités, chacun à sa manière. On a évoqué la plus ancienne statuette connue en Europe, la Vénus de Hohle Fels en ivoire de mammouth, trouvée dans une grotte du Jura souabe, et datée de 35 000 ans (chap. 4, p. 75). À proximité immédiate ont été découverts les fragments de flûtes à trous, taillées dans des os de vautours. Ce sont aussi les plus anciennes connues, si l'on excepte les débats autour d'un fragment osseux percé de trois trous et provenant de la grotte de Divje Babe en Slovénie : pour les uns, il s'agirait d'une flûte d'époque néandertalienne, pour les autres, d'un simple bout d'os grignoté par des hyènes… D'autres flûtes certaines, associées à *Homo sapiens*, un peu plus récentes que celles de Hohle Fels, proviennent par exemple de la grotte d'Isturitz, au Pays basque. Il existe aussi des pierres percées qui ont toutes les caractéristiques de rhombes*, objets que l'on fait encore tournoyer au bout d'une corde en Australie ou en Nouvelle-Guinée, produisant un son réputé mystérieux. Il faut donc imaginer, festif ou cérémoniel, tout un art de la musique, et sans doute aussi de la danse, comme en possèdent toutes les sociétés humaines connues.

L'ART DES PAYSANS

Nous l'avons vu, la domestication* des animaux et des plantes – le Néolithique* – marque assurément la rupture la plus radicale dans l'histoire des sociétés humaines. Si, dans un premier temps, les croyances anciennes se poursuivent et les figurations féminines restent dominantes, l'essor de sociétés de plus en plus nombreuses, développant des techniques de plus en plus complexes dans l'architecture, l'économie agricole, l'outillage, conduit aussi à des réalisations esthétiques elles aussi plus élaborées. Ainsi des massives constructions circulaires de Göbekli Tepe, dans le sud de la Turquie vers 9 000 ans avant notre ère (chap. 4, p. 78), pour lesquelles ont été extraits des monolithes en calcaire qui mesurent entre trois et cinq mètres de hauteur, recouverts de bas-reliefs représentant des animaux sauvages – toujours, donc, des animaux. Ou des constructions circulaires semi-enterrées de Jerf el-Ahmar en Syrie, avec leurs bas-reliefs aussi, vers 8000 avant notre ère. Ou de la trentaine de sculptures humaines découvertes à Aïn Ghazal en Jordanie, d'un mètre de hauteur, modelées en plâtre sur une armature végétale, les yeux en coquillages renforcés de traits au bitume, et parfois à deux têtes, vers 7000 avant notre ère. Ou enfin du site de Çatalhöyük près de Konya en Turquie, avec ses dizaines de maisons quadrangulaires aux murs recouverts de fresques et aux têtes de taureau fichées dans les parois, vers 6500 avant notre ère (chap., p.).

Si les statuettes féminines en terre cuite continuent d'être modelées, comme la dame de Çatalhöyük assise sur un trône entre deux léopards, on emploie donc aussi le plâtre comme à Aïn Ghazal, ou même la pierre, comme la statue masculine grandeur nature découverte dans la ville d'Urfa, non loin de Göbekli Tepe. On sculpte des masques en pierre. On fabrique les premiers miroirs connus, comme le disque d'obsidienne noire retrouvé dans l'une des tombes de Çatalhöyük. On peut se mirer simplement dans un plan d'eau, donc de tels objets, techniquement très complexes à réaliser, et très précieux, comme l'indique leur dépôt dans une tombe, prouvent que le fait de contempler sa propre image était déjà socialement très investi. Lorsqu'ils seront fabriqués en métal, les miroirs feront partie des objets les plus précieux chez les Grecs, les Romains, les Étrusques ou encore les Chinois et les Japonais.

Enfin, l'investissement esthétique sur les objets techniques (le *design*) se porte maintenant sur de nouveaux supports, dont le principal est évidemment la céramique, par ses formes et surtout par ses décors. Avec ces nouvelles surfaces à orner, systématiquement de motifs géométriques et symétriques, plus rarement avec des représentations figuratives, se déploie une nouvelle inventivité. Il est d'ailleurs tentant de rapprocher cette nouvelle géométrisation de l'espace à orner (qui n'existait pas au Paléolithique*, si l'on excepte les quadrillages de Blombos) avec le contrôle de l'espace naturel qu'entraînent l'agriculture et l'élevage.

Motifs graphiques

La plupart des poteries des populations néolithiques de par le monde portent des décors, presque toujours géométriques et rarement figuratifs. Ces décors peuvent être peints (comme ce vase de la culture grecque de Dimini, au Ve millénaire) ou gravés, voire imprimés au moyen d'outils ou de coquillages. Ils sont une manière pour chaque communauté d'affirmer son identité, et évoluent progressivement dans le temps au gré des modes graphiques, permettant aux archéologues de les classer dans le temps et l'espace.

Cette explosion des techniques et des représentations artistiques à laquelle on assiste dans le Néolithique du Proche-Orient se retrouve dans les premières sociétés agricoles des diverses parties du monde. Elle suit cependant des trajectoires différentes. On l'a vu, lorsque le Néolithique se diffuse, d'est en ouest, en Europe, les représentations ont tendance à s'appauvrir au fur et à mesure, jusqu'à quasiment disparaître lorsque l'Atlantique est atteint. En revanche, au Proche-Orient, ainsi qu'en Égypte et en Mésopotamie, les sociétés néolithiques débouchent sur les premières villes et les premiers États du monde, avec leurs rois ou pharaons, leurs prêtres et leurs notables, mais aussi leurs dieux (chap. 4, p. 81). L'art nous révèle alors, en statues, en fresques ou en bas-reliefs, tout un panthéon complexe de divinités, de forme humaine en Mésopotamie ou avec des têtes animales comme en Égypte, dont les premiers textes jamais écrits par des humains nous fournissent les noms, les propriétés et les cultes.

Mais cet art imposant, qui mobilisait d'importantes ressources humaines et techniques et d'indiscutables savoir-faire, sert aussi, et surtout, à magnifier le pouvoir, celui des dirigeants, de leurs cours, de leurs ministres et de leurs dignitaires. L'art a acquis désormais une nouvelle fonction, qui s'ajoute aux précédentes et perdure aujourd'hui. Les gens importants se font représenter, nouvelle manière d'échapper à la mort et à l'oubli – tandis que, en Égypte du moins, l'embaumement de leur corps momifié, déposé dans un sarcophage richement orné, était censé les préserver de la disparition. Ils font aussi orner leurs palais ou leurs demeures de statues et de fresques, et même de mosaïques, technique apparue d'abord en Mésopotamie. Si l'art profane semblait très peu présent au Paléolithique (si ce n'est peut-être avec les gravures de La Marche (*supra*, p. 99), tout comme au Néolithique (si l'on excepte la forme et le décor des poteries, qui relèvent du *design*), le développement de sociétés de plus en plus nombreuses et diversifiées crée de nouvelles demandes et suscite sans nul doute des artisanats spécialisés.

L'EUROPE DES CHEFFERIES

En Europe, où l'évolution vers des formes urbaines et étatiques prend quelques millénaires de plus, les sociétés dites à chefferies* développent néanmoins, avec le Chalcolithique*

puis à l'Âge du bronze et du fer, des sociétés inégalitaires (chap. 6, p. 118), transformant leur vision du monde et par là même leurs productions artistiques. S'il se rencontre encore des figurines féminines, elles se font de plus en plus rares, ou bien se cantonnent à la périphérie insulaire du continent. Ainsi des îles grecques des Cyclades, où aux IVe et IIIe millénaires ont été sculptées ces remarquables statues et statuettes en marbre, très majoritairement féminines, les seins et le sexe indiqués. Il ne faut cependant pas se fier à leur éclatante blancheur : des analyses au microscope ont montré qu'elles étaient à l'origine peintes en vives couleurs, comme le sera plus tard le fronton des temples grecs, ou plus tard encore la façade de nos cathédrales. Dans l'archipel de Malte aussi, à la même époque, on sculpte des femmes couchées ou debout (dont une célèbre Dame endormie), dans l'argile ou dans la pierre, certaines mesurent jusqu'à trois mètres de hauteur.

Mais, sinon, ce sont les représentations masculines, sculptées ou gravées dans la pierre, et bientôt fondues dans le cuivre et le bronze*, qui dominent largement. Si représenter, c'est rendre présent quelque chose ou quelqu'un qui n'est plus là, c'est la représentation du pouvoir et de la force guerrière qui s'impose partout (chap. 6). On n'est plus dans des cultes domestiques au sein du groupe familial, mais dans des manifestations publiques et collectives, centrées sur la personne du chef guerrier. Comme dans les civilisations proche-orientales, à l'organisation hiérarchisée de la société des humains répond la société hiérarchisée des dieux, un roi des dieux à leur tête, lié au soleil et à l'orage. Les représentations du soleil, exceptionnelles jusque-là, deviennent plus fréquentes, qu'elles soient gravées sur des rochers ou sur les parois des poteries, ou bien coulées dans l'or, comme le disque de Nebra ou celui de Trundholm (chap. 4, p. 86). D'une part, en effet, les lieux naturels, rochers, montagnes, marécages, sources, cours d'eau, sont beaucoup plus investis qu'auparavant. Des Alpes à la Scandinavie, on grave sur la pierre chars, roues, poignards, taureaux, chevaux ou encore chefs en majesté. On sculpte sommairement dans toute la partie sud de l'Europe des pierres dressées en forme de guerrier armé. On utilise les propriétés des métaux pour créer de nouvelles formes. Peu à peu, cependant, les sociétés hiérarchisées de l'Europe, en croissance continue, se rapprochent des organisations urbaines orientales, parfois avec des retours en arrière. Une première fois à partir de 2000 environ avant notre ère, avec les palais crétois et leurs fresques colorées, illustrant des notables ou des jeux, tauromachies par exemple ; puis avec les imposants palais mycéniens* fortifiés, vers 1500 avant notre ère, où les rois sont inhumés avec un masque en or, comme les pharaons égyptiens à la même époque. Ces embryons de villes sont gérés à l'aide des premières écritures européennes. Si tout s'effondre après 1200 avant notre ère, faisant place aux « Âges sombres » dépourvus de fresques et de masques en or, de nouvelles villes réapparaissent à partir du VIIIe siècle avant notre ère, dans la moitié sud de la Grèce, puis en Italie. Avec ces cités-États, en croissance continue et qui se fédèrent parfois comme celles des Étrusques ou s'agrandissent aux dépens de leurs voisines comme bientôt Rome, se développe un art public, celui des temples et de leurs frontons imagés, et celui des statues de dieux et de héros, sur les places au cœur des cités. Peu à peu, les représentations humaines ou divines se rapprochent du modèle naturaliste, copies conformes de la nature, ce qui est l'une des caractéristiques de l'art occidental.

Ces sociétés de plus en plus nombreuses engendrent une forte stratification sociale et, à côté de l'art des espaces publics, architecture et sculpture, les couches dominantes de la société incitent les artistes à leur proposer un art privé, du décor de leurs demeures, de leurs jardins, voire de leurs chambres funéraires, sinon d'elles-mêmes : fresques et mosaïques, statues, vases de bronze ou de terre cuite peinte, parures, miroirs, etc.

L'ART ET LE GOÛT DES « BARBARES »

Au nord des cités du monde méditerranéen et de leur mode de vie urbain se développe une ceinture de royaumes « barbares », eux aussi, mais plus lentement, en route vers l'urbanisation. Ce sont entre autres, d'ouest en est, les divers royaumes celtes, ceux des Illyriens, des Macédoniens, des Thraces, des Scythes. Les dirigeants de ces royaumes, qui fleurissent dans le dernier demi-millénaire avant notre ère, sont fascinés par les productions de luxe méditerranéennes. Ils les échangent contre leurs propres produits, des matières premières comme le cuivre, l'étain, le bois, le sel, ou encore les prisonniers de guerre réduits en esclavage ; et ils les disposent dans leurs palais et les font placer dans leurs tombes.

La « princesse » inhumée à Vix près de Dijon vers l'an 500 avant notre ère, au pied du bourg fortifié du mont Lassois où elle régnait, emporta dans une chambre funéraire en bois recouverte d'un tumulus* un char à quatre roues démonté et rehaussé de bronze, mais également le plus grand chaudron en bronze de l'Antiquité, haut de cent soixante centimètres et fabriqué en Italie du Sud, ainsi que des vases grecs et étrusques en terre ou en bronze et des poteries indigènes ; elle portait un lourd torque* en or orné de chevaux ailés, lui aussi provenant de loin, et des bracelets, fibules et torques de fabrication locale. Le « prince » inhumé à peu près à la même époque à Lavau, tout près de Troyes, avait également avec lui son char et un grand chaudron grec en bronze, ainsi qu'un torque en or proche du style de celui de Vix. Une cruche (œnochoé) grecque avait été rehaussée de filets d'or par les artistes grecs, à l'intention du (mauvais) goût supposé des Barbares du Nord...

Ainsi, les productions artistiques des cités méditerranéennes influent peu à peu sur la culture des couches dirigeantes des sociétés barbares de l'intérieur du continent, que ce soit chez les Celtes, les Macédoniens, les Thraces ou les Scythes. Certains objets sont donc directement importés. Dans d'autres cas, il semble que ce soient les artistes grecs qui se sont rendus dans les royaumes du Nord, comme le feront à la Renaissance les artistes italiens à la cour des rois de France, Léonard de Vinci en premier. Enfin, les artisans locaux tentent aussi d'imiter au mieux cet art exotique. Dans la tombe du prince de Hochdorf, en Allemagne, avait été déposé un grand chaudron de bronze, orné de trois lions sculptés posés sur le bord. L'un de ces lions ayant disparu, un artisan celte s'est efforcé de le remplacer à l'identique, mais en lui donnant une visible touche locale. De même, à Sveshtari dans le nord-est de la Bulgarie, une chambre funéraire royale thrace recouverte d'un énorme tumulus de terre était ornée, sur tout le pourtour intérieur des murs, de cariatides à la mode grecque semblant soutenir le plafond ; mais, éloignées du style grec classique contemporain, elles portent clairement la marque, un peu naïve, d'imitateurs locaux.

L'imitation peut être cependant plus inventive. Lorsque les Celtes adoptent progressivement une économie monétaire à mesure qu'ils construisent des structures étatiques dans les trois derniers siècles avant notre ère, ils s'inspirent au départ de monnaies grecques, qui comportaient une tête royale d'un côté, et un char de l'autre. Mais, rapidement, ils vont broder à partir de ces éléments, déconstruire les figures de départ et donner naissance à un art graphique monétaire entièrement original. Cet art qui privilégie les lignes courbes et les rythmes ternaires orne aussi les objets plus personnels, parures de cou ou de poignet moulées en bronze ou même en or, fourreaux d'épée, ornements de cavalerie, et même décors peints sur les vases. Appelées par les besoins de prestige des élites, ces productions sont emblématiques de l'esthétique celtique.

LA FIN DE L'ART ?

Mais bientôt, avec l'inexorable expansion romaine, toute la moitié sud de l'Europe et l'ensemble du pourtour méditerranéen seront soumis aux monotones canons esthétiques romains, comme ils le seront aux lois et aux impôts de l'empire, à son urbanisme, à son mode de vie et à ses loisirs. Partout sont construits à l'identique les mêmes théâtres, amphithéâtres, places publiques, cirques, thermes, et réalisés aussi fresques murales, mosaïques, statues, ou encore vaisselle de luxe et de demi-luxe, bijoux, miroirs, et jusqu'aux objets utilitaires du quotidien.

La suite est bien connue. Avec l'Antiquité tardive et le Haut Moyen Âge, les populations situées autrefois à l'extérieur de l'empire s'y insèrent progressivement (ce qu'on appelait jadis les « invasions barbares* », et qui ne furent ni l'un ni l'autre), le goût des nouveaux arrivants se mêle avec les canons esthétiques romains. Ensuite vient l'art roman puis gothique, où les représentations sont presque exclusivement au service de la religion chrétienne ; puis la Renaissance et l'Âge classique, avec leur retour partiel vers l'Antiquité romaine, ses lignes droites, ses colonnes, ses frontons et le modèle naturaliste strict dans les représentations, des humains comme de la nature. Enfin, avec l'invention de la photographie, l'art devient dispensé de représenter le réel et s'éclate dans les cent cinquante dernières années en différents courants plus ou moins durables et plus ou moins fructueux, tandis que marchands et spéculateurs, sinon fraudeurs fiscaux, y jouent un rôle de plus en plus actif.

Il est pourtant des constantes dans les images et les représentations, depuis les plus lointains temps paléolithiques jusqu'à aujourd'hui – si l'on met à part la fonction décorative de l'art, l'ornement et le *design*. Les représentations de la femme comme objet sexuel, à l'origine des représentations humaines en général, se poursuivent d'une manière tellement banale que nous ne le remarquons même pas – qu'il s'agisse de vendre sur papier, par la télévision ou sur Internet des automobiles, des ustensiles ménagers ou des parfums, ou bien d'orner les immeubles haussmanniens, où les cariatides aux seins largement dénudés abondent. Pour ne pas parler des préoccupations religieuses du contrôle de la féminité, évoquées plus haut (chap. 4, p. 75-76). L'exaltation des hommes (mâles) en armes et en position de pouvoir, apparue au Chalcolithique, continue à encombrer nos places publiques, et pas seulement dans des pays exotiques. Nos monuments aux morts en témoignent aussi, malgré leur fonction consolatrice et collective, puisqu'ils mettent le plus souvent en scène des guerriers.

Enfin, plus les sociétés se segmentent en strates de plus en plus (ou de moins en moins) fortunées, plus émergent des objets d'art adaptés au niveau de vie de chacune, depuis les humbles souvenirs de vacances qui ornent cheminées ou étagères modestes (qualifiés de « kitsch » par les élites), jusqu'aux œuvres les plus coûteuses des demeures les plus imposantes – du moins quand l'éclatement de bulles spéculatives n'en diminuent pas soudain la valeur, comme l'a subi naguère la peinture dite « pompier » du XIXe siècle, et comme le subiront bientôt certaines productions contemporaines survalorisées.

Si la longue histoire de l'art dans les sociétés humaines est loin d'être achevée, il s'enracine dans la plus lointaine préhistoire et prend ses principales formes et manifestations durant les millénaires zappés.

Chapitre 6
Qui a inventé les chefs (et la servitude volontaire) ?

Y a-t-il eu toujours des chefs ? Et comment l'archéologie reconnaît-elle les chefs et les puissants ? Pourquoi obéit-on aux chefs ? Et pourquoi même est-on parfois prêt à mourir pour eux ? Les chefs sont-ils protégés par les dieux ? Existe-t-il ou a-t-il existé des sociétés sans chefs ? Y a-t-il eu souvent des révoltes ou des révolutions contre les chefs ?

Comment l'archéologie peut-elle mettre en évidence des différences sociales parmi une société qui ne nous a pas laissé de textes écrits et déchiffrables ? La réponse est statistique, et non absolue. L'archéologie retrouve deux sortes de sociétés : la société des vivants (mais disparus) et la société des morts. Les sociétés vivantes ne sont cependant pas retrouvées figées, soudainement immobilisées. Même dans les cas privilégiés et rarissimes d'une catastrophe naturelle, comme l'éruption volcanique soudaine du Vésuve à Pompéi, ou celle d'Akrotiri sur l'île grecque de Santorin, les habitants ont pour la plupart eu le temps de fuir et d'emporter leurs biens les plus précieux. L'archéologie ne retrouve donc normalement, quant à la vie passée, que des lieux ou des objets en fin de cycle : bâtiments en ruine, volontairement détruits ou au contraire abandonnés, qui exceptionnellement ont pu subsister tels quels à la surface du sol, mais ont la plupart du temps été rasés et remblayés pour que l'on reconstruise par-dessus ; objets brisés et devenus inutilisables, abandonnés sur place ou bien souvent dans des fosses creusées à l'origine pour des buts divers (silos à céréales, puits, extraction de terre, etc.) et finalement recyclées comme poubelles. Que l'on fouille un modeste hameau ou bien une ville altière, les habitants ne sont plus là et l'on peut tout au plus rechercher s'il existe des différences de dimensions et de luxe entre les habitations.

LES DIFFICULTÉS DE L'ARCHÉOLOGIE

Seule la société des morts nous renseignera, en principe, sur le train de vie individuel des défunts du temps de leur vivant. Concrètement, si les pratiques funéraires font, comme dans notre propre société, que chaque mort est soigneusement enterré à part, dans une fosse particulière, accompagné de ses objets préférés déposés en hommage ou comme viatique pour l'au-delà, on pourra comparer le niveau de vie de l'ensemble des membres de cette population. L'étude des squelettes permettra aussi de juger de la bonne santé du défunt et des analyses physico-chimiques évalueront la qualité de son alimentation.

Mais ce n'est évidemment pas toujours le cas. Même dans notre propre société, un tiers des défunts sont désormais incinérés, et leurs cendres placées dans des urnes sans signes particuliers, voire dispersées dans la nature. C'est encore plus vrai en Inde, où les cendres de très nombreux morts sont jetées dans le Gange, fleuve sacré. D'autres coutumes funéraires ne laissent pas plus de traces, comme lorsque les corps sont déposés à l'air libre pour se décomposer et être dévorés par les oiseaux de proie ; ou bien abandonnés sur des cours d'eau. Dans la seconde partie du Moyen Âge, alors que les populations ne cessent de croître dans les villes et que le christianisme interdit officiellement le dépôt d'objets dans les tombes, les cimetières urbains accumulent des milliers de corps dans des emplacements très restreints. Pire encore, toujours faute de place, les corps sont régulièrement relevés et les ossements entassés pêle-mêle dans des catacombes, comme à Paris, ou encore jetés dans des fosses communes, interdisant toute identification individuelle, et par là toute analyse de la structure sociale de la population.

En outre, même quand il y a des inhumations régulières, un certain nombre de croyances interdisent que l'on dépose de riches vêtements et des offrandes diverses dans la tombe qui permettraient d'identifier la position sociale du défunt. Avec le protestantisme des XVIe et XVIIe siècles, le mort est désormais déposé sans vêtements dans un simple linceul : les archéologues qui ont fouillé de tels cimetières anciens, comme à Charenton ou à La Rochelle, n'ont retrouvé, au mieux, auprès du squelette que l'unique épingle qui avait servi à fermer le drap mortuaire. Les papes à Rome, ou aussi bien les rois d'Arabie saoudite, ces derniers conformément à la doctrine rigoriste de la secte wahhabite, sont enterrés dans un simple cercueil, et rien n'y témoigne de leur puissance passée.

DES CHASSEURS-CUEILLEURS AUX AGRICULTEURS

Mais, heureusement pour les archéologues, ce n'est pas toujours le cas. Il y a des périodes où les défunts sont sagement déposés dans des tombes distinctes, chacun accompagné d'un certain nombre d'objets qui témoignent de leur statut social quand ils étaient en vie. Même les hommes de Néandertal*, qui vécurent en Europe et au Proche-Orient entre 200000 ans et 27000 ans environ avant notre ère, nous ont laissé plusieurs dizaines de tombes, où parfois des fleurs ont été déposées, mais sans différences notables de statut. Dans la période suivante, celle du Paléolithique supérieur*, marquée par l'arrivée, depuis l'Afrique, des hommes et femmes modernes (les *Homo sapiens sapiens**), nous connaissons aussi de nombreuses tombes qui ne montrent pas plus de différences fortes de statut social.

On cite souvent la tombe de Sungir' en Russie, où un homme adulte a été inhumé accompagné d'une femme et de deux enfants. Comme il portait sur lui des bracelets en ivoire de mammouth et de très nombreuses perles cousues sur ses vêtements, l'ensemble ayant demandé plusieurs milliers d'heures de travail, on a cherché à en faire un notable, une sorte de chef. Mais le temps de travail pour des chasseurs-cueilleurs fort peu occupés à l'époque glaciaire* est une notion bien anachronique. De même, le fait qu'on ne retrouve que peu de tombes paléolithiques ne veut pas dire que celles que nous découvrons devaient être celles des chefs, les gens du commun n'étant pas enterrés – comme on l'a parfois proposé. Cette rareté est liée à la très faible densité de la population à cette époque et à la très grande dispersion des tombes chez des sociétés nomades qui ignoraient les cimetières permanents. Il faut donc beaucoup de chance pour que de telles trouvailles, peu spectaculaires et dues au hasard, n'échappent pas à l'attention lors de travaux de creusement.

Avec l'agriculture et l'élevage néolithiques*, la population s'accroît considérablement et, avec la sédentarité, les cimetières deviennent permanents (chap. 8, p. 161), regroupant des dizaines, sinon des centaines de tombes, et sont donc beaucoup plus aisés à détecter. Or, dans les premiers siècles du Néolithique européen, entre 6500 et 4500 avant notre ère, ces cimetières ne montrent aucune différence sociale notable, si ce n'est en fonction de l'âge et du sexe. On met plus souvent dans les tombes de femmes des poteries et des meules à broyer les céréales ; et dans les tombes d'hommes des haches à couper le bois et des flèches pour la chasse. Les personnes âgées ont plus d'objets déposés dans leur tombe et des parures plus riches – bracelets et perles en coquillages – qui ne sont pas réservées aux seules femmes. L'architecture ne suggère pas non plus de fortes inégalités : les habitations d'un même village ne montrent aucune différence notable de niveau de vie, que ce soit dans leur forme ou dans les détritus rejetés à proximité. Seules les habitudes alimentaires peuvent éventuellement être différentes selon les maisonnées, avec une préférence marquée pour la consommation de tel ou tel animal, mais sans inégalité de « niveau de vie ». La longueur des habitations est variable dans les villages de la Céramique linéaire*, laquelle occupe la moitié nord de la France, mais cette longueur (entre 12 et 45 mètres environ) semble directement corrélée au nombre de familles nucléaires qui les habitent, comme le montrent les aménagements intérieurs, et non à des variations de richesse.

Dater les sites archéologiques

L'archéologie dispose de nombreuses méthodes de datation, plus ou moins précises. On distingue classiquement datations relatives et datations absolues. Parmi les datations relatives, la stratigraphie est la plus classique. Elle consiste en l'observation des couches superposées sur un site archéologique, un objet trouvé dans une couche étant en principe plus récent qu'un autre objet provenant d'une couche plus basse. Les datations absolues peuvent provenir de textes lorsqu'ils existent, comme la date inscrite sur une monnaie ou sur une inscription (stèle funéraire, etc.). En l'absence de textes, on recourt aux sciences naturelles. La plus précise est la dendrochronologie : le décompte des cernes annuels sur un arbre qui a permis de fabriquer un objet en bois (poteau, poutre, manche, etc.) permet de dater l'année de son abattage, soit directement si c'est un arbre récent, soit par comparaison entre l'échantillon et une courbe de référence. En effet, les cernes sont plus ou moins épais, dans une région donnée, selon que l'année aura été plus ou moins arrosée, et la succession précise de cercles minces et de cercles épais, un peu comme dans un texte en morse, permet ainsi de remonter dans le temps s'il y a chevauchement chronologique entre les différents échantillons. On peut ainsi remonter actuellement, suivant les régions du monde, jusqu'à 6 000 ans en arrière.

Les autres méthodes naturalistes, physico-chimiques, utilisent des phénomènes qui évoluent régulièrement dans le temps. La plus usitée est celle du carbone 14 (ou radiocarbone) : tous les organismes vivants contiennent du carbone, dont une partie est radioactive. Une fois l'organisme mort, les échanges cessent avec l'atmosphère, et la radioactivité du carbone diminue régulièrement, de moitié environ tous les 5 700 ans. Au-delà de 50 000 ans, la radioactivité n'est plus mesurable par l'instrumentation actuelle. Toutefois, le phénomène n'est pas entièrement régulier, car la part de carbone radioactif a été variable dans l'histoire, notamment en fonction du magnétisme terrestre et solaire. Pour les derniers millénaires, on corrige donc les dates au radiocarbone par la dendrochronologie – correction donc impossible au-delà de 6 000 ans. Des contaminations par du carbone plus récent peuvent aussi intervenir sur les objets contenus dans le sol, ou lors de la fouille. Ces différentes incertitudes font que les datations au carbone 14 admettent toujours un certain pourcentage d'erreur.

D'autres méthodes peuvent être utilisées. Lorsqu'un objet minéral est chauffé (pierre ou poterie), il constitue à partir de ce moment un « piège » qui enregistre les rayonnements ionisants dans le sol où il se trouve (variables selon les lieux), rayonnements qui seront mesurés en chauffant l'objet à nouveau, avec une certaine marge d'incertitude. L'archéomagnétisme mesure les variations de l'intensité et de la direction du champ magnétique terrestre, qui a évolué avec le temps ; mais on doit d'abord établir la courbe de ces variations. La méthode du potassium-argon permet de dater des roches volcaniques et a donc pu être utilisée pour des sites préhistoriques africains très anciens qui avaient connu des éruptions. Celle de l'uranium-thorium, qui mesure la dégradation dans le temps de l'uranium en thorium, permet de dater des matières minérales au contact avec l'eau (coraux, coquillages, stalactites) ; c'est ainsi qu'ont pu être attribués aux Néandertaliens les cercles faits de stalactites brisées dans la grotte de Bruniquel.

*

Reconstituer environnement, alimentation et circulations

Pour les périodes préhistoriques, antérieures à l'écriture, mais tout autant pour les périodes récentes, les sciences naturelles apportent de nombreuses et irremplaçables informations. La faune sauvage et domestique* peut être reconstituée à partir des ossements des animaux. Les plantes le sont par leurs restes, soit directement en milieu très sec ou très humide, soit si elles ont été carbonisées (y compris en « caramel » au fond des récipients), ou par leurs pollens, qui se conservent des dizaines de milliers d'années, ou par leurs phytolithes (leur squelette minéral), ou en empreintes sur la pâte fraîche des poteries avant leur cuisson, voire à l'état de traces chimiques piégées dans l'argile poreuse des poteries (huile, vin, etc.). Plantes et animaux renseignent aussi sur la température et le climat, tout comme l'étude des sols, la géo-archéologie, sols qui enregistrent les périodes de sécheresse, de fortes pluies ou de glaciation. L'alimentation peut également être reconstituée en analysant les ossements humains ou même animaux, dont les signaux chimiques varieront selon qu'auront été consommés majoritairement des produits animaux terrestres ou aquatiques ou végétaux, etc. L'origine des matériaux (argile, cuivre, silex*, marbre, obsidienne, verre, etc.) permet de reconstituer les courants de circulation des objets et des échanges. Le strontium contenu dans le sol se fixe, via l'eau et le sol, et donc les plantes et les animaux, dans les dents et les os des humains. Mais si un individu vit ensuite dans un lieu éloigné de celui de ses premières années, ses dents auront gardé leur taux de strontium originel, alors que le taux de ses os sera tributaire du strontium du nouvel environnement : on pourra ainsi mettre en évidence ses déplacements. La génétique enfin permet de retracer l'origine géographique d'une espèce donnée, domestique notamment – et même la couleur de la robe d'un animal – ; elle révèle aussi, avec les précautions d'usage, d'éventuelles migrations humaines, tout comme elle a pu montrer les métissages préhistoriques entre Néandertaliens et *Homo sapiens**.

LE PREMIER OR DE L'HUMANITÉ

Cette relative égalité prend fin vers 4500 ans avant notre ère. Une des manifestations les plus spectaculaires en est le cimetière de Varna, sur les rives bulgares de la mer Noire. Sur près de quatre cents tombes, où les défunts reposaient en position allongée sur le dos, certaines ne contenaient aucun objet, et d'autres seulement quelques modestes vases et outils en os ou en pierre. En revanche, une douzaine de tombes concentraient une richesse inouïe. La plus spectaculaire, celle d'un homme adulte, contenait pour près d'un kilogramme d'objets en or, manche de sceptre, bracelets, pendentifs, pièces cousues sur le vêtement et la coiffure, etc. Ce sont les plus anciens objets en or de l'histoire humaine et d'autres tombes en contenaient pour près de trois kilogrammes supplémentaires. Il s'agit d'un or alluvionnaire, que l'on peut recueillir dans plusieurs cours d'eau de Bulgarie. Les tombes les plus riches possédaient aussi des haches en cuivre, ce métal étant travaillé à partir de la fin du VIe millénaire dans les Balkans, par la plus vieille métallurgie du monde (chap. 3, p. 59).

Spectaculaire aussi était la présence de très longues lames de silex*, mesurant jusqu'à quarante-cinq centimètres. Pour obtenir des lames d'une telle longueur, il faut pouvoir exercer sur le bloc de silex une pression de quatre cents kilogrammes par centimètre carré, ce qui suppose une machine à levier, parmi les plus anciennes machines connues (chap. 3, p. 62). Ces lames, les plus longues jamais taillées par l'homme, étaient par là même inutilisables pour des buts pratiques : elles auraient été trop fragiles pour couper quoi que ce soit. Certaines se sont brisées, ou bien ont été brisées volontairement, et les morceaux montrent des traces d'utilisation, par exemple pour récolter des plantes. Mais, dans ce cas, on aurait pu en produire directement de semblables, de petite taille, avec beaucoup moins d'efforts.

Si le village qui correspond au cimetière de Varna n'a pas été retrouvé et a sans doute été détruit lors de la construction de la ville industrielle moderne, on en connaît d'autres de cette époque dans la même région. Contrairement aux villages néolithiques antérieurs, où les maisons étaient dispersées dans un espace ouvert, les nouvelles agglomérations sont maintenant strictement organisées, leurs habitations alignées le long de rues à angle droit, et s'entourent de fossés et de palissades. Cela suppose qu'il existe maintenant une autorité centrale, organisatrice et relativement contraignante. Mais aussi, à cause des fortifications, que des tensions sont apparues entre les communautés. De fait, dans toute l'Europe, les villages tendent à s'installer désormais sur des hauteurs, moins confortables, ou dans des méandres de cours d'eau, et se fortifient par des palissades en bois, des levées de terre et des fossés, ce qui implique aussi une organisation et une force de travail très importantes.

À l'autre bout de l'Europe, le long des rives de l'Atlantique, exactement au même moment, on construit pour les morts les plus importants des architectures gigantesques, les monuments mégalithiques (chap. 8, p. 164). Il s'agit de caveaux faits de grosses dalles de pierre de plusieurs tonnes, voire plusieurs dizaines de tonnes, que l'on recouvre d'une énorme masse de pierres et de terre – ce qui sera au fond, deux millénaires plus tard, le principe des pyramides égyptiennes. De telles constructions ont la triple fonction d'exalter la grandeur du défunt, de protéger sa tombe contre les pillages, mais aussi de « marquer » le paysage, de signifier la légitimité pour une communauté donnée à occuper un territoire particulier. C'est pourquoi ces monuments se concentrent sur toute la façade atlantique de notre continent : c'est là où sont venus buter les agriculteurs néolithiques après leurs deux millénaires d'expansion, sinon de fuite en avant, qui leur avait permis de vivre dans de petites communautés ne dépassant pas cent ou deux cents personnes, en évitant donc tous les inconvénients de concentrations humaines trop importantes.

DE LA SERVITUDE VOLONTAIRE

Une grande question demeure : comment ces chefs nouvellement apparus ont-ils réussi à persuader leurs congénères, qui à l'origine étaient leurs égaux, de consentir à des efforts considérables, pour des activités notoirement improductives et pour leur seul profit, comme le débitage et le transport de dalles de plusieurs dizaines de tonnes, la fabrication de lames en silex de taille aussi exceptionnelle qu'inutilisable à partir d'une matière première éloignée, l'acquisition de grandes haches en jadéite venues des Alpes et au poli exceptionnel, l'extraction et la fonte du minerai de cuivre pour en produire haches et poinçons, l'orpaillage de l'or alluvionnaire le long des cours d'eau des Balkans, entre autres ? Cette énigme est posée depuis des siècles. C'est ce qu'on appelle la « servitude volontaire », le fait que la majorité, dès cette époque et jusqu'à aujourd'hui, accepte de travailler dur au profit d'une minorité, et parfois d'un seul individu. Le premier à l'avoir posée est un jeune intellectuel bordelais de dix-huit ans, Étienne de La Boétie, dans son traité *De la servitude volontaire*. Mort en 1563 à trente-deux ans, c'était un ami de Michel de Montaigne, lequel publia le manuscrit, mais seulement après le décès de son auteur, car le texte, qui ne cessait de dénoncer le « tyran », sentait trop le soufre.

La Boétie envisage trois réponses à la question de la servitude volontaire, dont aucune n'a perdu aujourd'hui de son actualité. L'une est l'habitude : on a hérité de cette situation et on pense que c'est la seule possible. « *There is no alternative* », parfois abrégé en « TINA », proclamait dans les années 1980 feu la Première ministre britannique Margaret Thatcher à propos du système socio-économique ultralibéral qu'elle promouvait. Il faut pour cela que le système oppressif soit déjà bien installé. Plusieurs générations de pouvoirs continus sont nécessaires pour qu'on devienne incapable de penser qu'« il pourrait y avoir une alternative ». Cela n'empêchera pas, parfois, des retours en arrière ou des révoltes, comme on le verra plus loin.

La deuxième réponse est le réseau de dépendances que sait se créer le tyran (dans la terminologie de La Boétie), qui caractérisait le système féodal, mais que les ethnologues ont vu également à l'œuvre dans des sociétés beaucoup plus simples. C'est aussi comme cela que fonctionnent les réseaux d'allégeance dans le grand banditisme et les systèmes mafieux. Il est probable qu'il en a été de même dans les premiers moments d'émergence des futurs chefs. L'ethnologie nous montre que ceux que l'on appelle par convention des *big men* en Océanie, des notables, sont des personnages habiles, capables de mettre en place à leur profit des réseaux d'échanges de biens et de services afin de s'assurer une clientèle d'obligés. Il est vrai que les *big men*, pour conserver leur statut prestigieux, doivent sans arrêt redistribuer leurs acquis auprès de leurs affidés, ce qui limite leur possibilité d'accumuler durablement des richesses de manière irréversible et transmissible. Du moins est-ce le début du processus, tel qu'il a pu être observé, sachant que ces sociétés, à partir du moment où elles ont été en contact avec les Occidentaux, ont été en voie de désintégration plus ou moins rapide, empêchant toute analyse sur le long terme.

Il est des preuves archéologiques de telles relations de dépendance, quand on trouve autour de la tombe d'un chef important toute une série de morts volontaires – morts confirmées par d'autres sources. Ainsi, dans l'archipel du Vanuatu (naguère les Nouvelles-Hébrides), des archéologues français ont retrouvé dans les années 1960, sur l'îlot tabou de Retoka, la tombe du grand chef polynésien Roy Mata inhumé au XIIIe siècle de notre ère, entouré d'une cinquantaine de personnes. Certaines avaient été tuées volontairement, d'autres enterrées vivantes, d'autres encore reposaient paisiblement, peut-être droguées, mais suggérant une mort acceptée – ce que confirment les récits mythiques remontant à cette époque (voir aussi chap. 7, p. 143-144).

Près de Clermont-Ferrand fut fouillée en 2002 sur la commune du Cendre une tombe collective datant de la fin de la période gauloise, vers 50 avant notre ère. Elle contenait, soigneusement rangés sur le flanc droit et le regard vers l'est, les corps de huit chevaux et de huit jeunes hommes, sans doute leurs cavaliers. Ces derniers ne portaient pas de traces de blessures apparentes, et chacun avait une main posée sur l'épaule de son voisin (voir aussi chap. 8, p. 143-144). On a pensé à une tombe liée à une bataille, par exemple celle de Gergovie, ville forte située à proximité et qui avait résisté aux armées de César. Mais on a pensé aussi à une coutume gauloise rapportée par César : lorsqu'un personnage important mourait, il était suivi dans la mort par les hommes de sa garde rapprochée, qui auraient subi comme un déshonneur absolu le fait de se soustraire à cette obligation. L'historien romain Tacite rapporte la même coutume, sensiblement à la même époque, chez les Germains. Dans le cas du Cendre, la tombe d'un tel grand personnage n'a pas encore été trouvée, mais elle a pu aussi avoir été détruite par des terrassements plus anciens.

LE POUVOIR EST-IL DIVIN ?

La troisième réponse de La Boétie est la manipulation de la religion par le tyran, qui va « abuser de la religion pour mal faire ». La Boétie en son siècle ne remet évidemment pas en cause la religion chrétienne, l'incroyance étant encore embryonnaire, sinon impensable, à cette époque, mais seulement l'usage qui est fait de la relation au surnaturel, au divin. Le rapport au surnaturel, au religieux (chap. 4), est évidemment bien plus ancien que l'émergence des premiers chefs attestés. Mais il change radicalement de nature avec leur entrée en scène, les dieux et les chefs se confortant les uns les autres.

L'histoire et l'ethnologie nous montrent que les dirigeants se donnent toujours comme d'une essence différente. Ils ne sont jamais issus du « peuple », mais viennent d'ailleurs. La noblesse française d'Ancien Régime était censée descendre des Francs, tout comme la noblesse espagnole se réclamait d'une ascendance wisigothe. Les rois de France sont littéralement sacrés à Reims, oints d'une huile miraculeuse apportée du ciel par une colombe ; et le jour du sacre, ils peuvent accomplir des miracles et guérir les malades comme le faisait le Christ, du moins ceux atteints des écrouelles, une maladie pulmonaire provoquant des ganglions infectieux. En Océanie, les chefs sont animés par une force spirituelle hors du commun, parfois appelée *mana**. Le pouvoir temporel est indissociablement un pouvoir surnaturel.

L'ethnologie le confirme presque partout : le chef peut faire tomber la pluie, mettre en déroute les ennemis, assurer la fertilité des champs et du bétail, etc. Mais les ethnologues ne peuvent que constater un état de fait, sans pouvoir en observer l'origine et la genèse. Certains considèrent que de tels pouvoirs magico-religieux ne sont que la conséquence des pouvoirs politiques des chefs ; d'autres au contraire que ce sont ces pouvoirs surnaturels qui leur ont permis d'assurer leur domination. Il y a tout lieu de penser que les deux se sont dégagés de manière indissociable, se confortant l'un l'autre par accumulation ou, si l'on prend le point de vue des dominés, comme une sorte de cercle vicieux.

Pour revenir au Néolithique, les chefs qui ont su émerger durent être ceux capables de manipuler à leur profit le surnaturel, sans doute en toute bonne foi – nous ne sommes pas dans la théorie du complot. Ils sont parvenus à persuader le reste de la communauté d'accomplir à leur profit des tâches sans utilité directe, et fort coûteuses en énergie. Aucun de ces objets obtenus à grands frais n'a d'intérêt collectif : ils ne servent qu'à marquer le prestige individuel et le pouvoir personnel de leurs possesseurs. Il est au moins un indice de cette manipulation de l'imaginaire : l'investissement dans les tombeaux et les cérémonies funéraires. Si l'on pouvait déplacer des dalles de plusieurs dizaines de tonnes pour construire les dolmens, les recouvrir de terre et de pierres et y déposer le mort entouré de richesses inouïes, c'est que de telles réalisations, branchées sur l'au-delà, étaient susceptibles de bénéficier à toute la communauté. De son vivant, mais aussi une fois mort, le chef était visiblement en rapport avec les forces surnaturelles.

POUVOIRS ET CONTRE-POUVOIRS, LA SOCIÉTÉ CONTRE L'ÉTAT

En Orient, et dans d'autres régions du monde, les sociétés de chefs (ou à chefferies*) se développent dans des agglomérations de plus en plus vastes, atteignant bientôt des milliers puis des dizaines de milliers d'habitants, voire plus : ce sont les premières villes. La trajectoire de l'Europe sera tout autre, prolongeant d'autant les millénaires zappés. Des sociétés à chefferies, organisées en modestes bourgades, s'y maintiennent beaucoup plus longtemps qu'au Proche-Orient, qu'en Chine ou que dans certaines régions des Amériques – et jusqu'au milieu du Moyen Âge sur les bords de la Baltique. Pourquoi ?

Les vastes espaces de l'Europe, au climat tempéré, au riche potentiel agricole, n'incitaient pas à la concentration des populations. Mais, surtout, on peut lire dans les vestiges archéologiques des phénomènes de résistance aux pouvoirs excessifs, quelque chose comme une contre-histoire du pouvoir, qui rejoignent aussi les observations des ethnologues. Pour revenir aux *big men* d'Océanie, les pratiques funéraires sont aussi pour la collectivité un moyen – sans doute en partie inconscient – de se débarrasser des richesses qu'ils ont accumulées. On les ensevelit avec le mort qui fut puissant, on jette dans la tombe après les avoir brisés leurs symboles de pouvoir constitués de canines de porc, l'un des marqueurs de la richesse (comparables aux lingots d'or des sociétés occidentales) ; si bien que personne, même s'il le voulait, ne pourrait récupérer ces richesses pour lui-même. De fait, les archéologues observent des cas où les objets du mort ont été intentionnellement brisés ou rendu inutilisables – comme les épées pliées de certaines tombes gauloises dans les derniers siècles avant notre ère, les épées en fer* étant à l'époque le bien le plus précieux.

À parcourir l'archéologie de l'Europe durant les millénaires zappés, entre l'apparition de l'agriculture et la colonisation romaine, on repère régulièrement des moments où les sociétés sont nettement plus hiérarchisées, comme en témoignent l'organisation des villages et la richesse de certaines tombes, et d'autres où ces phénomènes s'évanouissent. Ainsi, les premiers grands tombeaux mégalithiques des bords de l'Atlantique, érigés à la fin du Ve millénaire et au début du millénaire suivant, disparaissent et sont remplacés par des rituels presque opposés : au lieu d'un très grand monument réservé à un très petit nombre d'individus (ou à un seul), accompagnés de leurs richesses, on trouve des monuments beaucoup plus modestes, les allées couvertes*, contenant des dizaines, voire des centaines de défunts, déposés au fur et à mesure des décès, et pratiquement sans aucun objet (chap. 8, p. 166).

De même, plus tard, au début de l'Âge du bronze* et du IIe millénaire avant notre ère, on trouve dans le sud de l'Angleterre, en Bretagne ou en Allemagne de très riches tombes individuelles, avec des parures d'or et d'argent, recouvertes d'un vaste tumulus* de terre et de pierre. Mais à l'époque suivante, l'Âge du bronze moyen au milieu du même millénaire, le rituel du tumulus devient beaucoup moins exceptionnel et bénéficie maintenant à un beaucoup plus grand nombre d'individus, qu'accompagnent des objets plus modestes. Certes, dans ce cas comme dans le précédent, cela ne signifie pas nécessairement qu'il y aurait eu une révolution populaire radicale, mais du moins que des forces sociales ont agi contre une trop grande concentration de la richesse et du pouvoir.

Ce qui s'exprime dans les tombes se retrouve dans les habitats. À plusieurs reprises, dans l'histoire de l'Europe ancienne, de plus grandes concentrations humaines débouchent sur des débuts d'urbanisation, mais qui s'interrompent au bout de deux ou trois siècles, comme les grandes agglomérations de Moldavie et d'Ukraine à la fin du Ve millénaire, qui pouvaient dépasser dix mille habitants dans des cercles concentriques d'habitations ; ou les villes fortes mycéniennes* de Grèce à la fin du IIe millénaire avec leurs massifs remparts de pierre et leurs tombes royales ; ou encore les résidences princières celtiques du milieu du dernier millénaire avant notre ère, juchées sur les hauteurs (ce chapitre, *infra*, p. 132). Mais, à chaque fois, la mayonnaise retombe, comme si un pouvoir fort et centralisé ne pouvait parvenir à s'imposer durablement.

L'ethnologue Pierre Clastres, dès les années 1970 dans son livre *La Société contre l'État*, avait émis l'hypothèse que la norme de l'évolution des sociétés humaines ne serait pas d'aller vers une hiérarchisation de plus en plus forte, mais qu'au contraire des mécanismes de contrôle caractérisaient normalement les sociétés simples, pour empêcher toute montée d'un pouvoir coercitif, ce qui paraît, si on y réfléchit, d'une grande logique. Les grands guerriers qui tiennent leur pouvoir de leur prestige guerrier devaient, par exemple, remettre sans cesse leur titre en jeu – comme les boxeurs de nos jours –, si bien qu'ils finissaient statistiquement et biologiquement par être éliminés un jour ou l'autre. Le *big man*, on l'a vu, doit sans cesse redistribuer pour conserver son prestige naissant. Le pouvoir émergent n'est pas toujours adulé d'emblée, mais fait l'objet de moqueries dans un certain nombre de sociétés simples. Les funérailles somptueuses, on l'a vu aussi, sont un moyen de se débarrasser de la richesse.

On pourrait donc inverser l'hypothèse historique. Les sociétés les plus hiérarchisées ne sont pas forcément les plus avancées vers le « progrès », mais celles au contraire où les mécanismes de contrôle du pouvoir ont, pour une raison ou une autre, cédé.

POUR FAIRE UN ÉTAT : L'IMPÔT, LA VIOLENCE, L'ÉCRITURE ET LA MONNAIE

Mais qu'est-ce qu'un État ? Il en est de nombreuses définitions, plus ou moins favorables à ce type d'organisation humaine. Entre les sociétés villageoises à chefferies et les États institués, il y a une différence évidente de nature, mais néanmoins toutes les transitions observables. L'État, qu'il soit monarchique ou républicain, perçoit des impôts ; mais le chef coutumier, dans son village, reçoit régulièrement un certain nombre de dons, spontanés ou forcés. L'État a en principe le monopole de la violence (via sa police, son armée ou tout équivalent) ; le chef, en cas de besoin, peut disposer d'affidés susceptibles de faire régner l'ordre à son profit. Le chef possède des pouvoirs magiques ; le monarque également – et même aujourd'hui certains présidents élus jurent sur la Bible. Mais, au-delà, c'est bien le nombre qui fait la différence. Le chef règne sur quelques centaines ou milliers de sujets. Villes et États en regroupent des dizaines, des centaines de milliers et bientôt des millions.

Pour organiser ces masses humaines, il faut des intermédiaires, humains et matériels. Pour prendre en charge le surnaturel apparaissent des castes de prêtres, un clergé dont c'est la tâche, et qui doit être entretenu. Pour institutionnaliser la violence, interne avec une police, externe avec des armées, il faut aussi des professionnels entraînés – et nourris. Pour percevoir les impôts, il faut à la fois des fonctionnaires, des scribes, mais aussi un système de notation : ainsi apparaît l'écriture. Les plus anciens textes connus, ceux de Mésopotamie, sont en grande partie des archives comptables, des tablettes d'argile qui furent pensées comme provisoires à l'époque, mais que des incendies bienfaiteurs ont cuites et fait parvenir jusqu'à nous.

Pour nourrir, ravitailler et organiser ces populations en croissance continue, il faut certes augmenter à mesure les capacités productives de la région. Mais aussi faire circuler les différents types de produits, aliments, matières premières et objets finis. De tout temps, des produits ont circulé. Les hommes de Néandertal allaient parfois chercher à plusieurs dizaines de kilomètres de leurs campements les silex de qualité qu'ils souhaitaient tailler. La ressemblance frappante, du Périgord à l'Ukraine, entre les statuettes féminines du Paléolithique* il y a 25 000 ans suppose d'amples réseaux de circulation (chap. 4, p. 75). Ces réseaux s'amplifient encore au Néolithique : les haches en jadéite des Alpes parviennent jusqu'en Bretagne et au Danemark, le silex du Grand-Pressigny en Touraine atteint l'Allemagne, l'obsidienne des îles Éoliennes se retrouve en Provence, le cuivre de quelques mines de Serbie et de Bulgarie arrose tous les Balkans. On ne sait pas toujours ce qui était échangé. Un des produits les plus prisés des sociétés traditionnelles est le sel ; mais ce dernier se dissout dans le sol, ne laissant que quelques traces de chlore à peine décelables par les techniques modernes. Les légionnaires romains recevaient d'ailleurs une partie de leur solde en sel, d'où vient notre mot « salaire » (*salarium*). Les archéologues ont retrouvé dans le sol de l'ancienne Gaule des millions d'amphores romaines, et les textes latins nous indiquent que c'était en échange de produits gaulois, qu'on ne retrouve pas dans le sol italien, car ils étaient éminemment consommables : bois, salaisons, esclaves.

À l'échelle d'un État, il faut organiser les transports, par mer ou par terre ; tracer des routes (et les voies romaines se lisent encore dans le paysage européen, deux mille ans plus tard) ; stocker les denrées. Les palais crétois, sans doute les premières entités étatiques d'Europe, ont déjà leurs grands magasins collectifs, et leurs jarres massives alignées. La Rome impériale comptait près de trois cents *horrea*, entrepôts collectifs qui se développaient chacun sur des milliers de mètres carrés. L'existence de tels lieux de stockage est pour l'archéologie l'un des signes les plus clairs d'une organisation étatique.

Restait à comptabiliser ces circulations de biens. Dans beaucoup de sociétés inégalitaires, les producteurs doivent normalement remettre aux possédants une partie de leurs récoltes en nature. C'était, entre particuliers, le système du métayage dans l'Europe traditionnelle ; ou encore de la dîme, payée au clergé, soit le dixième de chaque récolte, que l'on stockait dans des granges spécifiques, comme au temps des palais crétois. Dans le simple échange entre particuliers de même niveau, le troc a existé dès l'origine, et il se pratique encore à la marge. On a même évoqué des « trocs muets », où les deux parties viennent tour à tour, sans jamais se parler ni même se voir, proposer leurs marchandises, chacune ne repartant que lorsque l'échange est satisfaisant des deux côtés. L'historien grec Hérodote l'évoque, il y a vingt-cinq siècles, le long des côtes de l'Afrique occidentale, entre les marchands carthaginois et les producteurs d'or du cru ; et la même coutume est relatée au Moyen Âge, dans la même région et toujours pour de l'or, entre les marchands arabes et des populations subsahariennes. Plus au sud, les Pygmées Aka de la forêt équatoriale l'auraient pratiquée avec les agriculteurs bantous.

Mais dans beaucoup de régions du monde s'est fait sentir le besoin d'un système d'équivalence qui facilite les échanges. Chez le poète grec Homère, richesses, dons ou rançons sont calculés en « équivalent-bœufs », c'est-à-dire au nombre de bœufs qui pourraient ainsi être acquis. À Chypre d'ailleurs, peu avant, les lingots de cuivre qui étaient exportés de cette île, tous de poids comparable, avaient la forme d'une peau de bœuf étalée. Plus tard, en Europe occidentale, des barres de fer de même poids passent aussi pour avoir été une forme de monnaie ; tout comme à l'Âge du bronze sur les bords de l'Atlantique, au début du Ier millénaire avant notre ère, des cachettes dans le sol pouvant contenir plusieurs dizaines de haches en bronze*, toutes identiques, n'ayant jamais servi et même trop fines pour être efficaces. Dans une partie de l'Afrique, de l'Océanie et en Chine, des coquillages, les cauris, *Cypraea moneta*, dont le nom européen savant prend en compte cet usage comme « monnaie », ont été largement utilisés. Chez les Aztèques, on décomptait en fèves de cacao.

Les sociétés urbaines systématiseront ces systèmes d'équivalence. En Mésopotamie, dans les plus anciens États du monde, on comptera en mesures d'orge, ainsi qu'en morceaux de métal d'argent de dimensions fixes, les *shekel*. L'écriture, combinée à ces systèmes de mesure, encadrera de plus en plus les échanges et les perceptions de biens. Si bien qu'on en arrive assez naturellement au VIIe siècle avant notre ère, en Lydie sur l'actuelle côte turque de la mer Égée, aux premières monnaies frappées et écrites du monde. Le roi aurait été Crésus, dont la richesse est devenue proverbiale, et le métal des monnaies provenait de l'orpaillage du fleuve Pactole, dont le nom est également passé à la postérité ! L'usage de la monnaie se répand bientôt, aussi bien dans l'Empire perse limitrophe que dans tout le bassin égéen, cités grecques comprises, et de là vers la Méditerranée occidentale. En lien ou non, les premières monnaies métalliques frappées apparaissent en Chine avec le premier empereur, le fameux Qin Shi Huangdi, celui qui se fit enterrer avec ses milliers de soldats d'argile, au IIIe siècle avant notre ère.

Car il faut une autorité étatique forte pour imposer une monnaie comme seul moyen de paiement, tout en garantissant sa valeur. Si la garantie étatique est crédible, il en va de même de la monnaie, au point que les Chinois purent inventer les premiers billets de banque, simples certificats de papier. Mais si la confiance disparaît, le système tout entier s'écroule, au moins provisoirement, comme avec les premiers billets de banque français du banquier John Law au début du XVIIIe siècle (mais banqueroute qui permit de résorber la dette de l'État au détriment des riches rentiers !), ou avec les assignats de la Révolution française, ou dans les grandes périodes d'inflation, comme celle de l'Allemagne en 1923, qui alla jusqu'à l'impression de billets de 500 millions de marks.

DES VILLES ET DES ÉTATS RÉVERSIBLES ?

Le processus historique qui mène aux villes et aux États est-il irréversible ? Les exemples européens nous montrent que, pendant plusieurs millénaires, ce ne le fut pas, puisqu'on retrouve régulièrement des sociétés aux niveaux hiérarchiques moins marqués qu'auparavant. En revanche, en Orient, ce n'est pas le cas. Une fois les premières villes et leurs rois apparus, il n'y a pas eu de retour en arrière, même si parfois les royaumes s'effondrent sous le coup de conquérants – on parle de « périodes intermédiaires » en Égypte, ou bien de la chute du royaume d'Akkad ou de celle de Babylone. L'Égypte et la Mésopotamie, en effet, sont en réalité des oasis, centrées sur des fleuves qui apportent fertilité, eau et vie, cernées de déserts, de montagnes ou de mers. On ne peut donc pas en sortir pour aller plus loin si le pouvoir devient trop contraignant. Ce sont des nasses. L'Europe au contraire est un continent vaste, tempéré, fertile, ouvert. Il est toujours possible d'aller plus loin si l'on est en désaccord avec l'ordre établi.

C'est sans doute comme cela qu'on peut interpréter d'autres cas d'effondrement de civilisations urbaines de par le monde. La brillante civilisation de l'Indus s'effondre au bout d'un millénaire vers 1700 avant notre ère, sans cause ponctuelle comme on l'a longtemps cru – invasions venues du nord, révoltes, catastrophe climatique, etc. Les archéologues s'accordent au contraire pour y voir l'implosion lente d'un système urbain surdimensionné, et le retour à des communautés villageoises mieux à même d'exploiter à moindre coût leur environnement. La disparition de la civilisation urbaine des Mayas au début du IIe millénaire de notre ère et avant l'invasion européenne a sans doute pu être accélérée par des crises climatiques ; mais les Mayas sont restés là, cette fois dans de simples villages, et ont continué jusqu'à aujourd'hui de parler leur langue. Plus au nord, la brillante civilisation mississippienne, installée dans la fertile vallée du grand fleuve, avec ses tertres de terre monumentaux et sa plus grande ville, Cahokia, qui comptait environ vingt mille habitants, avec un système social fortement hiérarchisé, s'effondre définitivement au xve siècle de notre ère, là encore avant l'arrivée des Européens.

Significativement, les toutes premières sociétés urbaines d'Europe émergent dans une île, la Crète, et dans une péninsule, le Sud de la Grèce continentale, donc dans un espace très resserré. Mais elles s'effondrent vers 1200 avant notre ère, comme la plupart des sociétés de la Méditerranée orientale à cette époque. Après leur disparition, c'est à nouveau dans la péninsule grecque, puis dans celle de l'Italie, que les cités-États s'établissent, cette fois définitivement, pour s'étendre très progressivement vers le nord. Au cours du vi^e siècle avant notre ère réapparaissent des embryons de villes fortes, de la Bavière au Bassin parisien, ce qu'on appelle les « résidences princières » (*Fürstensitze* en allemand). Leurs dirigeants mènent grand train et commercent avec le monde méditerranéen. C'est pourquoi l'on trouve ces somptueuses tombes princières comme celles de Vix, déjà nommée, liée à la résidence princière du mont Lassois, ou bien celle de Lavau, dont on ne connaît pas la résidence, sans doute sous l'actuelle ville de Troyes, ou bien la tombe de Hochdorf en Allemagne du Sud, à proximité de la résidence de Hohenasperg, ou encore la résidence de la Heuneburg en Bavière, dominant le Danube. Pourtant, au bout d'à peine un siècle et de trois générations, ces résidences princières disparaissent et sont abandonnées, que les causes en aient été internes (résistances, sinon révoltes) ou externes (effondrement du commerce de luxe).

Deux siècles passent, et des villes fortes, les *oppida** (telles que les nomment les auteurs latins), se forment à nouveau, à la fois centres politiques, économiques et religieux, dans l'ensemble du domaine dit celtique, de la Bohême à l'Atlantique. C'est à cette civilisation urbaine, pratiquant la monnaie et un début d'écriture, que les Romains se confronteront victorieusement. De cette rencontre tumultueuse naîtra la Gaule romaine, définitivement urbanisée.

Toutefois l'Empire romain n'occupera que la partie sud du continent européen, et le mode de vie urbain n'atteindra pas la Baltique avant le XIIe siècle de notre ère.

ET MAINTENANT ?

Même depuis lors, l'histoire nous montre que régulièrement des mouvements de révoltes sociales ont secoué les sociétés urbaines, qu'elles soient apparemment (mais provisoirement) victorieuses, comme les révolutions françaises de 1789, 1830, 1848 ou 1870, pour ne pas parler de 1944, ou qu'elles soient vaincues, comme la plupart des jacqueries paysannes ou comme l'insurrection parisienne de 1832 (où s'illustra Gavroche), les journées de juin 1848 ou la Commune de Paris – pour en rester à des exemples français. Il est en tout cas exceptionnel qu'un pouvoir trop contraignant parvienne à se maintenir indéfiniment sans provoquer sa chute à plus ou moins brève échéance.

La servitude volontaire a donc ses limites. Certes, dans notre vie quotidienne, nous sommes éduqués dans l'obéissance, aux parents et grands-parents d'abord, puis aux maîtres d'école, naguère aux officiers lors du service militaire, voire aux prêtres, et finalement aux supérieurs hiérarchiques dans tout métier. Mais il semble que notre capacité de soumission ait des limites, même si celles-ci sont variables suivant les individus et les cultures. C'est donc durant le Néolithique, au cours des millénaires zappés, avec l'accroissement continu de la population dû à une alimentation sécurisée et à la sédentarité, que sont apparues hiérarchies et inégalités sociales. L'histoire ne permet pas encore de dire si elles sont indispensables à toute société humaine. Mais, dans un monde où 1 % de la population possède la moitié de la richesse mondiale, le niveau de hiérarchie ne risque-t-il pas un jour, pour le meilleur ou pour le pire, de dépasser ce qui est usuellement supporté par les sociétés humaines ? D'autant que la richesse des uns ne diminue nullement la pauvreté des autres. Comme le montrent toutes les dernières analyses économiques, la théorie du ruissellement (*trickle down economics*), selon laquelle la richesse ne cesserait de « ruisseler » de haut en bas, ne se vérifie pas dans la réalité : la richesse reste parfaitement concentrée en haut, où au contraire elle continue de s'accumuler !

Chapitre 7
Qui a inventé la guerre (et les massacres) ?

La guerre n'a-t-elle pas toujours existé ? L'homme n'est-il pas naturellement agressif ? Beaucoup d'animaux ne sont-ils pas violents ? Et la nature en général n'est-elle pas violente, d'un bout à l'autre des chaînes alimentaires, que couronnent normalement les humains ? Les hommes préhistoriques étaient-ils des « pacifistes » ou des « sauvages » ? Étaient-ils cannibales ? Et comment le sait-on ? De quand datent les plus anciens massacres ? Et quelles en furent les causes ? Quand apparaissent les premières fortifications ? De quoi est mort Ötzi, il y a 5 300 ans, l'homme retrouvé gelé dans un glacier autrichien ? À partir de quand fabrique-t-on des armes, destinées seulement à la guerre ? Pourquoi est-ce pendant les millénaires zappés que la guerre apparut véritablement, sous sa forme moderne ?

Le débat dure depuis des siècles. En 1651, le philosophe anglais Thomas Hobbes publie *Le Léviathan*, dans lequel il décrit l'humanité à l'état de nature comme « la guerre de tous contre tous » (*bellum omnium contra omnes* en latin). Pour lui, une seule solution : le bon souverain, qui fait régner l'ordre. L'homme est donc méchant naturellement. Un peu plus d'un siècle plus tard, Jean-Jacques Rousseau affirmera le contraire, prenant pour exemple le « bon sauvage » à l'état de nature tel que les Européens pensaient l'avoir découvert lors de leurs explorations, preuve que l'homme est naturellement bon. On en est là depuis lors. Au fond, les régimes démocratiques semblent fonctionner sur l'hypothèse que l'homme est bon et qu'on peut lui faire confiance ; et les régimes autoritaires, sur l'hypothèse que les humains sont mauvais et qu'ils doivent être étroitement contrôlés.

LA GUERRE EST-ELLE « NATURELLE » ?

Il faut aussi s'entendre sur ce qu'est la violence. On sait qu'elle n'est pas que physique. Les violences psychologiques sont présentes dans tous les processus de domination, qu'il s'agisse de la domination masculine (chap. 9) ou de la domination tout court (chap. 6), dont la plus flagrante est celle de l'esclavage, connu dès les textes les plus anciens, et qui peut être parfois déduite de l'archéologie, quand une catégorie de population ne semble bénéficier que de très peu d'égards dans les cimetières et est traitée très à part. On n'abordera dans ce chapitre que la violence physique, qui affecte les sociétés humaines à différents niveaux et qui est archéologiquement détectable. Le plus élémentaire est celui de la cellule familiale, la violence contre les conjoints, dans l'immense majorité les femmes, et contre les enfants. À un niveau un plus large, ce sont les violences contre la domesticité, et en particulier les esclaves ; puis les violences entre groupes d'une même société, comme les vendettas ou les guerres civiles ; et enfin les violences entre sociétés se considérant comme différentes, dont la guerre est la forme la plus classique.

La violence est-elle inhérente à la nature humaine, pour revenir à Hobbes ? Les primates*, et plus généralement les animaux, ont été et sont toujours un enjeu de ce débat, avec des risques de raisonnements circulaires et de projections de nos comportements sur les animaux – d'anthropomorphisme. Si l'on a longtemps souligné que la violence et le meurtre étaient bien attestés chez les primates, on a pu montrer aussi, comme l'éthologue néerlandais Frans de Waal, que les comportements de réconciliation étaient chez ces animaux au moins aussi structurants pour leurs sociétés que les comportements d'agression. Dans tous les cas, notre séparation d'avec les autres primates datant d'à peu près dix millions d'années, ce qui est bon pour les chimpanzés ou les bonobos n'est pas forcément pertinent pour rendre compte des sociétés humaines.

Les ethnologues ont relevé chez les sociétés traditionnelles deux grandes formes de guerre, qui peuvent se combiner, les unes plutôt de nature symbolique et idéologique, les autres aux buts plutôt économiques, au sens large. Dans les premières, les hommes (puisque la violence guerrière n'est, sauf exception, le fait que des mâles humains) s'affrontent et confortent ainsi leur virilité et leur prestige social, mais sans dépasser certaines limites codifiées, par exemple le premier sang dans certaines guerres de Nouvelle-Guinée telles qu'elles ont pu être observées, voire filmées. Pour l'ethnologue Pierre Clastres, les guerres ont ainsi pour fonction de renforcer le corps social ; elles permettraient aussi d'éliminer à terme tout individu qui bénéficierait d'un prestige guerrier excessif, puisque, devant sans cesse prouver sa valeur, il finit un jour ou l'autre par être vaincu à son tour (chap. 6, p. 126). Dans ces guerres codifiées, la paix revenue peut s'assortir de compensations versées par les différents belligérants et destinées à réparer les morts et les dégâts matériels de part et d'autre.

Notons que des codifications existent aussi dans nos guerres modernes, avec la convention de Genève, du moins quand elle est (à peu près) respectée, laquelle régit, entre autres, le traitement des blessés, des prisonniers, des populations civiles, des territoires occupés, ou l'interdiction de certains types d'armes ; de même qu'on peut estimer que nos mêmes guerres modernes n'ont pas que des enjeux économiques, lorsqu'il s'agit de venger une défaite ancienne (1870 pour la France, 1918 pour l'Allemagne), ou dans le cas d'affrontements entre nations de religions ou d'idéologies différentes.

Le deuxième type de guerre, plus classique, a pour but l'obtention d'avantages que les négociations et échanges en temps de paix n'ont pu finalement atteindre. C'est la formule bien connue et posthume de l'officier prussien, mort en 1831 et vétéran des guerres napoléoniennes, Carl von Clausewitz :

« La guerre est la continuation de la politique par d'autres moyens. » Il s'agit de s'emparer d'un territoire, de richesses, de contrôler des voies d'accès stratégiques, ou encore de s'assurer des épouses, thème aussi bien attesté dans les observations ethnographiques que dans les mythologies anciennes – de l'enlèvement des femmes lapithes par les centaures en Grèce ou de celui des Sabines par les Romains –, voire dans certaines guerres actuelles, avec la multiplication des viols ou des mariages forcés.

Il est toutefois une limite aux observations ethnologiques, c'est qu'elles ont accompagné la colonisation européenne du monde, et qu'il s'agissait dès lors de sociétés agressées, et donc en voie de plus ou moins rapide décomposition. Ainsi, la traite des esclaves a exacerbé les guerres tribales en Afrique, tout comme les comptoirs grecs et romains sur les côtes méditerranéennes avaient suscité les guerres entre cités gauloises afin de se procurer des prisonniers-esclaves à échanger contre les biens précieux de ces marchands étrangers. L'acquisition de produits européens a certainement bouleversé les économies traditionnelles avant même les annexions territoriales forcées.

IDENTIFIER LA VIOLENCE PRÉHISTORIQUE

Qu'en dit l'archéologie, sur la longue durée et depuis les premiers temps ? Les archéologues se sont rangés souvent d'un côté ou de l'autre, souvent *a priori*, les uns en tenant pour une préhistoire pacifique idéale et « rousseauiste », les autres pour des temps sauvages et barbares – vision traditionnelle du grand public, bien illustrée par le livre *La Guerre du feu : roman des âges farouches*, œuvre en 1909 du romancier belge Joseph-Henri Rosny (dit Rosny aîné), et dont le cinéaste Jean-Jacques Annaud tira un film en 1981. Dans les années 1970, à mesure que l'on s'éloignait des horreurs de la dernière guerre mondiale, que les conflits coloniaux s'estompaient et que le *flower power* régnait pour un temps sur les côtes et dans les communautés californiennes au moins, les archéologues étaient plutôt rousseauistes, notamment en Europe. Après les guerres yougoslaves des années 1990, celles d'Irak et d'Afghanistan, et la multiplication des conflits armés d'ampleur et de résonance variables (plusieurs dizaines quand même depuis 1945, et au moins trente millions de morts), les archéologues sont devenus plus hobbesiens dans leur regard sur la préhistoire…

La violence physique n'est pas toujours facile à identifier d'un point de vue archéologique. Dans la très grande majorité des cas, ce ne peut être que si des traumatismes sont visibles sur des ossements, tout ce qui reste en général des anciens vivants. Il est exceptionnel en effet de retrouver pendant la préhistoire des corps naturellement ou volontairement momifiés. Parmi ceux-ci, nous y reviendrons, le plus ancien de tous, Ötzi, l'homme néolithique* du glacier austro-italien découvert en 1991, avait été tué il y a environ 5 300 ans d'une flèche tirée dans le dos. Parmi les hommes des tourbières, dont les corps avaient été préservés par la vase humide des marécages danois dans les tout derniers siècles avant notre ère, l'un avait été étranglé et portait encore la corde autour du cou et l'autre avait été égorgé… Mais si la blessure mortelle n'atteint pas les os, ce qui est le cas dans ces trois exemples, la mort volontaire est indétectable. Symétriquement, une blessure osseuse peut tenir à des causes accidentelles – chute, accident de chasse – ou à un homicide involontaire, ou à un assassinat délibéré, mais anecdotique : violence conjugale, querelle entre voisins. Enfin, toutes les blessures osseuses ne sont évidemment pas mortelles, ce que confirment parfois des traces de cicatrisation – comme sur le crâne d'un Néandertalien* de la grotte croate de Krapina.

LE PLUS ANCIEN CANNIBALISME

Il est des violences particulières, moins pratiquées par nos sociétés contemporaines, et liées à des cérémonies. Ainsi du cannibalisme – ou anthropophagie. Celui-ci peut être marginalement alimentaire – paradoxalement, l'un des cas les mieux connus vient de nos sociétés contemporaines : à la suite du crash d'un avion uruguayen dans la cordillère des Andes en 1972, les survivants se résolurent à s'alimenter avec les morceaux des corps de leurs compagnons morts, jusqu'à l'arrivée des secours, deux mois plus tard seulement. Il a pu être un recours extrême dans certaines grandes famines de ces derniers siècles. Mais, dans les sociétés traditionnelles, le cannibalisme est une pratique rituelle, soit pour s'approprier la force d'un ennemi vaincu, soit pour ingérer celle d'un être cher – ce qui s'est perpétué dans le rite théophage de l'eucharistie chrétienne, où l'on communie littéralement avec le Dieu en consommant sa chair et son sang, du moins dans le christianisme catholique ou orthodoxe, le protestantisme n'y voyant qu'un geste symbolique. Or, pour revenir à la préhistoire, il est plusieurs témoignages de cannibalisme ancien. C'est lorsque les os portent des traces de décharnement, ont été incisés et brisés de manière analogue à ceux des animaux retrouvés au même endroit, et notamment pour en extraire la moelle.

Si l'on retrouve de tels ossements humains jetés en vrac au milieu des détritus du campement, il est des chances qu'il se soit agi d'un cannibalisme hostile, contre des ennemis. S'ils semblent en revanche avoir été mieux traités, s'il n'y a pas de traces de violences, il est probable que ce soit alors un cannibalisme « amical », « familial ». De fait, le cannibalisme semble bien attesté dès les *Homo erectus**, comme dans la Gran Dolina de la Sierra d'Atapuerca, près de Burgos en Espagne, vers - 800000 ans ; ou un peu plus tard dans la grotte de Tautavel, en Roussillon, vers - 450000 ans ; ou enfin chez les hommes de Néandertal, comme dans les grottes croates de Krapina, déjà citée, et de Vindija, ainsi que dans celle d'El Sidron en Espagne. Quant aux *Homo sapiens**, ils ont continué à le pratiquer pendant le Paléolithique supérieur*, comme en témoignent plusieurs sites européens. Dans la grotte de Gough, par exemple, dans le Somerset (Angleterre), le cannibalisme avait été complété par le façonnage soigneux de calottes crâniennes pour leur donner une forme de coupe, coutume que l'on retrouvera régulièrement aux périodes suivantes, et jusqu'au Moyen Âge au moins. De fait, il est bien attesté par l'ethnologie dans un certain nombre de sociétés traditionnelles de par le monde – au point qu'une variante de la maladie de Creutzfeldt-Jakob (et de celle de la « vache folle »), le kuru, fut identifiée chez les Forés de Nouvelle-Guinée par le médecin américain Daniel Gajdusek : il démontra que la transmission de la maladie était due à l'ingestion de cervelle humaine et reçut pour cela le prix Nobel de médecine en 1976.

Aussi retrouvons-nous sans surprise le cannibalisme sur plusieurs sites néolithiques, aussi bien en France, comme dans la grotte de Fontbrégoua dans le Var ou celle du Gardon dans l'Ain ; qu'en Angleterre, comme à Maiden Castle ; en Espagne, comme dans les grottes de la Cueva de la Cariguela ou de la Cueva de Malalmuerzo ; en Finlande, à Jettböle, dans les îles Åland de la Baltique ; en Allemagne, à Zauschwitz et dans les grottes de Hanseles et de Jungfernhöhle. Dans ces lieux, à chaque fois, ont été retrouvés des os humains brisés et brûlés, portant parfois des traces de mâchage, des crânes décharnés et découpés, le tout mélangé à des ossements d'animaux portant les mêmes stigmates. Dans la plupart des cas, il s'agit de grottes, alors même que les habitats néolithiques normaux – comme ceux du Paléolithique* d'ailleurs – étaient des villages ouverts et de plein air, les grottes n'étant que des abris temporaires situés à l'écart, ou bien des bergeries, voire des lieux de culte. Il est donc probable que ces actes de cannibalisme, sans doute de caractère interne au groupe, n'aient pas été de banals pique-niques, mais aient revêtu une signification particulière.

LES MYSTÈRES DU SITE DE HERXHEIM

Un site néolithique allemand, fouillé à partir des années 1990, tranche cependant, celui de Herxheim dans le Palatinat, qui appartient à la culture* dite de la « Céramique linéaire* » (ou Rubané*), celle de la première colonisation agricole de l'Europe tempérée (chap. 2, p. 36). Vers la fin du VIe millénaire avant notre ère, en l'espace d'à peine plus d'une génération, près d'un millier de personnes ont fait l'objet de rituels cannibales, comme le prouvent leurs ossements brisés et rongés, puis dispersés dans des fosses, leurs crânes parfois récupérés et réarrangés pour en faire des coupes. Les analyses génétiques et par le strontium (qui permet de savoir, de par la composition chimique de ses os, dents comprises, et de son environnement, si un individu est né là où il a été inhumé) ont révélé qu'une bonne partie de ces individus étaient étrangers à la région, ce que confirme le style de nombreux vases retrouvés sur place, également de provenance lointaine, jusqu'à plusieurs centaines de kilomètres. Deux hypothèses ont été émises par les archéologues, sans que l'on puisse encore trancher. Ou bien il s'agit de raids guerriers, qui auraient ramené en cet endroit des prisonniers, ensuite exécutés et consommés ; ou bien il s'agirait d'un site cérémoniel très particulier, où des personnes seraient venues de différents points pour participer à ces étranges rituels, y compris à leurs dépens. Dans tous les cas, le site de Herxheim est à ce jour sans autre équivalent européen.

Ces pratiques anthropophagiques appartiennent surtout aux premiers temps du Néolithique, que ce soit dans l'Europe méditerranéenne ou en Europe tempérée. Elles tendent, dans l'état actuel de nos observations, à se faire plus rares au fil du temps, même si on les rencontre encore à l'Âge du bronze*, comme dans la grotte d'El Mirador en Espagne près de Burgos. Elles sont en tout cas fermement condamnées aux époques historiques, dès que l'on possède des textes, même si elles survivent, sublimées, dans plusieurs religions, comme en Grèce avec le culte de Dionysos ou le mythe de Cronos dévorant ses enfants, ou encore dans la théophagie chrétienne, déjà évoquée. Le cannibalisme devient une accusation classique des peuples « civilisés » contre les « Barbares », et des colonisateurs contre les colonisés. Dans la mesure où des ethnologues l'ont observé dans plusieurs sociétés traditionnelles de par le monde, en général de petite taille, il semble que le cannibalisme soit relativement exclusif des sociétés étatiques et urbaines, à l'exception peut-être des Aztèques lors de certaines cérémonies.

SACRIFICES HUMAINS ET MORTS D'ACCOMPAGNEMENT

Une autre forme de violence particulière, également cérémonielle, est celle des sacrifices humains, volontaires ou subis. Ils ne sont pas toujours aisés à identifier, et restent parfois discutés. Un des cas les plus évidents réside dans ce qu'on appelle les « morts d'accompagnement », ceux que l'on retrouve dans la tombe d'un personnage visiblement important, ou à proximité immédiate. Ainsi du rituel du *sati* en Inde, où l'épouse, consentante ou non, devait suivre son mari dans la mort – les lecteurs de Jules Verne se souviennent d'un tel épisode, au dénouement heureux grâce à l'habile Français Passepartout, dans *Le Tour du monde en quatre-vingts jours*. L'archéologie en a retrouvé plusieurs exemples, comme dans une tombe du Néolithique italien, creusée dans le tuf à Ponte San Pietro près de Viterbe : un homme d'une trentaine d'années est déposé au centre de la cavité, le visage peint à l'ocre rouge, accompagné d'une hache de guerre en pierre et d'une autre en cuivre, d'un poignard de même métal et de flèches en silex* ainsi que de deux vases. Le corps d'une femme, au crâne fracassé, gît à ses côtés, recroquevillée contre la paroi. Dans l'une des tombes néolithiques de Thonon-les-Bains sur les rives du lac Léman, un homme et une femme ont été déposés l'un contre l'autre au même moment, mais sans que des blessures soient apparentes.

Plus tard encore, à l'époque gauloise, il n'est pas rare qu'une tombe contienne deux corps, voire plus, déposés en même temps, ce qui, sauf à supposer un accident ou une maladie contagieuse, suggère que l'un des défunts a suivi, de son plein gré ou non, l'autre. De même, on a mentionné plus haut (chap. 6, p. 122) la découverte au Cendre, près de Clermont-Ferrand, de la tombe collective de ces huit jeunes hommes inhumés avec leurs huit chevaux, qui pourrait témoigner d'un tel rituel d'accompagnement, par rapport à un important personnage, dont la tombe n'a cependant pas encore été retrouvée.

Lorsque apparaissent royaumes et empires, le meurtre de serviteurs destinés à suivre leur maître dans l'au-delà devient plus spectaculaire encore. Dans la tombe royale d'Ur en Mésopotamie, fouillée dans les années 1920, le roi emporta avec lui, vers 2500 avant notre ère, quatre-vingts personnes et deux chars tirés par six bœufs, sacrifiés eux aussi ; tandis que son épouse, la reine Pû-abi, était accompagnée de dix suivantes, cinq soldats et un char à deux bœufs. Quant au premier empereur de Chine, Qin Shi Huangdi, mort en 210 avant notre ère, outre les milliers de soldats en terre cuite, grandeur nature, qui gardaient son tombeau, il repose toujours, d'après la chronique de l'époque, sous un tertre funéraire de 115 mètres de haut dans une chambre remplie de trésors et d'une maquette de l'empire aux fleuves reproduits en mercure, entouré de plusieurs dizaines de concubines sacrifiées, sans compter les ouvriers qui agencèrent sa tombe et furent emmurés vivants par précaution. Mais les archéologues chinois attendent sagement les progrès de leur science pour en entreprendre la fouille.

Spectaculaire aussi fut la découverte en 1967 des funérailles du héros polynésien Roy Mata dans l'îlot tabou Retoka, au sud de l'archipel du Vanuatu, mort vers le milieu du XIIIe siècle de notre ère. Une cinquantaine de personnes l'accompagnaient, les unes visiblement tuées, d'autres volontaires et sans traces de violence, sans doute droguées, et d'autres enfin enterrées vivantes – l'archéologie confirmant les récits anciens (chap. 6, p. 122).

ROUVRIR LES TOMBES

Il est enfin un autre type de pratique funéraire, exercée dans beaucoup de sociétés, qui est l'intervention sur le cadavre à moyen ou long terme après la mise en terre, ce qu'on appelle parfois des inhumations secondaires. Nos sociétés le font couramment, lorsque l'on rouvre un caveau funéraire jugé abandonné depuis longtemps (on parle de « réduction de sépulture »), pour en récupérer les ossements et les jeter dans une fosse commune. Les célèbres catacombes de Paris en sont un autre exemple, où l'on a entassé en bon ordre crânes et ossements le long des parois d'anciennes carrières de calcaire, afin de faire de la place dans des cimetières surpeuplés. À Madagascar, il est normal de ressortir les morts au moment de certaines fêtes, afin de les faire participer aux cérémonies, voire de danser avec eux.

Ces interventions étaient également courantes aux époques préhistoriques. Il n'est pas rare de trouver des tombes dont une partie des ossements ont été prélevés. Dans le Néolithique du Proche-Orient, vers 8000 avant notre ère, on récupérait le crâne* du défunt puis on lui modelait un visage d'argile peinte, avec des yeux incrustés en coquillage. Si l'ethnologue Alain Testart y a vu la thésaurisation de têtes coupées d'ennemis, pratique comparable à celle des têtes réduites* d'Amazonie (d'où la partie osseuse de la tête était extraite, pour ne laisser que le visage) ou au stockage des têtes coupées d'ennemis attesté chez les Gaulois, la plupart des archéologues l'interprètent au contraire comme un culte voué aux ancêtres et une marque de respect pour le mort. Dans certaines sociétés, le cadavre est exposé à l'air libre et se décompose lentement sous l'effet de l'air, mais aussi des oiseaux de proie, les ossements se dispersant ; ce sont les tours du silence* de la religion zoroastrienne pratiquée en Iran et encore maintenant en Inde, une coutume qui, sous une forme différente, existe aussi au Tibet.

Ces diverses pratiques peuvent compliquer la tâche des archéologues. Le manque d'une tête dans une tombe ne prouve pas que la personne aurait été décapitée de son vivant, ou des os dispersés ne démontrent pas non plus qu'elle aurait été écartelée ou dépecée : on a vu la complexité, pas complètement élucidée, des gestes funéraires collectifs accomplis à Herxheim.

LES PLUS ANCIENS MASSACRES

Mais laissons ces violences internes à un même groupe humain, plus ou moins consenties, pour revenir à la guerre proprement dite, qu'on définira comme une violence organisée mettant aux prises deux groupes distincts – même si l'on parle aussi de « guerre civile » pour les sociétés antiques ou modernes. On ne possède guère d'évidence de guerre pour les chasseurs-cueilleurs du Paléolithique, même si l'ethnologie a relevé des cas de guerre chez des chasseurs-cueilleurs récents. La préhistorienne Marylène Patou-Mathis recense deux seuls cas d'ossements ayant subi des violences dans le Paléolithique européen – violence ne signifiant pas guerre. Il est vrai que les humains sont encore peu nombreux et que leurs ressources alimentaires, grands mammifères pour l'essentiel, sont en revanche fort abondantes, diminuant d'autant les causes possibles de conflits.

Le premier massacre actuellement recensé date des environs de - 11000 et eut lieu (déjà !) au Soudan, en bordure de la vallée du Nil et à proximité de la frontière égyptienne, près d'une hauteur appelée Djebel Sahaba. Un cimetière, dénommé poétiquement « site 117 » par les archéologues américains, contenait une soixantaine de corps, parfois plusieurs par fosse, dont au moins la moitié étaient criblés de flèches, jusqu'à une vingtaine par individu, femmes, hommes ou enfants. Tout porte donc à penser que ce groupe a été attaqué par des assaillants vindicatifs, mais que les survivants ont pu ensuite donner une sépulture convenable aux victimes. La proximité du Nil et de son riche écosystème a sans doute été la raison de ce raid meurtrier, les femmes ayant été tout autant massacrées que les hommes, et non pas enlevées, comme il arrive souvent dans les périodes ultérieures.

Un autre massacre de chasseurs-cueilleurs africains a été retrouvé en 2012 un peu plus au sud, au Kenya, à une trentaine de kilomètres à l'ouest du lac Turkana, sur le site de Nataruk. Il est un peu plus récent et date d'environ 8000 ans avant notre ère, même s'il a été « vendu » dans les médias comme la plus ancienne guerre du monde. Une douzaine de corps, hommes, femmes et enfants, abandonnés sans sépulture dans un ancien lagon, ont été retrouvés, percés de pointes de flèches ou le crâne enfoncé à coups de massue, certains ayant eu les poignets liés. Là encore, il a pu s'agir d'une lutte territoriale pour un écosystème attrayant.

Dans ces deux cas, on se trouve à la frontière chronologique entre le Paléolithique et le Néolithique, une période que les archéologues appellent Épipaléolithique* ou Mésolithique*, et qui est le moment où la dernière glaciation*, qui dure déjà depuis 100 000 ans, s'achève et débouche sur l'actuelle période interglaciaire. Dans un environnement plus favorable, des groupes de chasseurs-cueilleurs s'installent dans des environnements suffisamment riches et variés pour leur permettre de se sédentariser sur place. Il s'agit en général de milieux riches en ressources aquatiques permanentes, fleuves, lagunes, lacs, bords de mer. En Europe, ce sera le long des grands fleuves qui traversent l'Ukraine et la Russie méridionale, ou encore le Danube, ou bien sur les côtes scandinaves. Mais il en sera de même au Japon, ou en diverses régions de Sibérie ou des Amériques.

Cette installation sur des territoires favorables a pu être déjà cause de tensions territoriales, comme sur le site 117, et on recense en réalité un certain nombre de morts violentes, en général par pointes de flèches, plus rarement par instruments contondants, sur différents sites mésolithiques européens, à Vasilivka et Vološkij sur les rives du Dniepr, à Schela Cladovei sur les rives roumaines du Danube, sur plusieurs sites scandinaves, à Téviec dans le Morbihan, ou dans deux abris français, « Sous Balme » à Culoz et le « Trou-Violet » à Montardit dans l'Ariège. Ces morts ont été ensuite inhumés normalement, donc ces meurtres relèvent plus d'escarmouches limitées et occasionnelles que d'affrontements systématiques. Ils attestent néanmoins de la présence d'une violence latente, sans doute liée, là aussi, à des problèmes de territoire.

TUERIES NÉOLITHIQUES

Mais c'est avec la généralisation de la sédentarité entraînée par l'agriculture, puis l'augmentation continue de la population humaine qui en est l'une des autres conséquences, que la violence organisée – autrement dit la guerre – se systématise et prend des proportions qui ne cesseront de croître.

Il est peu de traces de violences institutionnelles parmi les sociétés néolithiques européennes les plus anciennes. Les villages sont ouverts, situés dans les plaines les plus fertiles, et l'on ne trouve pas de traces de blessures sur les squelettes des défunts. On a même eu tendance à considérer l'ensemble du Néolithique comme une période de paix, que symbolisaient les cités lacustres* aux maisons sur pilotis, ces « marinas » préhistoriques où se serait déroulée, sur les bords des lacs des Alpes et du Jura, une vie paisible et prospère – nous y reviendrons. De même, la plus ancienne civilisation agricole de l'Europe tempérée, celle dite de la Céramique linéaire (ou Rubané), qui s'étendait, entre - 5500 et - 4900 environ, de la mer Noire à l'Atlantique et des Alpes à la Baltique, et donc dans tout le Bassin parisien, semblait refléter une vie calme et tranquille, dans ses longues maisons communes de bois et de torchis, tandis que ses cimetières ne montraient aucune inégalité sociale visible.

Mais, par réaction et sans doute en phase avec l'actualité internationale contemporaine, des archéologues se sont appuyés à partir des années 1990 sur plusieurs découvertes pour au contraire assurer que cette civilisation prétendue paisible se serait en fait achevée dans le sang et par une crise généralisée, dont auraient témoigné d'innombrables massacres. Outre le site de Herxheim et son cannibalisme déjà évoqué, on dénombrait des tueries de masse aussi bien en Allemagne qu'en Autriche et en Hongrie, tandis que les villages, jadis ouverts, s'entoureraient de fortifications, palissades et fossés. Ainsi à Talheim en Allemagne occidentale, une trentaine d'individus, hommes, femmes et enfants, ont été jetés en vrac dans une fosse commune, plusieurs portant des traces de blessures, le crâne défoncé. Les impacts de ces blessures révélaient qu'il s'agissait clairement de coups d'herminette, l'outil typique avec lequel ces agriculteurs néolithiques défrichaient la forêt et abattaient les arbres pour construire leurs maisons. Aucune arme spécifique n'existant à cette époque, contrairement à ce qui se passera par la suite, les meurtriers avaient donc utilisé leur outil habituel. On ne saurait y voir un règlement de compte avec des chasseurs-cueilleurs, car la colonisation agricole de cette région est déjà bien établie depuis plusieurs siècles.

Hache polie

Le Néolithique était autrefois appelé «Âge de la pierre polie». Le polissage de certains outils, destiné à rendre le tranchant plus résistant, mais aussi à les embellir, est en effet caractéristique de cette période. On distingue classiquement les haches, dont le tranchant se situe dans le même plan que le manche, principalement utilisées pour couper les arbres; et les herminettes, dont le tranchant est perpendiculaire au plan du manche, et qui servent à équarrir et affiner les pièces de bois. Les haches étaient à l'origine fichées dans une gaine en bois de cerf percé d'un trou où venait s'insérer le manche. Puis, à partir du IIIe millénaire en Europe, elles peuvent être directement perforées, comme cet exemplaire. On parle pour cette forme particulière de «hache de bataille», dans la mesure où il s'agit souvent d'exemplaires soignés, déposés dans les tombes en signe de prestige, et non de simples outils.

C'est cet exemple clair, mais sans doute anecdotique, d'un affrontement entre agriculteurs, qu'on a généralisé au vu d'autres exemples beaucoup moins convaincants, comme à Vaihingen, à Wiedersted, à Kilianstädten, dans la grotte de Jungfernhöhle à Tiefenellern et dans celle de Hanseles Hohl à Fronhofen, à Wiesbaden-Erbenheim ou encore à Zauschwitz, tous des sites allemands, auxquels s'ajoute le cas hongrois d'Esztergalyhorvati et celui, autrichien, de Schletz à Asparn an der Zaya. En effet, une analyse détaillée de ces différents événements, tout comme celle qu'a réalisée l'archéologue allemand Thomas Link, démontre des faits beaucoup plus complexes. S'il y a bien à chaque fois plusieurs squelettes dans des fosses ou des fossés, toutes les morts ne sont pas toujours simultanées, les traces de blessures manquent souvent (si bien qu'il peut aussi s'agir d'épidémies) et, quand elles existent, ces traces peuvent aussi s'interpréter comme des rituels d'inhumation secondaire, où les corps ont été repris, manipulés, démembrés. De telles pratiques funéraires complexes, déjà évoquées, ne concernent pas que les rapports aux morts. Dans tout le premier Néolithique européen, depuis les Balkans jusqu'à l'Atlantique, les figurines en argile, majoritairement féminines, sont presque toujours volontairement brisées (chap. 4, p. 83-84) ; de même que les vases, de toutes provenances géographiques mais de confection soignée, retrouvés à Herxheim au milieu des ossements humains, avaient également été brisés volontairement.

En outre, les villages concernés continuent d'être occupés et ne sont donc pas abandonnés. Si les villages s'entourent parfois de palissades, ce ne sont pas toujours des dispositifs clairement défensifs, surtout lorsque les ouvertures sont très nombreuses. Enfin, cette culture de la Céramique linéaire, relativement uniforme en ses débuts, évolue ensuite différemment, du moins dans le style de ses poteries, dans les différentes régions où elle est établie, sans rupture historique majeure, à partir des premiers siècles du Ve millénaire. La « crise » de la fin du VIe millénaire serait donc très relative.

ET LA GUERRE S'INSTALLA

En revanche, à partir du milieu du Ve millénaire, et au-delà, les signes de tensions et de violences entre communautés humaines deviennent patents et se multiplient. En effet, la colonisation néolithique de l'Europe a atteint l'Atlantique, et elle ne pourra plus aller au-delà durant six millénaires supplémentaires – jusqu'au XVIe siècle de notre ère. Les sociétés européennes, en croissance continue de par leur mode de vie, devront survivre dans un espace désormais clos. Les terres sont à présent comptées et l'on marque son territoire, par des tombeaux mégalithiques (chap. 8, p. 164) et par de grands enclos faits de hautes palissades et de fossés discontinus, dispositifs curvilignes qui peuvent enclore des surfaces de plusieurs hectares, voire plusieurs dizaines d'hectares (chap. 4, p. 84). Ces enclos ont des fonctions cérémonielles évidentes, car on trouve dans les fossés des vases déposés intacts, des restes humains et animaux, des statuettes, comme à Bazoches-sur-Vesle ou à Maizy dans l'Aisne ; mais ils peuvent aussi avoir eu une fonction défensive, du moins lorsqu'ils renfermaient des habitations.

Plus généralement, les villages tendent à s'installer maintenant sur des hauteurs et à se fortifier avec des palissades, des fossés, des levées de terre, voire des murailles en pierres sèches. On colonise aussi les zones moins fertiles et moins commodes, jusque-là délaissées. Ainsi des régions de moyenne montagne ou de bords de lac : de fait, les cités lacustres du Jura et des Alpes, loin d'être des lieux de résidence idéale, sont la preuve d'un manque de territoire et d'une adaptation forcée à des zones marécageuses, voire inondables, peu favorables. Leur accès, comme à Chalain dans le Jura, est d'ailleurs protégé par des palissades.

Les traces de violence, et notamment les pointes de flèches en silex fichées dans les vertèbres, se multiplient. Ainsi, à Achenheim en Alsace, la palissade, doublée d'un profond fossé, était renforcée par des sortes de bastions. À l'intérieur du village, dans l'une des fosses, à l'origine un silo à céréales, avaient été jetés pêle-mêle et sans ménagement vers 4 200 ans avant notre ère les cadavres de six hommes et les restes de quatre autres individus, tous tués et découpés à grands coups de haches. Un exemple emblématique déjà évoqué est celui de l'infortuné Ötzi, l'homme des glaces retrouvé congelé en 1991 à la frontière entre l'Autriche et l'Italie : il est mort il y a 5 300 ans d'une flèche en silex tirée dans le dos, tandis que son poignard en silex portait l'ADN de plusieurs personnes.

C'est en effet l'époque où les premières armes sont fabriquées en tant que telles. Jusque-là on utilisait pour la violence entre humains des outils fabriqués dans d'autres buts : arcs, flèches et javelots pour la chasse, haches ou herminettes pour travailler le bois. Si les flèches continueront d'être utilisées (et jusqu'au XXe siècle par des sociétés traditionnelles d'Amazonie ou de Nouvelle-Guinée, sans compter l'archerie sportive), on invente les poignards, inconnus jusque-là. Ils sont faits d'une lame de silex symétrique, insérée dans un manche en bois renforcé d'osier avec une colle de résine, tels qu'on les retrouve dans les milieux humides des bords de lac, ou dans la glace pour celui d'Ötzi. Il existe aussi des poignards en bois de cerf, qu'on retrouve dans les tombes, ou qui sont parfois représentés. Si ces poignards, portés à la ceinture comme celui d'Ötzi, peuvent aussi passer pour des objets d'apparat, comme les épées des aristocrates européens, d'une part celui d'Ötzi a servi, d'autre part il est significatif que l'apparat soit justement lié à la violence guerrière.

On façonne aussi des haches en pierre qui ont tout de suite été interprétées par les archéologues comme des haches de bataille (voir p. 149) : elles sont d'une facture très soignée, perforées au milieu pour insérer un manche en bois, ont un tranchant d'un côté, tandis que l'autre côté est fait pour assommer. Les ethnologues Maurice Godelier et Pierre Lemonnier, qui travaillaient en Nouvelle-Guinée, emmenèrent avec eux jusqu'en France leur informateur papou, Koumayneu, afin de lui faire visiter leur pays, en échange de bons procédés. En visitant avec l'archéologue Anick Coudart le musée de préhistoire de Nemours, il identifia tout de suite et de lui-même une telle hache comme destinée à faire la guerre ! Il appartenait à une tribu, les Baruya, dont les traditions guerrières (et naguère anthropophages) étaient bien établies.

LA COURSE AUX ARMEMENTS

Aussi, lorsque le cuivre commence à être travaillé, en Europe orientale dès le VIe millénaire, ce qui permet de parler d'un Âge du cuivre ou Chalcolithique*, et en Europe occidentale à partir du IVe millénaire (chap. 3, p. 59), les objets en cuivre reprendront la forme de ceux de pierre ou d'os. On fabrique des haches plates en cuivre, comme celle qu'Ötzi transportait avec lui (en même temps que son poignard en silex), et des poignards en cuivre. Mais c'est un matériau peu résistant, qui ne prendra son essor qu'avec l'adjonction d'un dixième d'étain, ce qui produira le bronze* à l'âge du même nom. C'est aussi un matériau encore rare, qui ne se trouve que dans certaines régions d'Europe. Aussi continue-t-on à travailler le silex, en privilégiant celui d'une belle couleur jaune, qui rappelle le cuivre. Et sur certaines haches de bataille en pierre, on fait apparaître une nervure, qui copie celle qui subsiste sur les haches en métal, à la jointure des deux parties d'un moule.

Une idéologie nouvelle accompagne la montée en puissance de ces sociétés guerrières. Les statuettes féminines, représentations privilégiées depuis le Paléolithique et qui exprimaient des préoccupations centrées sur la sexualité, passent à l'arrière-plan. On en trouve de moins en moins, ou plus du tout, selon les cultures. À la place apparaissent, pour la première fois dans l'histoire, des figurations de guerriers. Elles peuvent se présenter sous la forme de statues-menhirs*, et on les trouve dans tout le sud de l'Europe, de l'Atlantique à la mer Noire, même s'il existe aussi quelques statues-menhirs féminines (chap. 4, p. 85, et chap. 8, p. 165). Les armes, poignards principalement, sont aussi représentées sur les gravures rupestres, comme dans la vallée des Merveilles, au pied du mont Bego près de Tende. Haches, poignards et pointes de flèches accompagnent désormais dans la tombe les personnages masculins les plus importants. Dans les sépultures de la culture dite Campaniforme*, à la fin du Chalcolithique et à l'orée de l'Âge du bronze, les hommes arborent aussi un brassard de pierre, qui protège le poignet du retour de la corde de l'arc.

L'invention du bronze au cours du IIe millénaire, qui nécessitait des réseaux d'approvisionnement encore plus complexes que ceux du seul cuivre et impliquait des techniques de fonte élaborées, va révolutionner l'armement. Le nouvel alliage est plus dur et résistant, et permet des formes nouvelles, de plus grande taille. Ainsi est créée l'épée, grâce à laquelle on peut désormais tuer son prochain de plus loin, mais aussi la lance, ou encore la hallebarde. Ce qui suscita en réaction, grâce à la tôle de bronze, l'invention défensive du casque, de la cuirasse, des jambières et du bouclier, amorçant une course aux armements qui, quatre mille ans plus tard, n'est toujours pas prête de s'achever...

La matière première reste cependant rare, et ces armes lourdes sont réservées aux personnages les plus importants. C'est pourquoi on fabrique aussi des cuirasses et des casques en cuir, des boucliers en bois recouverts de cuir – on en trouve encore des traces dans les combats entre Grecs et Troyens célébrés par Homère dans l'*Iliade*. Cette épopée, le plus ancien récit européen qui soit parvenu jusqu'à nous, a été couchée par écrit au VIe siècle avant notre ère, mais composée sans doute deux ou trois siècles plus tôt. Elle raconte, vrais ou déformés, des événements plus anciens encore et donne sans doute une idée de ce que pouvait être la guerre à l'Âge du bronze. Les chefs sont les mieux armés et les batailles se composent en partie de duels entre eux, sur le front de leurs troupes. Cependant, dans l'épopée homérique, la guerre n'est pas particulièrement prisée, et ses massacres et destructions sont souvent déplorés. À plusieurs reprises, des négociateurs tentent d'y mettre fin par un duel entre chefs, une sorte de jugement de Dieu – mais qui échoue à chaque fois, notamment à cause de l'intervention des dieux, eux-mêmes parties prenantes de l'un ou l'autre camp.

LA PREMIÈRE BATAILLE
DE L'HISTOIRE EUROPÉENNE

Or, au moment historique supposé pour la guerre de Troie (la vraie), vers - 1200 avant notre ère, se déroula à l'autre bout de l'Europe, à 3 000 kilomètres de là, une grande bataille sur les bords de la rivière Tollense, tout au nord de l'Allemagne, dans le Mecklembourg. C'est la plus ancienne trace archéologique d'une bataille – même si en Orient des batailles plus anciennes sont attestées par les textes. Sur plusieurs kilomètres, le long de cette petite et paisible rivière qui les a charriés, ont été retrouvés les ossements de plus d'une centaine d'individus et de nombreuses armes. Certaines étaient en bronze, comme des pointes de flèches et de lances ; mais d'autres en silex, comme des pointes de flèches, certaines fichées encore dans les os de leurs victimes ; et même d'autres en bois, de lourdes massues. La tourbe humide du fond de la vallée a en effet parfaitement préservé le bois et d'autres restes organiques. Comme les fouilles ont été encore limitées en surface, le nombre des morts fut certainement bien plus élevé, et les archéologues estiment que plusieurs milliers de combattants ont dû s'affronter lors de cette bataille.

Il n'a pas été retrouvé d'épées, armes très précieuses qui ont dû être récupérées par les survivants (on ignore encore qui a gagné), mais dont les ravages s'en lisent clairement sur les ossements de certains cadavres. C'est également la première fois que l'on possède la preuve de l'existence d'armes en bois – mais le demi-dieu grec Héraclès n'était-il pas armé d'une massue ? On a aussi la confirmation que les pointes de flèches en silex continuent à être utilisées en plein Âge du bronze et deux mille ans après la mort d'Ötzi, sans doute par les guerriers les moins fortunés – avec une efficacité qui reste assurée, comme le prouvent les blessures. Les analyses, encore en cours, des ossements humains, notamment par l'ADN, montrent qu'une partie des combattants n'est pas d'origine locale, mais plus méridionale. Il ne s'agit donc plus de querelles de voisinage comme au Mésolithique ou au Néolithique, mais bien de véritables guerres organisées et à grande échelle.

Cette bataille est sensiblement contemporaine d'autres charniers de l'Âge du bronze en Europe occidentale, comme à Nord-Trøndelag en Norvège ou Tormarton en Grande-Bretagne. C'est aussi le moment où, dans tout le bassin oriental de la Méditerranée, toute une série de brillantes civilisations s'effondrent par un effet domino et une combinaison complexe de dégradations climatiques, de famines, de révoltes internes et d'affrontements armés.

De fait, cette mise en place institutionnelle de la guerre est bien reflétée dans l'idéologie, telle qu'elle transparaît dans l'iconographie depuis le Chalcolithique, avec la représentation privilégiée d'hommes en armes et en figures de pouvoir, en même temps que les croyances s'orientent, de manière homothétique, autour d'un cosmos hiérarchisé dominé par le soleil, comme l'illustrent clairement au Danemark le char solaire de Trundholm, en Allemagne le disque de Nebra ou encore en Angleterre le sanctuaire de Stonehenge (chap. 4, p. 86). Ce que nous savons des plus vieilles religions d'Europe, même si les textes les plus anciens n'apparaîtront qu'un millénaire plus tard, le confirme. Tout comme les enquêtes de mythologie comparée, illustrées en particulier par les travaux de Georges Dumézil, disent l'importance fondamentale de la guerre pour la structuration des sociétés de l'Europe ancienne (chap. 4, p. 89).

Dès lors, nous rejoignons l'histoire, et les guerres que nous connaissons bien.

ET MAINTENANT ?

On peut conclure de ce panorama que si la violence semble attestée à toutes les époques de la préhistoire et de l'histoire, de par l'agressivité mal contrôlée de certains mâles humains, la guerre telle que nous la connaissons, y compris chez les sociétés traditionnelles, n'est le propre que de sociétés déjà nettement hiérarchisées, à savoir en Europe celles dites de l'Âge du bronze, à partir du IIIe millénaire au plus tôt. La guerre est indissociable de l'émergence des chefs, et elle s'accompagne de nouvelles représentations idéologiques exaltant en retour les chefs et les armes. Les guerres sont-elles désormais l'horizon indépassable de l'humanité, malgré tous les traités de paix et toutes les procédures d'arbitrage ? On peinerait à trouver, depuis la Seconde Guerre mondiale, la plus meurtrière de l'histoire humaine, plusieurs années de paix consécutives sur l'ensemble du globe. Les armes ne sont-elles pas l'un des commerces, légaux comme illégaux, les plus prospères de la planète ?

On ne saurait non plus oublier la violence interne aux sociétés. Depuis quelques décennies, « la guerre de tous contre tous » a été remise au premier plan : une société, une nation, voire une union de nations, ne doit plus fonctionner selon le principe de solidarité et comme une communauté de citoyens, mais selon la concurrence libre et non faussée qui, dans le droit fil du philosophe anglais Adam Smith à la fin du XVIIIe siècle, serait la seule capable d'apporter le bien-être, chacun rivalisant avec son voisin pour produire les biens et les services les meilleurs et au moindre prix. Ce qui, on peut le constater, ne marche pas, ne serait-ce que par manque d'une information complète, puisque les inégalités au contraire se creusent. Belle victoire posthume de Hobbes contre Rousseau ! Mais victoire provisoire… ?

Chapitre 8
Qui a inventé les tombes et les cimetières ?

De quand datent les premières tombes ? A-t-on toujours enterré les morts ? Et depuis quand les brûle-t-on ? Et n'y a-t-il pas de nombreuses autres façons de traiter les corps des défunts ? Et que met-on dans les tombes aux côtés du mort, et pourquoi ? Le mort est-il enterré pour toujours, ou bien y a-t-il des sociétés qui réexhument les morts ? Les monuments funéraires sont-ils construits pour les morts, ou pour les vivants ? Que nous dit la société des morts sur celle des vivants ? ?

« Philosopher, c'est apprendre à mourir », écrivait il y a quatre siècles et demi Michel de Montaigne, qui avait fait de sa vie oisive et cultivée, dans la bibliothèque de son confortable château bordelais, un véritable art. Les humains savent tous qu'ils mourront un jour ou l'autre, mais ce savoir abstrait devient chaque jour plus concret au fil de l'âge et de ses atteintes, et du décès de ses proches. Les animaux dits supérieurs, primates* en premier lieu, perçoivent la mort de leurs semblables, mais se désintéressent assez rapidement du cadavre et n'en font rien de particulier. Il n'y a pas jusqu'à présent de preuves que les formes humaines les plus anciennes, Australopithèques* et premiers *Homo erectus**, aient agi différemment.

LES PLUS ANCIENNES TOMBES

Le plus vieux rituel funéraire connu daterait d'il y a 300 000 ans. Une communauté d'*Homo erectus* de la sierra d'Atapuerca, près de Burgos dans le nord de l'Espagne, a déposé ses morts, une trentaine en tout, au fur et à mesure de leur décès, dans une cavité calcaire. Et elle a déposé à leurs côtés un beau biface* ovale en quartzite rouge, qui ne porte aucune trace d'utilisation. Il y avait déjà le sentiment que quelque chose devait être fait avec les morts, qu'on ne pouvait pas simplement les laisser là. Les *Erectus* étaient arrivés en Europe il y a deux millions d'années, mais ce rituel ne date que de la fin de leur évolution, quand ils débouchent progressivement, en Europe et au Proche-Orient, sur l'homme de Néandertal*. Les tombes individuelles avérées se multiplient alors, à partir de 100000 avant notre ère. On creuse une fosse dans laquelle le mort est couché en position fœtale et parfois accompagné d'objets, et même de fleurs, comme une analyse des pollens au fond d'une tombe l'a montré dans la grotte de Shanidar en Irak. Les Néandertaliens ont des capacités psychiques très proches des nôtres, et nous nous reconnaissons sans peine dans ces pratiques. On trouve ces tombes la plupart du temps dans des grottes, car elles y ont été mieux protégées, et l'attention des archéologues y est naturellement mobilisée. Il est probable que la plupart des tombes néandertaliennes creusées en plein air disparaissent sans attirer particulièrement l'attention.

Puis arrivent d'Afrique* les *Homo sapiens**, qui se mélangent à la marge avec les indigènes néandertaliens, les absorbent et les font finalement disparaître, même si quelques-unes de leurs traces sont enfouies au fond de nos gènes. On continue de creuser des tombes, comme on en creusera jusqu'à nos jours. On ne connaît cependant que très peu de tombes pour toute la période du Paléolithique* supérieur, entre - 35000 ans et - 10000 ans, soit moins d'une centaine sur une durée de 25 000 ans, si bien qu'on s'est parfois demandé si ces tombes n'étaient pas réservées à une élite sociale (chap. 6, p. 114). Mais leur faible nombre, et leur caractère peu spectaculaire et dispersé, ont dû faire, comme pour leurs prédécesseurs néandertaliens, qu'elles sont la plupart du temps détruites sans laisser de traces, sans même qu'on les remarque. Il existe des tombes multiples, où plusieurs défunts ont été déposés en même temps, comme à Sungir' en Russie (chap. 6, p. 113-114), ce qui implique dès cette époque des cérémonies funéraires complexes.

Si les tombes du Paléolithique sont des inhumations, les premières crémations commencent à être attestées à partir du Mésolithique*, il y a douze mille ans. À Concevreux par exemple, dans la vallée de l'Aisne, les cendres de deux individus avaient été déposées dans une fosse avec des défenses de sanglier, deux brochets, une peau de renard, des outils en silex*, un curieux cône en craie et une cinquantaine de canines de cerfs perforées appartenant à une ou plusieurs parures – et qui supposent l'abattage de vingt-cinq mâles adultes !

NAISSANCE DES CIMETIÈRES — ET DES DOLMENS

Avec le Néolithique* et l'agriculture sédentaire apparaissent les premiers cimetières, lieux permanents de dépôt des morts, ce qui implique aussi une plus forte présence de la mort, une mémoire matérielle permanente. Ces cimetières ne sont pas nécessairement situés en dehors du village. Au Proche-Orient, les défunts peuvent même être enterrés sous la maison, sous les pieds des vivants. Parfois on récupère les crânes, pour les déposer ailleurs ou pour leur modeler un visage d'argile, des yeux en coquillage, et les exposer ainsi au regard des descendants. Même lorsque de véritables cimetières sont établis, comme dans la plupart des sociétés néolithiques européennes, il est fréquent que les enfants soient inhumés à proximité immédiate de la maison, ou même en dessous, à la différence des adultes. La crémation a été également pratiquée dans le Néolithique européen, mais elle reste rare, même s'il arrive qu'elle soit la règle dominante pour un village donné, comme à Zarko en

Grèce vers 5300 avant notre ère, ou à Aiterhofen en Bavière, à peu près à la même époque, les communautés voisines ne la pratiquant pas.

L'inhumation est donc le mode funéraire le plus répandu, le mort étant le plus souvent déposé en position fœtale plutôt qu'allongé sur le dos, ce qui pourrait évoquer une seconde naissance. Il est fréquent qu'on le saupoudre d'ocre rouge, peut-être une allusion au sang et à la vie. Les récipients déposés à ses côtés, précieux indicateurs culturels et chronologiques pour les archéologues grâce aux variations régulières de leurs styles décoratifs dans l'espace et le temps, devaient contenir de la nourriture pour l'au-delà, mais jusqu'à présent les analyses chimiques ont été rares, car elles sont complexes et coûteuses, ou bien n'intéressaient pas les archéologues. Un outillage, variant selon le sexe, peut accompagner le défunt, qui porte ses parures personnelles. Toutefois, caractéristique des premiers temps du Néolithique européen, ce mode opératoire n'est pas toujours aussi simple. Il est des périodes où les tombes sont beaucoup plus rares, ce qui suppose d'autres modes de traitement funéraire. En France par exemple, à l'Âge du bronze* et au début de l'Âge du fer, les tombes sont proportionnellement beaucoup moins fréquentes, alors qu'elles sont de nouveau abondantes dans la seconde partie de l'Âge du fer, tout comme pendant la période romaine et le premier Moyen Âge.

C'est au cours du Néolithique que les tombes nous révèlent, soit par les objets qu'emporte le défunt, soit par l'architecture funéraire elle-même, l'accroissement des inégalités sociales (chap. 6, p. 118). Les monuments mégalithiques sont la forme la plus spectaculaire de l'exaltation de la puissance des chefs, protégeant leur corps et leurs richesses à jamais enfouies, et ancrant leurs sujets dans le territoire. Ils commencent modestement par de petits tertres de terre élevés au-dessus de certaines tombes plus importantes, parfois renforcés par des palissades ou des pierres. Dans les vallées de l'Yonne et de la Seine, comme à Passy-sur-Yonne, ils sont précédés, vers 4600 avant notre ère, d'une longue allée bordée de part et d'autre par une palissade. On trouve ces petits tertres jusqu'en Bretagne, comme celui du

Manio à Carnac. Mais ils prennent rapidement des dimensions gigantesques. Le tumulus* Saint-Michel, à Carnac également, est une masse de terre, en plusieurs couches, de trente mille mètres cubes qui mesure plus de cent vingt mètres de longueur, une soixantaine de largeur et une dizaine de hauteur, élevée vers 4500 avant notre ère. La chambre funéraire contenait aussi bien de longues haches vertes en jadéite venues du mont Viso dans les Alpes que des perles en variscite provenant de Catalogne. Mais le sol acide de la Bretagne a dissous la plupart du temps les ossements, ce qui limite nos observations sur le nombre et la qualité des défunts.

Ce type de tumulus, dit à juste titre « géant », n'est pas unique dans l'Ouest de la France, mais reste rare. On préfère bientôt, plutôt que des élévations de terre aussi imposantes, débiter et transporter des dalles de pierre de plusieurs dizaines de tonnes, faisant véritablement de ces monuments des mégalithes* (du grec *mégas*, grand, et *lithos*, pierre). S'agissant de dalles de granite, qui ne pouvaient être travaillées qu'avec des moyens rudimentaires (éclatées au feu ou par des coins de bois arrosés d'eau, ou martelées avec des masses en quartz), il s'agit d'exploits techniques qui supposent de la part des utilisateurs futurs de ces tombeaux un grand pouvoir de persuasion sur leurs sujets. Ces dalles étaient tirées à l'aide de cordes et roulées sur des rondins, comme cela a pu être reproduit de manière expérimentale. Le dolmen le plus spectaculaire de France est sans doute celui de Gavrinis (« l'île aux chèvres » en breton) dans le golfe du Morbihan, dont les parois sont entièrement gravées de représentations (haches, serpents, figures humaines schématiques) et de signes abstraits. La chambre funéraire est recouverte de l'un des trois morceaux d'un grand menhir, qui mesurait à l'origine quatorze mètres de haut, et dont un autre fragment recouvre, non loin de là, un autre dolmen célèbre, la table des Marchands à Locmariaquer. Ces bris volontaires sont aussi l'indice de probables tensions sociales, sinon idéologiques, et l'on connaît même, non loin de là, à Belz, toujours dans le Morbihan, tout un groupe de menhirs volontairement abattus et enterrés, dès la période néolithique.

Mégalithes

Formés de *mégas* (« grand » en grec ancien) et *lithos* (« pierre »), les mégalithes* désignent des monuments construits en pierres massives, lesquelles peuvent atteindre plusieurs dizaines, voire plusieurs centaines de tonnes. Ces monuments sont surtout propres aux sociétés préhistoriques. On a également manipulé de lourdes pierres lors de périodes plus récentes, comme pour construire les murs dits « cyclopéens » de l'Antiquité grecque, les obélisques égyptiens et aussi romains, voire modernes (comme à Washington, Buenos Aires ou Nancy), les pyramides égyptiennes, certains temples romains comme ceux de Baalbek (où se trouvent les plus grosses pierres jamais taillées par l'homme d'un seul tenant). Les pierres des monuments préhistoriques ne sont en revanche que sommairement dégrossies.

On distingue les mégalithes à usage funéraire (pour lesquels on utilise souvent le terme de dolmen, « table en pierre » en breton) et ceux à fonction de signalement ou de délimitation, les menhirs (« pierre longue » en breton) – un peu comparables aux obélisques égyptiens.

Les monuments funéraires mégalithiques les plus anciens se rencontrent sur la côte atlantique de l'Europe, à partir de 4500 environ. Ils se composent d'une chambre funéraire, à laquelle on accédait par un couloir, le tout étant recouvert d'un vaste tumulus de pierres et de terre, protégeant la chambre, tout en signalant le monument de loin, enracinant ainsi la communauté dans son territoire. De tels monuments sont évidemment réservés aux dominants, et les morts étaient accompagnés de biens précieux, par exemple des haches polies en jadéite provenant des Alpes ou des perles en variscite venues de Catalogne. Ces monuments funéraires, dont le principe est celui des pyramides égyptiennes, se retrouvent à différents moments dans des régions du monde très variées ; il ne s'agit donc pas d'un phénomène unitaire. Ils se rencontrent en Grèce du Nord-Est, en Bulgarie et dans le Caucase au dernier millénaire avant notre ère, en Inde dès le IVe, sinon le Ve millénaire, en Afrique du Nord au IIe millénaire avant notre ère, en Mandchourie, Corée et Japon au Ier millénaire avant notre ère jusqu'au Ier millénaire de notre ère, à Madagascar jusqu'à une période récente, en Colombie au Ier millénaire avant notre ère. Si certaines chambres pouvaient être de grande taille et parfois décorées de gravures, d'autres sont plus modestes : c'est le cas des allées couvertes* de la fin du IVe millénaire et du IIIe millénaire en Europe, où l'on accumulait des dizaines, sinon des centaines d'individus au fur et à mesure des décès. On parle aussi de « ciste » quand il s'agit d'un simple coffre en pierre, qui ne peut loger qu'un seul ou un très petit nombre d'individus.

Les menhirs, ou pierres levées, se rencontrent également, isolés, en alignement (comme à Carnac) ou en cercles (les cromlechs), dans de nombreuses régions, comme l'Europe occidentale, la Corse (plutôt au IIe millénaire), l'Inde, la Corée, le Japon, l'Afrique du Nord, le Sénégal, l'Éthiopie, la Colombie ou le Brésil. Ces pierres peuvent signaler un tombeau, délimiter un espace rituel et ont parfois été interprétées comme de possibles observatoires, en lien avec certains événements astronomiques. Le cas est patent pour Stonehenge, dans le sud de l'Angleterre, où le soleil se lève dans l'axe du monument circulaire le jour du solstice d'été. Les statues-menhirs* sont un cas particulier de pierres levées, qui adoptent des formes humaines sommaires, figures féminines ou guerriers, ou peuvent être simplement décorées de motifs divers, astres, armes, animaux, etc. Elles se rencontrent, là encore, en divers points du monde.

VERS MOINS DE DÉMESURE

À ces monuments démesurés, qui s'imposent pendant plusieurs siècles sur les bords de l'Atlantique, du Portugal au Danemark, mais particulièrement sur la côte bretonne, succèdent à partir de 3500 environ avant notre ère des monuments beaucoup plus modestes et collectifs. Il s'agit de coffres en pierre, plus rarement en bois, appelés par les archéologues allées couvertes, d'environ deux mètres de large et d'une vingtaine, en moyenne, de longueur, où l'on accédait par une dalle percée d'un orifice circulaire, et qui n'étaient souvent plus recouverts par un tertre de pierre ou de terre. Au lieu de quelques individus hors du commun accompagnés d'objets de luxe, ce sont plusieurs dizaines, voire plusieurs centaines de corps qui y étaient déposés au fur et à mesure des décès, et presque sans objets d'accompagnement. Des analyses anthropologiques ont montré que les défunts étaient souvent regroupés par famille au sein de ces monuments. Lorsqu'il y avait foule à l'intérieur de la chambre funéraire, on repoussait les ossements plus anciens à la périphérie ou bien on les regroupait. À certains moments, le monument était « condamné », incendié et recouvert de terre, par exemple, et définitivement abandonné.

Il semble donc qu'avec ces allées couvertes la pyramide sociale se soit nettement abaissée et que les rituels funéraires, visiblement minimalistes, soient maintenant accessibles, sinon à toute la communauté, du moins à des clans familiaux, dont on peut supposer qu'ils ont été le lieu de résistance à des pouvoirs personnels excessifs. Bien plus tard, lorsque nous disposons de textes, les luttes de pouvoir entre les grandes familles aristocratiques et les individus aspirant à la tyrannie sont une constante des sociétés grecques et romaines.

Après quelques siècles de tombeaux collectifs, les sociétés européennes reviennent au début du IIIe millénaire avant notre ère à des tombes individuelles, mais recouvertes d'un tumulus* pour les personnages de marque. Le tumulus tend cependant à se « démocratiser » au cours du IIe millénaire avant notre ère.

INHUMER OU INCINÉRER ?

Vers la fin de ce même IIe millénaire, un rituel devient majoritaire, celui de l'incinération. Elle était présente, on l'a vu, dès le Mésolithique, comme à Concevreux dans l'Aisne, ou épisodiquement au Néolithique*, comme à Aiterhofen en Bavière. Mais elle devient la règle à partir de - 1200, à l'Âge du bronze* final, dans une bonne partie de l'Europe, au point qu'on a parfois pensé que cette généralisation était l'effet d'une migration, sinon d'une invasion massive, avant de reconnaître qu'il s'agissait seulement de la diffusion d'une pratique, peut-être assortie de croyances particulières. À partir du dernier millénaire avant notre ère, et au-delà, alterneront, dans le temps et dans l'espace, des sociétés qui pratiquent majoritairement l'incinération, comme les Germains, les Grecs, les Romains, tandis que d'autres préfèrent l'inhumation, comme une partie des Celtes, avant que ces derniers n'adoptent à leur tour l'incinération. La description minutieuse des funérailles de Patrocle, l'ami d'Achille tué par Hector dans l'*Iliade*, nous indique à quoi pouvaient ressembler les cérémonies funéraires somptueuses des élites aux alentours de l'an mille avant notre ère.

Au début de notre ère, tandis que l'Empire romain étend peu à peu son emprise sur l'Europe et le bassin méditerranéen, l'inhumation s'y généralise, avant même l'expansion du christianisme, qui condamnera violemment l'incinération au nom de la résurrection des corps – tout comme le judaïsme et l'islam, à rebours de l'hindouisme et du bouddhisme.

Le traitement du cadavre, à l'échelle de la planète, ne se réduit pas à l'alternative entre inhumation et incinération. Certaines sociétés pratiquent son exposition du cadavre en plein air, sur un arbre ou bien dans une tour pour qu'il soit dévoré par les oiseaux de proie (les tours du silence* des zoroastriens et des parsis). D'autres les posent sur un radeau confié au fil de l'eau. Beaucoup ré-interviennent sur le corps, en partagent les morceaux, les dispersent ou les rassemblent – nos catacombes ne sont pas autre chose. D'autres enfin les consomment (chap. 7, p. 139-140).

Si la plupart des sociétés européennes déposaient depuis le Néolithique les défunts en terre dans des cimetières en dehors des villes et des villages, les morts étant par nature considérés comme impurs par les Romains par exemple, le christianisme les replacera au milieu des vivants, les tombes se pressant autour de l'église paroissiale, bénéficiant parfois même de l'eau de pluie gouttant du toit, devenue bénite par son contact avec l'édifice sacré. Cette présence des défunts au milieu des vivants n'est sans doute pas sans rapport avec l'omniprésence de la mort et de la souffrance dans cette religion, avec son dieu, fils de Dieu, torturé sur la croix, et ses nombreux saints longuement martyrisés, partout représentés comme tels dans les espaces sacrés ou privés. Le christianisme interdira également le dépôt d'objets dans les tombes, considéré comme païen (ce qui ne facilite pas le travail des archéologues !), même si dans la religion orthodoxe il n'est pas rare encore aujourd'hui, en milieu rural, d'organiser un repas funéraire sur la tombe du défunt à honorer et d'y déposer des reliefs, voire des cigarettes. Le protestantisme interdira à son tour tout dépôt funéraire et tout culte funéraire, le mort étant seulement déposé nu dans son linceul, comme l'ont confirmé les fouilles archéologiques. Et c'est aussi le cas de l'islam rigoriste, y compris pour les personnages les plus importants.

De nos jours, l'incinération tend à nouveau à se répandre, mais cette fois pour des raisons économiques et des contraintes de place, même si elle donne parfois lieu à de nouveaux rituels, comme la dispersion des cendres dans tel ou tel lieu choisi par le défunt ou ses proches.

La mort d'un proche restera toujours un événement très douloureux et difficile à traverser. L'archéologie nous confirme, dès *Homo erectus* au moins, que ce souci essentiel est présent chez tous les humains ; et, à partir du Néolithique et des premiers cimetières permanents, elle nous donne à voir, jusqu'à nos jours, l'infinie variété des pratiques destinées, sinon à exorciser la mort, du moins à la rendre (à peu près) supportable.

Chapitre 9

Qui a inventé la domination masculine ?

Aujourd'hui toutes les sociétés humaines sont, à des degrés divers, dominées par les hommes (mâles). Cela a-t-il toujours été le cas ? Ou quelque chose s'est-il passé pendant les millénaires zappés ? A-t-il existé jadis des sociétés « matriarcales », où le pouvoir politique aurait été détenu par les femmes, comme le racontent certaines mythologies ? Si les malheurs sont venus des femmes, Ève par exemple, si l'on en croit plusieurs religions, est-ce pour justifier le pouvoir des hommes ? La division du travail entre femmes et hommes est-elle la même dans toutes les sociétés et y a-t-il des interdits ? Les hommes ont-ils au fond peur des femmes et rêvent-ils de s'en passer, si l'on en croit certains cérémoniels ? Y a-t-il un rapport entre la domination masculine et la domination tout court ?

Des mythes anciens chez les Papous de Nouvelle-Guinée, mais aussi dans bien d'autres régions du monde, l'attestent : à l'origine, ce sont les femmes qui avaient le pouvoir. Malheureusement, elles s'en servaient très mal, si bien que les hommes durent le leur reprendre, afin de remettre l'univers en bon ordre. Ainsi, chez les Baruya, les femmes avaient inventé les flûtes sacrées et étaient les seules à les posséder et à en jouer ; elles avaient aussi inventé l'arc et les flèches, mais tuaient beaucoup trop de gibier, car elles en usaient mal. Les hommes leur reprirent donc le tout par la force, et les gardent depuis lors. Ces flûtes ne sont pas seulement un instrument de musique : elles sont indispensables aux initiations des jeunes garçons et leur nom secret est le même que celui du sexe féminin. Ces initiations masculines, nous y reviendrons, ont pour propos de remédier à ce scandale : ce sont les femmes qui font les enfants et l'on ne peut se passer d'elles.

ÈVE ET PANDORE

Au VIIIe siècle avant notre ère, le poète grec Hésiode raconte dans *Les Travaux et les Jours* comment Zeus, le roi des dieux, décide de se venger des hommes (mâles – il n'y avait qu'eux à ce moment-là) qui jusque-là « vivaient sur la terre, exempts des tristes souffrances, du pénible travail et de ces cruelles maladies qui amènent la vieillesse », mais auxquels Prométhée vient de donner le feu après l'avoir volé aux dieux. Zeus, pour les punir, décide de leur « envoyer un funeste présent dont ils seront tous charmés au fond de leur âme, et entoureront d'amour leur propre mal » : la femme ! Il la fait fabriquer à l'image des déesses et à base de terre et d'eau par Héphaïstos, le dieu forgeron ; Athéna lui apprend les travaux domestiques et notamment le tissage ; Aphrodite lui donne la grâce, mais aussi lui « inspire les violents désirs [*pothos* en grec] et les soucis dévorants » ; enfin, Hermès lui « inspira l'art du mensonge, les discours séduisants et le caractère perfide », et il la nomma « Pandore » (« tous les dons »), « parce que chacun des habitants de l'Olympe lui avait fait un présent pour la rendre funeste aux hommes mangeurs de pain ». Elle reçoit un grand vase fermé, avec l'ordre de ne pas l'ouvrir, ordre qu'elle ne respecte évidemment pas, et s'en échappent tous les maux, à l'exception de l'Espérance, Pandore ayant réussi à remettre le couvercle au dernier moment.

À peu près à la même époque, les rédacteurs de la Bible racontent au tout début du texte sacré comment « Dieu modela l'homme avec la glaise du sol », l'installa dans le jardin d'Éden et lui précisa : « De l'arbre de la connaissance du bien et du mal, tu ne mangeras pas. » Mais il se dit aussi : « Il n'est pas bon que l'homme soit seul. Il faut que je lui fasse une aide qui lui soit assortie. » Il créa donc tous les animaux, l'homme les nomma, mais « ne trouva pas d'aide qui lui fût assortie ». Dieu endormit donc l'homme, lui prit une côte, en façonna une femme et la lui apporta. L'homme s'écria : « À ce coup, c'est l'os de mes os et la chair de ma chair ! Celle-ci sera appelée "femme", car elle fut tirée de l'"homme" » – en hébreu, l'homme se dit *îsh* et la femme *ishshah*.

On connaît la suite : le serpent explique à Ève l'intérêt du fruit défendu, celle-ci « vit que l'arbre était désirable pour acquérir l'entendement », elle et Adam mangent le fruit, s'aperçoivent alors qu'ils sont nus et s'habillent de pagnes cousus en feuilles de figuier, ce qui les dénonce auprès de Dieu, « qui se promenait dans le jardin à la brise de jour ». Dieu maudit le serpent et annonce à la femme : « Je multiplierai la peine de tes grossesses ; c'est dans la peine que tu enfanteras des fils. Ton désir te portera vers ton mari, et celui-ci dominera sur toi. » À Adam, il commence ainsi : « Parce que tu as écouté la voix de ta femme et que tu as mangé de l'arbre dont je t'avais interdit de manger, maudit soit le sol à cause de toi ! » Et il lui promet une vie de travail, de peine et de sueur, jusqu'à ce qu'il retourne à la glaise d'où il vient ; puis il les bannit à jamais de l'Éden, après les avoir « vêtus de tuniques de peau ».

JADIS, LE POUVOIR DES FEMMES ?

D'un bout à l'autre de la planète, les choses sont claires : tout le mal vient des femmes, mais ce mal est indissociable du désir sexuel qu'elles inspirent aux hommes, finalement malgré eux. Pandore a été conçue par Zeus pour se venger des hommes (mâles) ; Ève et ses descendantes sont punies par leur désir, qui les rend esclaves de leurs époux ; les ancêtres femmes chez les Papous ont perdu leurs pouvoirs originels, liés au contrôle de la sexualité. Si la domination des hommes sur les femmes est sans doute la forme première de domination, et si elle paraît aussi universelle, peut-être a-t-elle à voir avec la façon dont les sociétés humaines vivent la sexualité ?

Les plus anciennes représentations humaines jamais créées par l'homme, on l'a vu (chap. 4, p. 75), sont des statuettes de femmes nues aux traits sexuels exagérés, qui semblent bien illustrer un point de vue masculin sur la sexualité. Or les humains, on l'a évoqué aussi, sont les seuls primates*, et plus généralement les seuls mammifères, chez qui la sexualité ne connaît pas de pauses, ce qui est une menace constante pour l'ordre social. Il est difficile de ne pas voir dans ces statuettes l'écho des préoccupations que nous ont transmises les mythes des Grecs, des Hébreux ou des Papous, tels que nous venons de les voir : les femmes sont pour les hommes des objets permanents de désir (et par ailleurs indispensables à la perpétuation de la société), et incarnent même le désir dans ce qu'il a de plus fondamental. Peinant à contrôler leurs propres pulsions, les hommes vont en rejeter la responsabilité sur les femmes et leur concupiscence prétendue. Elles seront rabaissées et culpabilisées, et une construction idéologique en apportera la justification – avec le consentement des intéressées.

Paradoxe, les savants du XIXe siècle, et leurs successeurs jusqu'à aujourd'hui, prirent à la lettre ces manipulations – en grande partie inconscientes, comme toute manifestation idéologique. Remarquant la prédominance des figurations féminines au Paléolithique* et au début du Néolithique*, ils en déduisirent que les premiers temps de l'humanité auraient vu la domination des femmes, sous la forme d'un matriarcat primitif. Ces thèses sont exposées le plus explicitement dans le livre du juriste et rentier suisse Johann Jakob Bachofen, publié en 1861, *Le Droit maternel* [*Das Mutterrecht*], *recherche sur la gynécocratie de l'Antiquité dans sa nature religieuse et juridique*. Cette vaste fresque prétend retracer l'histoire de l'humanité, avec une sexualité bestiale et indifférenciée des débuts, puis un monde mis en ordre par les femmes, une gynécocratie, suivie néanmoins par une prise de pouvoir, jusqu'à présent définitive, par les hommes.

La démonstration de Bachofen reposait sur peu de chose, si ce n'est ces découvertes de statuettes féminines préhistoriques, et certains aspects de la religion grecque, où des déesses féminines jouent un grand rôle, comme Gaïa, la déesse primordiale de la terre, mariée à Ouranos, dieu primordial du ciel, ou encore Athéna, ou surtout Déméter, la déesse des moissons et de la fertilité. On célébrait son culte dans le sanctuaire d'Éleusis, non loin d'Athènes, lors de cérémonies d'initiation secrètes, les Mystères* – littéralement « ce dont on ne parle pas », qui ont donné notre mot « mystère ». Ces cérémonies, dont très peu a filtré et qui comportaient plusieurs niveaux d'initiation, d'ailleurs conduites surtout par des hommes, semblent avoir évoqué l'histoire de Déméter et de sa fille Perséphone enlevée par le dieu des Enfers Hadès, ainsi que les questions de la fertilité, sinon de la sexualité, et la révélation finale d'objets sacrés – comme dans beaucoup de cérémonies initiatiques. Il s'était cependant passé au moins vingt mille ans, sinon le double, entre les statuettes du Paléolithique et les Mystères d'Éleusis.

LE DESTIN DU MATRIARCAT

Le livre, assez indigeste, de Bachofen aurait pu tomber dans l'oubli, mais il eut une grande influence, d'une part sur les théories historiques marxistes originelles, d'autre part sur les mouvements féministes, anciens ou actuels. Il a été lu par Lewis Morgan, le fondateur de l'ethnologie moderne, dont l'ouvrage, publié en 1877, *Ancient Society*, aura une influence décisive sur Marx et Engels et sur leur propre livre, *L'Origine de la famille, de la propriété privée et de l'État*, publié par le second en 1884, peu de temps après la mort du premier. Morgan décrit d'une manière linéaire l'évolution des sociétés humaines, depuis les plus simples jusqu'à nos jours, évolution historique qui reste encore aujourd'hui acceptable en très gros, mais totalement périmée dans le détail, étant donné les immenses progrès de l'archéologie depuis lors. Néanmoins cet ouvrage, tout comme l'idée d'un matriarcat primitif des premiers temps de l'humanité, restera une référence obligatoire dans les anciens pays de l'Est jusqu'en 1990. Les mouvements féministes, du XIXe siècle à nos jours, seront l'autre courant intellectuel influencé par Bachofen, que nous aborderons plus loin, car il concerne surtout le Néolithique.

Depuis le temps de Bachofen et de Morgan, les enquêtes ethnographiques ont quadrillé le monde entier et les ethnologues ont recensé dans l'ensemble du monde environ dix mille sociétés humaines, passées ou présentes. Dans aucune les femmes n'ont le pouvoir politique, ou même un pouvoir comparable à celui des hommes, même si l'oppression qu'elles subissent est à des degrés variables selon les sociétés. S'il existe quelques très rares cas de polyandrie*, c'est-à-dire du mariage d'une même femme avec plusieurs hommes, notamment au Tibet, il ne s'agit pas d'un pouvoir particulier que détiendraient ces femmes, des sortes de harems masculins, mais de compenser le nombre insuffisant de femmes disponibles pour les mariages. Une telle tendance semble d'ailleurs se dessiner aujourd'hui en Inde et en Chine où, « grâce » à l'échographie et aux diagnostics prénataux, l'infanticide des filles a atteint un niveau effarant, avec un déficit en naissances féminines de l'ordre de plusieurs centaines de millions.

On ne peut pas non plus interpréter la matrilinéarité, c'est-à-dire la transmission de l'héritage, voire du nom, par les femmes et non par les hommes, comme le signe d'un plus grand pouvoir que détiendraient les femmes : si cette coutume est bien attestée dans diverses sociétés, elle exprime seulement que la filiation par la mère est réputée plus sûre que celle par le père, puisque l'on est en principe toujours certain d'être enfant de sa mère (il y a en général des témoins de la naissance), mais un peu moins certain de l'être de son père (il y a en général peu de témoins de la conception).

PRÉOCCUPATIONS SEXUELLES PRÉHISTORIQUES

Dans tous les cas, l'archéologie ne valide pas non plus l'hypothèse d'un matriarcat préhistorique ; ou, s'il a existé, il n'en est aucune preuve tangible d'aucune sorte. Les plus anciennes représentations humaines paléolithiques, les Vénus déjà évoquées aux caractères sexuels outrageusement exagérés (seins, sexe, fesses) révèlent beaucoup plus un regard masculin sur la femme érotisée qu'une préoccupation féminine touchant à la fécondité (chap. 4, p. 75). Il n'y a d'ailleurs à peu près aucune représentation d'enfants, seuls ou allaités, et guère plus de scènes d'accouchement, sinon discutées, dans l'art préhistorique. De même, la mise en valeur des fesses, qui ne jouent aucun rôle dans la reproduction, plaide aussi pour une signification essentiellement érotique, toujours d'un point de vue masculin. Outre ces représentations de femmes entières, il existe de très nombreuses figurations de sexes féminins, réduites à un triangle ou à un ovale, barrés d'un trait vertical, qui parsèment les parois des grottes. Dans la grotte périgourdine de Font-de-Gaume, un repli calcaire de la paroi a été à dessein enduit d'ocre rouge, donnant à l'ensemble l'aspect troublant et réaliste d'une vulve féminine, un procédé observé dans d'autres grottes du Sud-Ouest, comme à Gargas, Niaux, Villars ou Guy-Martin.

Il existe certes quelques représentations de sexes masculins. On a pensé voir un godemichet dans un objet en pierre de la grotte allemande de Hohle Fels – d'où provient aussi la plus ancienne Vénus connue, cet objet appartenant cependant à une couche stratigraphique un peu plus récente que celle où a été trouvée la Vénus. D'autres phallus en os ou en ivoire proviennent de l'abri Blanchard, de Bourdeilles, du Mas d'Azil, et du vallon de Gorge d'Enfer aux Eyzies, dans ce dernier cas un double phallus, opposé par le milieu. Si les représentations d'hommes sont beaucoup plus rares que celles de femmes et, la plupart du temps, peintes ou surtout gravées, de facture fort sommaire, elles sont ithyphalliques dans près de la moitié des cas, c'est-à-dire qu'elles ont le sexe en érection. Certaines statuettes d'Europe orientale, comme à Dolni Věstonice en République tchèque ou à Mal'ta en Sibérie russe, semblent volontairement ambiguës : en ivoire, elles peuvent évoquer aussi bien une silhouette féminine avec une tête très allongée et des seins marqués qu'un sexe masculin, ce qui est pris pour les seins pouvant figurer les testicules, et la tête et le cou allongé figurant la verge et le gland.

Ainsi la sexualité semble fortement présente dans les préoccupations de ces sociétés de chasseurs-cueilleurs, au demeurant de petite taille – comme elle le restera, plus ou moins explicite et plus ou moins formulée, dans toutes les sociétés humaines à venir. Et ce n'est pas forcer les données que d'y voir, à cette époque comme plus tard, et à psychisme humain identique, un point de vue essentiellement masculin, préoccupé par la compréhension et le contrôle de la sexualité féminine. L'espèce humaine est en effet, de tous les autres primates, la seule où la sexualité n'est pas marquée par des moments de pause, alors que les femelles chez les autres primates ne sont réceptives qu'à certains moments de leur cycle. Elle peut être pratiquée à tout instant, ce qui est à la fois une source de satisfaction, mais aussi de perpétuelles tensions sociales, comme chacune et chacun aura pu le mesurer. De fait, les plus anciens récits, de l'*Iliade* à l'épopée de Gilgamesh, narrent des catastrophes dues à des infractions sexuelles – tel l'enlèvement d'Hélène, épouse du roi spartiate Ménélas, par le prince troyen Pâris, qui causera les dix années de la guerre de Troie et la destruction de toute une ville et de sa population (chap. 4, p. 88). On ne sait d'ailleurs pas dans l'*Iliade* si Hélène a été victime d'un rapt ou au contraire si elle a succombé d'elle-même au charme de Pâris ; toujours est-il qu'elle ne cherche nullement à rejoindre l'armée grecque qui est venue la réclamer sous les remparts de la ville, mais qu'elle assume sa nouvelle situation matrimoniale dans les bras du beau prince.

On retrouve ces préoccupations sur les frontons des temples grecs, avec le combat des Grecs contre les Amazones, ces femmes qui veulent se passer des hommes ; ou bien l'enlèvement des femmes lapithes, une tribu de Thessalie, par les centaures. L'histoire de Rome commence aussi avec l'enlèvement des Sabines par leurs voisins romains, lesquelles parviendront ensuite à éviter une guerre entre leurs nouveaux époux et les Sabins venus les récupérer.

UNE EUROPE NÉOLITHIQUE MATRIARCALE ET PACIFIQUE ?

L'avènement de l'agriculture et de l'élevage, la plus importante rupture dans l'histoire humaine, s'est nécessairement accompagné de bouleversements dans les idéologies et les représentations, mais sans rupture immédiate visible (chap. 4, p. 77, et chap. 5, p. 100). Pendant la première partie du Néolithique*, la tradition se poursuit des figurines féminines nues, en argile cuite, en pierre ou en os, aux traits sexuels exagérés, qui, découvertes plutôt à l'intérieur ou à proximité des habitations, évoquent des cultes domestiques.

En se fondant sur leur abondance, l'archéologue lituano-américaine Marija Gimbutas, disparue en 1994, a remis au goût du jour la vieille théorie du matriarcat primitif de Bachofen. Dans plusieurs livres, notamment *Le Langage de la déesse* (traduction en 2005 aux éditions féministes Des Femmes d'un livre de 1989), elle prétend reconstituer tout un panthéon de déesses féminines sous l'égide d'une grande déesse-mère, dans une société néolithique européenne idéale, matriarcale, matrilinéaire et pacifique, où l'on vivait dans de grands villages ouverts et où l'une des activités principales était la création artistique, illustrée par les formes et les décors peints des poteries et les figurines sculptées. C'était « la Vieille Europe » (*the Old Europe*).

Puis auraient surgi des steppes d'Ukraine et de Russie, au cours du IVe millénaire avant notre ère et en plusieurs vagues successives, des hordes de guerriers à cheval, parlant des langues indo-européennes*, ne fabriquant que des vases frustes et peu décorés, vivant dans des maisons en partie enterrées dans le sol et ensevelissant leurs chefs sous des tumulus* de terre, les *kourganes* – un mot local d'origine tartare qu'utilise Gimbutas pour désigner l'ensemble de cette culture*. Ils auraient donc mis à bas toute la civilisation prospère, créative, féminine et pacifique de la « *Old Europe* » pour faire régner leur brutal ordre barbare et mâle, dont nous descendrions directement. Ils auraient apporté dans le même temps, à partir de leur région d'origine, les langues dites indo-européennes, qui se seraient ensuite répandues avec eux, au gré de leurs conquêtes, dans une grande partie de l'Eurasie, pour donner naissance aux différents peuples antiques historiquement connus parlant des langues indo-européennes (Grecs, Perses, Celtes, Germains, Latins, Hittites, Baltes, Slaves, Hindous, etc.).

De nombreuses critiques ont été adressées à ce schéma beaucoup trop simple (chap. 10, p. 204). On retiendra seulement, d'une part, que l'idée d'une grande déesse-mère primordiale est un anachronisme, un retournement ou renversement simpliste des religions patriarcales que nous connaissons, qui supposent elles-mêmes des sociétés très hiérarchisées et étatisées, ce qui n'était nullement le cas de ces sociétés néolithiques. D'autre part, l'archéologie n'observe aucun déferlement généralisé depuis les steppes sur l'ensemble de l'Europe à cette époque.

L'EXALTATION DU POUVOIR MÂLE

Néanmoins, si les premiers agriculteurs du Néolithique poursuivent un temps les traditions idéologiques et figuratives de leurs ancêtres du Paléolithique, leurs rituels et leurs images se complexifient singulièrement (cf. chap. 4, p. 77). Apparaissent, parmi d'autres manifestations, de véritables bâtiments voués à des activités cérémonielles collectives, comme sur le spectaculaire site de Göbekli Tepe, dans le sud-est de la Turquie, vers 9000 ans avant notre ère (cf. chap. 4, p. 78). Or ces bâtiments sont nettement organisés autour du masculin. Sur les bas-reliefs ornant les grandes dalles verticales de ces vastes constructions circulaires, ne sont, lorsque le sexe est reconnaissable, pratiquement figurés que des animaux mâles, lions, renards, sangliers. On y a également découvert une statuette en pierre assez sommaire, munie d'un sexe érigé démesuré. À quelques kilomètres de là, lors de travaux dans la ville d'Urfa, a été fortuitement mise au jour une statue masculine grandeur nature en pierre, au sexe apparent, à ce jour la plus ancienne statue au monde de cette taille. Nevali Çori, un site proche, offre des observations analogues.

On peut donc faire l'hypothèse qu'avec le développement de sociétés sédentaires de plus en plus nombreuses et d'activités cultuelles spécifiques se sont développées des idéologies liées au pouvoir masculin, explicites à l'échelle de toute la collectivité – tandis qu'au niveau domestique, familial, continuent d'être confectionnées les habituelles statuettes de femmes nues aux traits sexuels marqués.

L'hypothèse se vérifie *a contrario*. En effet, ces communautés du Proche-Orient ne cessent de croître en nombre et en taille pendant deux millénaires, jusqu'à l'orée du VIIe millénaire, pour former des bourgs regroupant plusieurs milliers d'habitants, presque des villes. Mais c'est à ce moment-là que tout s'effondre, que les grandes agglomérations disparaissent pour faire place à de bien plus modestes villages, et que le Proche-Orient, du Sinaï au sud de la Turquie, cesse d'être aussi densément peuplé. En revanche, une partie de la population émigre vers d'autres régions, vers le nord de l'Égypte, vers la Mésopotamie, vers l'ensemble de la Turquie et finalement, de là, vers l'Europe, répandant l'agriculture sédentaire au fur et à mesure. Les causes de cet effondrement, suivi de ces lents et massifs mouvements migratoires de colonisation, ne sont pas encore totalement élucidées. On invoque des dégradations climatiques, la mieux connue étant, vers 6200 ans avant notre ère, la rupture d'un gigantesque lac glaciaire nord-américain qui, en se déversant dans l'actuelle baie d'Hudson et donc dans l'Atlantique, en aurait considérablement refroidi la température, et le climat mondial par conséquent. Mais l'effondrement proche-oriental commence antérieurement, et cette dégradation climatique a dû plutôt avoir un rôle accélérateur.

UN PREMIER EFFONDREMENT NÉOLITHIQUE

On peut penser aussi, sans qu'aucune cause soit exclusive, à des raisons politiques. Ces grandes agglomérations ont dû être de plus en plus difficiles à administrer, sources de problèmes d'approvisionnement, de stress sociaux, d'inégalités croissantes, voire d'épidémies. De fait, les mouvements migratoires qui colonisent la Mésopotamie, la Turquie puis l'Europe évitent dorénavant, et pendant deux ou trois millénaires, de laisser se former de trop grandes concentrations humaines. On préfère étendre de manière extensive la colonisation dès qu'un seuil de quelques centaines d'habitants est atteint, une partie seulement de la population restant sur place.

Or, jusqu'à la réémergence (ou à l'émergence) des villes durant le IVe millénaire, ces villages ne construisent plus de bâtiments spécifiques liés à des activités cérémonielles, pas plus que l'on n'y trouve cette affirmation du principe mâle, tel qu'il s'exprimait avec force en images à l'époque de Göbekli Tepe. Et la même situation prévaudra dans le Néolithique* de l'Europe. Ces communautés villageoises qui se disséminent lentement d'est en ouest à partir de la fin du VIIe millénaire sur toute la surface du continent ne construisent aucun bâtiment collectif visible, encore moins à usage cérémoniel. Les statuettes, majoritairement féminines, sont retrouvées la plupart du temps brisées, dans l'espace domestique de la maison ou ses alentours (chap. 4, p. 83).

Rien n'indique qu'aurait eu lieu une réactivation du principe féminin comme idéologie dominante. Simplement, le retour à des formes d'organisation sociale plus simples, ne mobilisant plus la communauté pour des efforts collectifs et improductifs, fait repasser au premier plan les croyances traditionnelles centrées sur la compréhension et la gestion, sinon le contrôle, de la sexualité féminine. Il est d'ailleurs quelques images masculines, figurines en pied ou pendeloques phalliques, même si elles sont minoritaires. On s'est parfois demandé si ces figurines n'étaient pas tout simplement des jouets d'enfants, comme il en est dans beaucoup de sociétés. Toutefois, le soin mis à la réalisation de la plupart d'entre elles, leurs canons esthétiques stricts dans chaque région, l'accent porté sur les caractères sexuels, et leur dépôt parfois dans des tombes d'adultes font écarter cette hypothèse, du moins pour la majorité d'entre elles.

Il n'y a pas par ailleurs, on l'a vu, de différences visibles de richesse entre les tombes des femmes et celles des hommes, sinon que les premières emportent dans la mort, outre des poteries qui contenaient sans doute des aliments, des ustensiles domestiques : meules à broyer les grains de blé, poinçons en os ; et que les hommes sont accompagnés de haches à fendre le bois et de pointes de flèches en silex*.

Pour revenir au Néolithique de l'Europe, dans la logique de sa « fuite en avant » d'est en ouest, on n'observe dans un premier temps sur le continent que de modestes villages, ne dépassant guère une dizaine de maisons, et sans bâtiment particulier qui témoignerait d'activités collectives importantes, comparables par exemple à Göbekli Tepe. De fait, les figurines que l'on retrouve sont essentiellement féminines, mais elles se raréfient en même temps, d'est en ouest (chap. 2, p. 45). L'intérêt pour le principe masculin subsiste en arrière-fond, comme ce vase en forme de taureau trouvé à Aubevoye dans l'Eure.

Mais bientôt, à partir du Ve millénaire, le rapport au surnaturel change d'échelle et n'est plus seulement au niveau familial de la maisonnée. De grands espaces collectifs sont aménagés, entourés de fossés et de palissades, témoignant d'activités cérémonielles réunissant certainement les membres de plusieurs communautés à un niveau régional (chap. 4, p. 84). Les représentations féminines passent à l'arrière-plan et celles de guerriers en armes, du pouvoir masculin, deviennent le thème privilégié des images publiques dans les sociétés européennes (et ailleurs), et le resteront jusqu'à nos jours.

NAISSANCE DES ROIS

Avec l'apparition des sociétés étatiques et urbaines de Mésopotamie et d'Égypte au IVe millénaire, les figures masculines de pouvoir, royales ou divines, s'imposent partout, même si les préoccupations sur la sexualité subsistent, par exemple autour de la déesse Inanna ou Ishtar (chap. 4, p. 82). Plus tard, le panthéon grec comprendra aussi des femmes, comme Héra, épouse du roi des dieux Zeus, Aphrodite, déesse de l'amour, Artémis, « maîtresse des bêtes sauvages », Athéna, déesse de la guerre et de la raison, née du cerveau de Zeus. Ces déesses ont du pouvoir, des prêtres et des temples, s'immiscent dans les affaires humaines et, pendant la guerre de Troie, interviennent pour l'un ou l'autre des deux camps. Mais dans cette société patriarcale divine, à l'image de celle des humains, c'est toujours Zeus qui décide en dernière analyse et a le dernier mot.

Il y aura néanmoins des reines puissantes au Proche-Orient, la plus célèbre étant la pharaonne Hatchepsout, qui régna sur l'Égypte entre 1479 et 1457 environ avant notre ère. On lui doit des réalisations spectaculaires, comme le temple un peu trop restauré de Deir el-Bahari, ou encore une fameuse expédition au pays de Pount, quelque part vers la Somalie. Néanmoins, elle n'a jamais régné seule, mais en « cohabitation » avec son beau-fils et neveu, Thoutmosis III, et ses représentations officielles la montrent en costume masculin avec une barbe postiche. Son nom sera ensuite soigneusement effacé après sa mort sur toute une série de monuments. De telles reines puissantes ont été suffisamment rares pour rester un objet particulier de fascination, comme aussi Cléopâtre d'Égypte ou Zénobie de Palmyre, quand ce ne sera pas de répulsion, comme Catherine de Médicis ou, entre les deux, Catherine de Russie.

Toutes les grandes civilisations urbaines que nous connaissons par l'histoire sont bien des sociétés patriarcales, comme la quasi-totalité des sociétés villageoises étudiées par les ethnologues. L'oppression des femmes y est ou y a été de nature variable. Parfois, elles ont joui temporairement d'un meilleur statut. Ainsi, au milieu de l'Âge du fer, vers 500 avant notre ère, certaines femmes dans le monde celtique sont enterrées avec les mêmes égards que leurs homologues de haut rang, telle la « princesse de Vix », avec son char, son torque* en or et l'immense « vase » en bronze* d'origine grecque (chap. 5, p. 106). Un siècle plus tard, à Bucy-le-Long dans l'Aisne, les quatre plus riches tombes de cette nécropole celtique sont des tombes de femmes, reposant sur un char à deux roues, portant des bijoux de bronze et d'or et accompagnées de grands vases remplis de nourriture. Mais on peut argumenter aussi que le luxe des femmes illustrait plus le prestige de leurs époux que le leur propre.

Un millénaire et demi plus tard, les dames de l'aristocratie occitane suscitèrent une poésie galante, celle des troubadours dans ce qui était alors la langue de l'Europe cultivée, l'occitan, accompagnant pour un temps un raffinement des mœurs de cour ; tout comme essayèrent de le faire, au siècle de Louis XIV, les « précieuses », pourtant ridiculisées par Molière.

Ces quelques exemples sont suffisamment rares pour qu'ils signalent en négatif le faible rôle social que jouent ordinairement les femmes, et encore ne s'agit-il que des couches supérieures de la population. On objecte parfois que dans beaucoup de sociétés, méditerranéennes par exemple, si les hommes ont un pouvoir public et voyant, les femmes ont un pouvoir domestique sur la maisonnée, où elles régneraient en maîtresses – surtout si elles ont reçu la maison en dot. Elles possèdent certes un pouvoir technique et local, mais il ne va guère au-delà.

RÉPARTITIONS DES TÂCHES ET INTERDITS

Deux questions se posent en conclusion qui dépassent la réflexion autour des sociétés proche-orientales et européennes des douze derniers millénaires. La première est celle de la domination masculine dans la totalité des sociétés humaines connues. La seconde est celle de la relation entre le pouvoir quasi universel des hommes sur les femmes, et la quasi-universalité du pouvoir (masculin) tout court, autrement dit la question des chefs (chap. 6).

Qu'il existe des différences physiologiques entre les femmes et les hommes est plus qu'une banalité – et on laissera ici, pour simplifier, les cas, statistiquement très minoritaires, des changements de sexe biologique. Mais la domination des hommes sur les femmes ne tiendrait-elle qu'au fait que les femmes seraient naturellement plus douces et physiquement plus faibles, et les hommes plus forts et plus agressifs ? Ce serait caricatural. Si l'on remonte au Paléolithique, chez des *Homo sapiens** déjà semblables à nous, on a vu que la sexualité semblait bien au cœur des plus anciennes représentations figuratives – à partir du moment où la sexualité humaine n'est plus soumise à des moments réguliers d'interruption, contrairement à tous les autres mammifères. Et nul ne peut nier que, explicite ou sublimée, consciente ou inconsciente, personnelle ou socialisée, la sexualité gouverne une bonne partie de nos aspirations, de nos pensées et de nos actions.

Autre rappel (tout aussi banal) : ce sont les femmes qui mettent les enfants au monde et qui les allaitent, le rôle des hommes étant certes indispensable au départ, mais beaucoup plus limité dans le temps en général. Il y a bien deux systèmes physiologiques, complémentaires, mais radicalement différents, même si la perception et la mise en forme de ces différences biologiques varient selon les cultures humaines. De manière universelle, rappelle l'ethnologue Françoise Héritier, l'homme « peut faire couler son sang, risquer sa vie, prendre celle des autres, par décision de son libre arbitre ; la femme "voit" couler son sang hors de son corps [...] et elle donne la vie (et meurt parfois ce faisant) sans nécessairement le vouloir ni pouvoir l'empêcher ».

Cela a des conséquences concrètes. L'enquête de l'ethnologue Alain Testart sur la division du travail chez les chasseurs-cueilleurs traditionnels a révélé que l'exclusion universelle des femmes de tout type de chasse pouvant faire couler le sang n'est pas due à leur infériorité physique supposée, mais relève au contraire du symbolique, le sang menstruel des femmes étant presque toujours une grave menace pour l'ordre social – même s'il a pu parfois aussi revêtir un caractère sacré. Cette « souillure » proclamée est un tabou très fort dans la plupart des sociétés humaines, incluant relégation temporaire dans des lieux particuliers, rituels de purification, interdits variés, y compris linguistiques, etc.

Accessoirement, la « faiblesse » physique féminine peut d'autant moins être invoquée que, comme l'a montré l'ethnologue Paola Tabet, quelle que soit la société, y compris la nôtre, les outils les plus élaborés et les plus prestigieux sont toujours réservés aux hommes, alors qu'ils pourraient compenser ladite faiblesse. La plupart du temps, les femmes ont un outillage plus rudimentaire et sont vouées aux tâches les plus pénibles, ménagères ou aux champs. De même, aujourd'hui, la féminisation d'un métier est le signe de son déclassement, de sa perte de prestige. Et symétriquement, alors que la dactylographie a été pendant des décennies une tâche féminine et subalterne, les hommes l'ont apprise et se la sont à leur tour appropriée quand elle a été directement associée à l'utilisation prestigieuse d'un ordinateur. Au demeurant, si elles sont en moyenne moins fortes physiquement, les femmes sont plus endurantes, vivent plus longtemps et supportent mieux les conditions extrêmes. De fait, les statistiques chez les chasseurs-cueilleurs traditionnels montrent que la cueillette des cueilleuses apporte en réalité plus de 70 % de la nourriture, alors que la chasse des chasseurs, bien plus médiatisée et prestigieuse, n'en fournit que 30 %.

COMMENT SE PASSER DES FEMMES ?

Quant à la maternité, les rituels d'initiation des jeunes garçons dans beaucoup de sociétés humaines visent à mimer une nouvelle naissance, qui ne serait plus due à la femme, mais aux hommes entre eux. De même, dans beaucoup de sociétés traditionnelles, comme aux Antilles, en Amérique du Sud, chez les Aïnous du Japon, ou même jadis dans des campagnes françaises du Sud-Ouest, se pratiquait le rite dit de la « couvade » : pendant l'accouchement, voire la grossesse, le père mime les douleurs de la mère et peut recevoir bien plus d'attention qu'elle – façon de se réapproprier l'exclusivité de la maternité. On peut trouver des formes approchantes dans nos sociétés contemporaines, comme les rituels dits « *born again* » des sectes évangélistes nord-américaines (l'ancien président George W. Bush en fit partie), où le pécheur, repenti et régénéré, repart pour une vie nouvelle, comme s'il était né de lui-même (avec l'aide de Dieu). De même, un syndrome de la couvade est médicalement attesté dans nos propres sociétés : par une forme de grossesse nerveuse masculine, certains pères montrent de nombreux signes physiques de la grossesse, avec prise de poids, nausées, voire production de l'hormone de la lactation.

Les rituels d'initiation féminins existent aussi, mais, comme l'a observé l'ethnologue Pascale Bonnemère pour la Papouasie-Nouvelle-Guinée, ils sont d'autant plus marqués que la domination masculine est avérée et brutale, ces initiations étant en fait une façon de faire accepter et intérioriser leur sujétion aux femmes. Bien plus violent et intolérable est le rituel de l'excision, l'ablation du clitoris, qui mutile entre cent et deux cents millions de femmes dans le monde et affecte chaque année deux millions de fillettes ou de jeunes filles supplémentaires – malgré des interdictions croissantes. Au contraire de la circoncision, déjà pratiquée dans l'Égypte ancienne, et dont les conséquences sur la sexualité sont en général négligeables et les effets thérapeutiques possibles, l'excision est une véritable dévastation du plaisir féminin. Principalement répandue dans la partie nord-est de l'Afrique (jusqu'à 90 % des femmes en Égypte), mais aussi en Indonésie et en Malaisie, elle remonte aux coutumes religieuses dites animistes, même si elle est pratiquée par des communautés musulmanes (bien que le Coran n'en parle pas), chrétiennes (coptes) et juives (falachas). On peut donc supposer une certaine ancienneté à ce rituel barbare.

Mais on n'oubliera pas non plus qu'elle était recommandée, y compris par cautérisation au fer* rouge, par les plus grands médecins dans la France du XIXe siècle, dont Paul Broca, fondateur de l'anthropologie physique et à qui nous devons notre zone de Broca*, région du cerveau qui permet la parole. Cette grave mutilation était censée combattre la masturbation, et plus généralement l'hystérie féminine, une maladie mentale très en vogue au XIXe siècle, du moins auprès des médecins, et qui a disparu depuis des classifications médicales. Le terme vient lui-même du mot grec désignant l'utérus. L'ablation des ovaires était un autre traitement conseillé, l'hystérie étant souvent censée provenir d'un trop grand appétit sexuel.

AVOIR PEUR DES FEMMES

Tout semble converger, quelles que soient les formes de société, pour indiquer qu'une partie au moins de la domination masculine et de la répression des femmes passe par une peur masculine devant la sexualité féminine, et ce depuis la plus lointaine préhistoire d'*Homo sapiens* – c'est-à-dire vous et moi. Cette peur est sans doute celle du mystère de la maternité, devant laquelle les hommes (mâles) peuvent se sentir dépossédés, sinon impuissants (au sens large) ; peur sans doute aussi devant une sexualité qui passe pour être plus riche, plus complexe, plus liée au psychisme que la sexualité masculine. À quoi peut également s'ajouter l'angoisse de l'impuissance (au sens précis), toujours possible, et qui n'a pas d'équivalent féminin. Psychologues et psychanalystes s'interrogent depuis plus d'un siècle sur ces peurs. À leurs racines, ils trouvent en particulier, quelles que soient les formes d'organisation familiale, le rapport compliqué du jeune garçon à sa mère (ou à toute figure maternelle), femme au début toute-puissante mais néanmoins interdite, et qui enfermera définitivement bien des hommes adultes, vis-à-vis des autres femmes, dans l'alternative si bien mise en scène en 1973 par le film de Jean Eustache *La Maman et la Putain*.

Au premier abord, la sexualité masculine pourrait sembler dirigée par un fantasme de domination. Comme l'écrit crûment le marquis de Sade dans *La Philosophie dans le boudoir* (1795) : « Il n'est point d'homme qui ne veuille être despote quand il bande »… Pourtant, comme nous venons de le voir, les hommes (mâles), malgré leur vigueur physique, paraissent plus fragiles et vulnérables qu'il n'est communément admis. Et la domination masculine, sous ses diverses formes, élaborées ou brutales, ne servirait qu'à masquer, nier, cette évidence, et à en chercher revanche.

La domination des hommes sur les femmes est-elle l'origine de toute forme de domination ? Ou pour le dire autrement les rapports entre femmes et hommes sont-ils constitutifs des rapports sociaux en général, fondés sur une imbrication complexe et variable de coopération, de compétition et d'affrontement ? Il s'agit sans doute plus que d'un simple changement d'échelle. Mais du moins est-ce une sérieuse piste de réflexion pour chercher à élucider, sinon à résoudre, l'énigme de la domination.

Mais pourquoi les femmes acceptent-elles leur soumission ? Ce n'est qu'un cas particulier de la « servitude volontaire », abordée plus haut (chap. 6, p. 120). Le propre de l'idéologie est d'être en grande part inconsciente et intériorisée. On connaît les débats actuels en Occident autour des couvre-chefs des femmes musulmanes, morceaux de tissu de surface variable, à propos desquels sont tour à tour invoquées une foi réelle, l'habitude, l'identité, la provocation ou la contrainte sociale. Ce sont souvent des femmes âgées, celles qui ne seront plus mères, qui organisent les rituels d'initiation et de soumission des adolescentes, comme ce sont elles qui procèdent à l'excision des fillettes africaines, ou l'exigent. Dans les sociétés polygames, l'épouse la plus ancienne et la plus âgée règne sur les autres – au nom du maître. La domination masculine et la soumission féminine, tout comme la différence des sexes en général, se situent à la rencontre du biologique, du psychologique et du social, dans un mélange changeant et instable, et jamais encore complètement élucidé.

Il arrive que les femmes se révoltent, et Aristophane mit en scène dans *Lysistrata* une telle révolte, imaginaire, dans l'Athènes du Ve siècle avant notre ère, où les femmes font la grève du sexe pour mettre fin à la guerre, ce qui est au moins révélateur de l'importance sous-jacente de la sexualité dans le monde grec antique. Enfin, ce sont les mouvements féministes qui ont peu à peu obtenu, non sans peine, dans la plupart des sociétés occidentales et occidentalisées le droit de vote pour les femmes (quitte à recevoir le qualificatif méprisant de « suffragettes ») et le droit à la contraception et à l'avortement, régulièrement remis en cause.

ET MAINTENANT ?

Certes, le statut social actuel des femmes occidentales est sans doute supérieur à celui qu'il était il y a deux mille ans à Rome ou à Athènes. Mais, pour en rester à la seule France, une femme est tuée tous les trois jours par son conjoint – soit en 2015 autant que de victimes du terrorisme, et beaucoup plus que de meurtres lors de règlements de comptes. Et pourtant, aucun journal télévisé n'en fait jamais son ouverture, aucun ministre ne se déplace sur les lieux du crime ou aucune chaîne d'information dite continue ne vient en toute hâte planter ses caméras, interrogeant passants et proches, tandis que préfet et procureur multiplieraient les conférences de presse. Sans parler de la sous-représentation des femmes dans toutes les instances de décision ou sur le haut des grilles salariales. Et sans parler non plus de leur situation à l'échelle mondiale où, Europe comprise, 20 % à 30 % des femmes ont un jour ou l'autre subi des violences sexuelles. Si l'on feuillette les magazines ou regarde les panneaux publicitaires, il y a certes beaucoup plus d'images de femmes que d'hommes ; mais c'est en tant, la plupart du temps, qu'objets de consommation, ou à faire consommer, non en tant que sujets. Cela a-t-il beaucoup changé depuis le Paléolithique et les premiers temps du Néolithique ?

Chapitre 10
Qui a inventé les migrations (et les immigrés)?

Qui a inventé les migrations ? Y a-t-il une différence entre les migrations des animaux et celles des humains ? Y en a-t-il toujours eu ? Et de quand datent les premières ? Et que s'est-il passé pendant les « millénaires zappés », lorsque les migrations se sont accélérées ? D'où viennent les « races » ? Et comment l'archéologie peut-elle identifier les migrations ? Quel est le rapport entre l'agriculture et les migrations ? Les Gaulois sont-ils des envahisseurs, et qui sont-ils ? Qui étaient les Celtes ? Et qu'en est-il des « invasions barbares » ? Y a-t-il eu des périodes sans migrations ?

L'homme est le seul singe migrateur, a rappelé récemment le préhistorien Pascal Picq. Beaucoup d'animaux migrent, oiseaux, baleines, anguilles, saumons ou rennes. Ils migrent en fonction de leurs ressources alimentaires saisonnières et du climat ; ils migrent aussi pour donner naissance à leurs petits dans de bonnes conditions. Ils suivent des routes séculaires et s'orientent dans l'espace d'une manière qui reste souvent encore inconnue, peut-être parfois par rapport au champ magnétique terrestre. Mais les singes ne migrent pas. Qu'ils soient de savane ou de forêt, ils restent sur leur territoire, quitte à se déplacer à l'intérieur.

SORTIR D'AFRIQUE

Les premières formes humaines, attestées depuis sept ou huit millions d'années, ne migraient sans doute pas non plus, sinon à l'intérieur de leur territoire et au gré des ressources saisonnières dont elles avaient besoin pour se nourrir. Mais il y a au moins deux millions d'années, au temps des plus anciens *Homo erectus** identifiés, certains d'entre eux sortirent d'Afrique*. Il ne faut évidemment pas s'imaginer un exode en rangs serrés, tels les Hébreux se sauvant d'Égypte et traversant la mer Rouge si l'on en croit la Bible (événement historique contesté par les archéologues, mais ce n'est pas le sujet) – même s'il est très probable, mer Rouge exceptée, que ce fut effectivement le chemin que suivirent ces *Erectus*, nos ancêtres. Il faut plutôt imaginer que, au fil des millénaires, des dizaines de millénaires, certains de ces humains élargirent insensiblement leur territoire, explorant ses frontières, et allant à chaque fois un peu plus loin au fil des générations et de leur croissance démographique. Nos découvertes archéologiques et nos moyens de datation ne sont pas encore assez précis et nombreux pour nous permettre de retracer le détail de ces déplacements.

Toujours est-il que les *Erectus* sont attestés en Géorgie vers - 2 millions d'années, dans le Sud-Ouest de l'Europe (Espagne et France) vers - 1,2 million d'années au moins, en Asie orientale à partir de - 800000 ans de manière certaine (même si des dates à - 2 millions sont revendiquées pour la Chine et l'Inde), en Europe tempérée à partir de - 600000 ans. Ils évoluent sur place dans l'étroite péninsule européenne, débouchant sans rupture vers - 300000 ans sur les hommes de Néandertal*, très semblables à nous, et aussi, en parallèle, sur les hommes de Denisova*, une espèce proche mais distincte, découverte très récemment et qui semble avoir été surtout représentée en Asie (voir p. 244). Cette expansion des *Erectus* et de leurs descendants, Néandertaliens et Denisoviens, s'est donc faite par des migrations, mais à imaginer plutôt en « taches d'huile » qu'en expéditions ciblées. Ces mouvements permettent à une espèce, à l'origine sédentaire et africaine, de s'installer dans des régions de plus en plus froides, bien éloignées de son environnement de départ.

Mais, pendant que leurs cousins émigrés poursuivaient leurs péripéties en Eurasie, les *Erectus* restés en Afrique continuaient eux aussi d'évoluer. Entre 300000 et 100000 ans avant notre ère, cette évolution débouche sur *Homo sapiens sapiens**, maintenant appelé aussi « homme anatomiquement moderne », autrement dit nous-mêmes. Certains membres de cette nouvelle espèce, au cerveau encore plus complexe et sans doute encore plus curieux d'exploration, vont dans ce même mouvement en tache d'huile sortir à leur tour d'Afrique et coloniser le reste du monde. En pénétrant en Eurasie, ils rencontrent évidemment leurs lointains cousins néandertaliens et denisoviens, et s'unissent parfois à eux (à elles) au gré d'histoires d'amour qui ne nous sont pas exactement connues, mais dont témoigne la génétique : Européens et Asiatiques ont tous et toutes quelques pourcents de gènes néandertaliens – à la différence des Africains actuels, puisque ce sont les descendants des *Sapiens* restés « au pays ». En ce sens, les Africains constituent la seule « race pure » ! – du moins s'il fallait reprendre une terminologie du XIXe siècle qui n'a plus lieu d'être, puisque, si les humains sont à première vue fort différents d'aspect d'un bout du monde à l'autre, on trouvera toujours tous les intermédiaires (de taille, de couleur de peau ou de cheveux) d'une région à l'autre.

Quand nous étions plusieurs espèces...

Contrairement à ce qu'on a longtemps cru, il n'y a pas une seule lignée humaine, mais durant plusieurs millions d'années, et jusqu'à 27000 ans à peine, l'évolution fut buissonnante, faite de divisions mais aussi de métissages, comme c'est usuel chez les autres espèces animales (voir p. 244). C'est donc notre situation actuelle, avec une seule et unique espèce humaine, qui est l'exception.

On ne doit pas non plus oublier que, sur une échelle de temps de sept millions d'années, soit 300 000 générations au minimum, nous n'avons encore découvert les restes que d'un très petit nombre d'individus, dont la totalité, jusqu'à il y a 100 000 ans, tiendrait dans une valise ! Rien que dans les quinze dernières années, trois nouvelles espèces jusque-là inconnues, et qui bouleversent une partie de nos connaissances, sont apparues : l'homme de Florès, l'homme de Denisova et *Homo naledi*, le dernier en date. Ce qui suggère que bien des découvertes restent encore à faire. Ce petit nombre d'individus connus, souvent très incomplets, brouille aussi l'image, et des débats ont toujours lieu sur leur attribution (Toumaï*, voire les Ardipithèques, appartiennent-ils bien à la lignée humaine ?) et leur classement (les *Homo erectus* doivent-ils être subdivisés ?) – chaque préhistorien ayant parfois tendance à faire de sa découverte une espèce à part ! Enfin, nos techniques de datation sont encore soumises à des incertitudes pour ces périodes très anciennes ; les dates de l'homme de Florès, comme celles de *Homo naledi*, ont varié.

Dans les débuts, entre 7 et 4,5 millions d'années, nos connaissances sont particulièrement lacunaires, avec Toumaï, Orrorin (dit aussi *Millenium Ancestor*, car découvert en l'an 2000) et les Ardipithèques. À partir de 4,5 et jusqu'à 2 millions d'années, les Australopithèques* forment un groupe mieux identifié, avec beaucoup plus de restes, mais qui se subdivise en au moins une demi-douzaine de sous-espèces, sinon plus.

C'est à partir de 2,5 millions d'années qu'émerge plus ou moins le genre *Homo**, mais parallèlement aux divers *Paranthropus*, bien distincts. Le plus ancien, *Kenyanthropus platyops* (« à face plate »), et qui tailla les plus anciens outils connus sur le site kenyan de Lomekwi, remonte même à 3,3 millions d'années au moins, mais sa définition et son classement restent contestés. Parmi les *Homo* officiels, on distingue *Rudolfensis*, sans descendance connue, et surtout *Habilis*, longtemps auteur des plus anciens outils, qui débouche sur *Erectus*, lequel est le premier à sortir d'Afrique et est plus ou moins subdivisé, selon les moments et les écoles de pensée (*Georgicus*, *Antecessor*, *Ergaster*, *Heidelbergensis*). Des *Erectus*, ou parallèlement, émergent il y a environ 200 000 ans (à 100 000 ans près !) au moins cinq espèces différentes et parallèles : *Homo naledi*, découvert en 2015 en Afrique du Sud, peut-être le descendant le plus tardif de la lignée des Australopithèques, encore imparfaitement daté ; l'homme de Florès (*Homo floresiensis**), identifié à partir de 2003 dans la seule île indonésienne de Florès, espèce de petite taille aux traits archaïques la rapprochant de *Habilis* et qui disparut vers 50 000 ans, peut-être en lien avec l'arrivée de *Sapiens* dans la région ; l'homme de Néandertal* (ou *Homo sapiens neandertalensis*), connu depuis 1856, qui occupe l'Europe et l'Asie occidentale pendant tout le Paléolithique moyen* et dont les derniers descendants disparaissent vers 27 000 ans dans la péninsule ibérique ; l'homme de Denisova, identifié seulement à partir de 2010, espèce asiatique parallèle à Néandertal ; et enfin *Homo sapiens** (ou *sapiens sapiens*, ou « homme anatomiquement moderne »), nous-mêmes, qui émerge en Afrique et se répand ensuite dans le monde entier.

Les causes de la disparition des quatre autres espèces restent incertaines. Elle a pu se faire par métissage, puisque des croisements ont eu lieu entre

Sapiens d'une part, et Néandertal et Denisova de l'autre. Concrètement, Européens et Asiatiques ont en eux des gènes de Néandertaliens (4 % en moyenne, estime-t-on) et des gènes denisoviens se retrouvent chez certains Asiatiques. On ne peut exclure non plus des affrontements violents, dont il n'est certes jusqu'à présent aucune trace. Mais *Sapiens* est directement responsable de l'élimination d'un très grand nombre d'espèces vivantes, dès une date ancienne, comme la grande faune d'Amérique du Nord, et dans les derniers siècles et jusqu'à aujourd'hui, puisqu'on peut parler d'une sixième extinction de masse de la biodiversité – la plus considérable et la plus rapide depuis celle des dinosaures, il y a 66 millions d'années. À l'époque, les premiers ancêtres des primates* existaient déjà. Mais, à l'extinction qui se déroule sous nos yeux et dont nous sommes directement responsables, il n'est pas non plus sûr que nous y survivrons...

LES « RACES » EXISTENT-ELLES ?

Comme les biologistes l'ont établi dès la fin du XIXe siècle, les races n'existent pas : nous sommes tous parents, et tous différents. Puisque l'espèce humaine *Sapiens* était une lorsque certains sortirent d'Afrique, c'est pendant les premières dizaines de milliers d'années, une fois chaque groupe humain installé dans une région donnée, que les différences d'aspects se sont peu à peu établies, selon au moins trois processus. Le premier est le confinement dans une région, l'endogamie et l'isolement par rapport à d'autres groupes humains. Le deuxième processus est la sélection naturelle sous l'influence de l'environnement : plus le rayonnement solaire est fort, plus la peau doit être pigmentée pour éviter les maladies et, symétriquement, plus le rayonnement solaire est faible, plus la peau doit être claire pour mieux l'absorber. Les individus qui répondent à ces critères vivront donc plus longtemps et auront une plus nombreuse descendance, à rebours des autres. Comme l'a fort bien résumé un préhistorien, nous, Européens, sommes des « Africains dépigmentés » !

Enfin, le troisième processus est ce qu'on appelle la sélection sexuelle : pour des raisons culturelles, femmes et hommes ont tendance à privilégier chez leur partenaire potentiel (potentielle) tel trait physique (voire mental), qui va donc augmenter peu à peu au sein de la population. C'est l'une des explications que l'on donne, par exemple, à l'augmentation du volume des seins chez les humaines, beaucoup plus volumineux en moyenne que chez les femelles primates*, et plus qu'il n'est nécessaire pour l'allaitement des bébés (cause à distinguer de l'effet récent des hormones, de plus en plus présentes dans notre alimentation et notre environnement, sur le corps humain) ; ou pour l'augmentation de la taille du pénis chez les mâles humains, là encore plus qu'il n'est nécessaire pour la reproduction. Mais ce sont des questions qui restent encore largement débattues.

Les migrations de *Sapiens* vont le mener plus loin encore que ses ancêtres *Erectus*. S'il est signalé en Europe à partir de - 40000 ans, il a pris pied en Australie et dans une partie des îles océaniennes il y a au moins cinquante mille ans, ce qui suppose une aptitude à la navigation, puisqu'il y a plusieurs bras de mer de plusieurs dizaines de kilomètres à franchir. Il pénètre en Amérique par le détroit de Bering entre - 30000 et - 20000 ans (on discute toujours de la date la plus ancienne) et se répand ensuite dans l'ensemble des deux continents, éliminant une partie de la grande faune qui y vivait (voir p. 200).

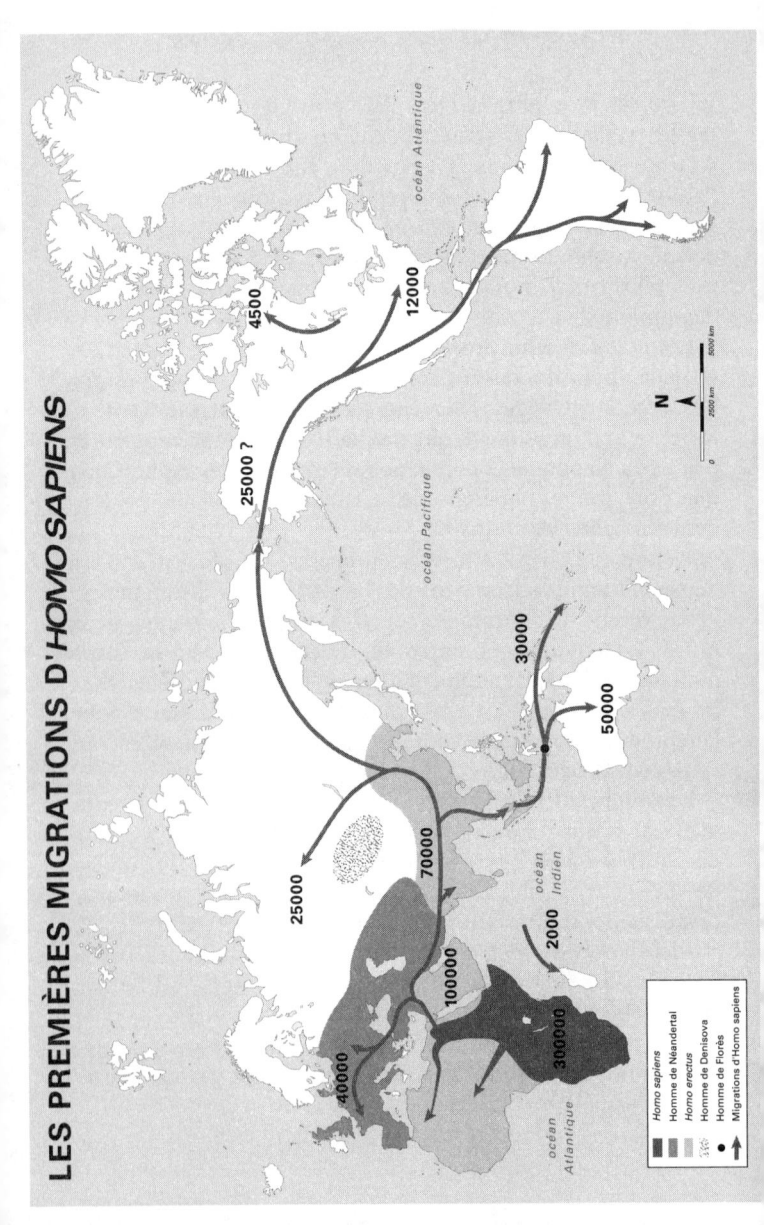

AGRICULTURES ET MIGRATIONS

Ces mouvements ont lieu, on l'a vu, pendant la dernière grande période glaciaire*, entre - 115000 et - 10000 ans, époque où les glaciers européens occupent la moitié nord du continent jusqu'en Belgique et où toutes les Alpes sont recouvertes de glace. À partir de - 10000 ans environ, le climat se réchauffe progressivement et, dans diverses parties du monde, certains groupes de chasseurs-cueilleurs inventent, dans un environnement devenu plus favorable, l'agriculture et l'élevage (chap. 1 et 2). Le nouveau mode de vie néolithique*, en sécurisant l'alimentation et en permettant la sédentarité, entraîne un boom démographique et déclenche de nouvelles migrations. À partir des foyers d'invention, les agriculteurs surnuméraires se déploient à la recherche de nouveaux territoires, assimilant ou repoussant les chasseurs-cueilleurs indigènes, en nette infériorité numérique. Ces sont les agriculteurs pionniers du foyer proche-oriental qui pénètrent en Europe d'est en ouest à partir de - 6500 et atteignent l'Atlantique entre 5000 et 4500 avant notre ère. Des mouvements identiques ont lieu à partir de la demi-douzaine d'autres foyers agricoles identifiés, avec les mêmes effets migratoires.

Concernant l'Europe et la France, cette migration agricole, qui inaugure les millénaires zappés, sera donc la troisième de l'histoire humaine, après celle d'*Erectus* puis celle de *Sapiens* – les deux premières ayant été beaucoup plus lentes, progressives, complexes, et associées à l'expansion d'une nouvelle espèce biologique. Désormais, tout se passe au sein des *Homo sapiens*. Cette migration liée à l'invention de l'agriculture ne sera pas pour autant la dernière, tant s'en faut. Toutefois, si les deux premières étaient faciles à identifier (l'arrivée d'une nouvelle espèce humaine dans un nouvel espace), les migrations à partir du moment où tout l'espace terrestre est occupé par *Sapiens*, et en l'absence encore de témoignages écrits, sont plus complexes à analyser. Il faut que, à partir d'une région donnée, les archéologues puissent suivre dans l'espace, dans une ou plusieurs directions, la diffusion homogène d'un certain nombre de types d'objets. Pour prendre un exemple facile, on ne pourrait manquer d'identifier, même en l'absence de textes, la progression des conquêtes romaines en Europe et sur le pourtour méditerranéen : on observe la diffusion progressive de nouveaux types de poteries, d'outils, d'armes, de monuments (théâtres, amphithéâtres, cirques, temples) ou encore d'images (fresques, mosaïques, statues). Mais nous disposons aussi des textes antiques, qui nous aident à définir ce que pouvaient être l'entité « Empire romain » et sa complexité ethnique.

En revanche, nous n'avons rien de tel pour les périodes où l'écriture n'existe pas, et nous ne savons pas si, derrière l'homogénéité, dans une région donnée, du style d'un certain nombre d'objets matériels, il y avait réellement un groupe humain, une « ethnie », un « peuple », qui se ressentait comme tel et qu'unissaient une vision du monde, un système de pensée et de croyances, des institutions, voire une langue – ce que nous reprendrons au chapitre suivant.

Pour en rester au Néolithique, où les objets sont moins spectaculaires que ceux de l'Empire romain, certaines formes de poteries, d'armes, de pratiques funéraires, de maisons sont caractéristiques et peuvent être suivies dans l'espace. On peut suivre ainsi le front de colonisation agricole de l'Europe d'un bout à l'autre du continent, de 6500 à 4500 environ avant notre ère, à un moment où les différences sont fortes avec les objets des populations indigènes de chasseurs-cueilleurs. Mais, ensuite, cela devient beaucoup plus compliqué. Ainsi, au début du IIIe millénaire avant notre ère, on trouve dans le Nord de l'Europe, de la Russie à la Scandinavie et même jusqu'en Suisse et en Lorraine, des poteries décorées d'impressions de cordelettes sur la pâte fraîche (d'où le nom de culture* cordée* pour ce phénomène), souvent accompagnées dans les tombes de haches en pierre d'apparat, dites traditionnellement « haches de bataille » (voir p. 149), tombes souvent recouvertes d'un petit tertre de terre, ou tumulus*, pour les plus importantes d'entre elles. Cette relative uniformité plaide pour une possible migration, même si des mélanges, suggérés par le style de certaines poteries, se sont visiblement faits à chaque fois avec les populations locales. Les premiers résultats d'analyses génétiques sur les squelettes semblent suggérer d'éventuels mouvements de populations d'est en ouest, voire même à partir des steppes russes, mais ces analyses restent encore très préliminaires.

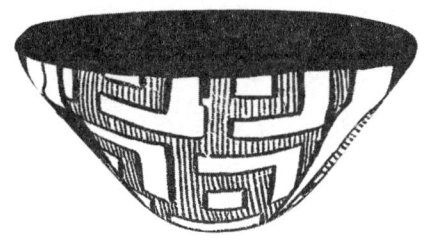

Les formes de poterie

Les poteries néolithiques peuvent être classées, comme à d'autres périodes, en trois grandes catégories : les vases de stockage, les vases de cuisson (qui doivent posséder certaines propriétés physiques) et les vases destinés à la présentation et à la consommation des aliments, souvent les seuls à être décorés. Leurs formes sont en partie liées à leur fonction : vases à col pour les liquides, vases ouverts pour les aliments solides – comme c'est ici le cas pour cette jatte de la culture néolithique grecque de Dimini, au Ve millénaire.

Deux à trois siècles plus tard, entre 2700 et 2300 ans avant notre ère environ, un autre phénomène est identifiable, cette fois plutôt du sud-ouest vers le nord-est. Une forme très particulière de poteries, en forme de cloche renversée (d'où le nom de Campaniforme*, de *campana*, le nom latin de la cloche, pour ce phénomène), se retrouve dans des tombes dispersées en zones discontinues, de l'Espagne au Danemark et de l'Angleterre à la Hongrie, y compris en France, sur les côtes méditerranéennes et atlantiques. Les tombes d'hommes contiennent souvent un poignard en cuivre, des pointes de flèches en silex*, et un brassard en pierre, destiné à amortir le choc en retour de la corde de l'arc après le tir. Il ne s'agit pas d'un phénomène compact, comme l'arrivée des premiers agriculteurs en Europe, qui ont avancé progressivement du sud-est vers le nord-ouest tel un rouleau compresseur. Aussi, pour les campaniformes, a-t-on pensé à d'éventuels migrants, à des archers, à des forgerons spécialisés, un peu comme les Tziganes d'antan ; on a même cherché à leur trouver un type physique particulier, ce qui a été abandonné. En désespoir de cause, on s'est demandé s'il ne s'agissait pas seulement d'objets échangés : les fameux vases en cloche, qui sont décorés de motifs géométriques gravés sur la pâte fraiche avant cuisson, auraient été des objets de prestige que s'échangeaient à travers l'Europe les chefs puissants ; et ces vases auraient même pu contenir une boisson prisée alcoolisée, bière par exemple – comme l'a supposé un archéologue anglais. Il y a une certaine probabilité pour que ce phénomène se soit développé à partir de la péninsule ibérique, mais le reste du processus reste encore en grande partie obscur.

LES MIGRATIONS INDO-EUROPÉENNES ?

C'est pendant ces millénaires zappés qu'on cherche aussi à situer depuis trois siècles un autre problème historique, celui qui expliquerait la ressemblance entre une grande partie des langues de l'Europe, de l'Inde du Nord et du Pakistan. On a appelé indo-européen* cette famille de langues, plus proches entre elles qu'elles ne le sont des langues d'autres familles (sémitiques, finno-ougriennes, sino-tibétaines, etc.). Sur le modèle du latin, qui a donné naissance aux langues romanes actuelles (français, italien, roumain, espagnol, occitan, romanche, etc.) grâce à la conquête romaine d'une partie de l'Europe, on a donc cherché à identifier archéologiquement le « peuple originel » qui aurait parlé la « langue originelle » indo-européenne. À peu près toutes les localisations ont été proposées, pôle Nord compris, mais les plus à la mode actuellement sont soit l'arrivée des agriculteurs proche-orientaux à partir de - 6500, qui auraient parlé la langue originelle, laquelle aurait ensuite donné naissance par scissiparité aux différentes langues indo-européennes attestées (langues germaniques, slaves, celtiques, indo-iraniennes, sans oublier évidemment les langues italiques – dont le latin, et par conséquent les langues romanes actuelles, français compris) ; soit des mouvements venus des steppes russes et ukrainiennes aux IVe et IIIe millénaires, dont celui de la céramique cordée évoquée plus haut.

Ce n'est pas le lieu de débattre ici d'un problème qui n'est toujours pas résolu (j'y ai consacré un livre entier auquel les lecteurs intéressés pourront toujours se reporter), mais le plus probable est que le problème a surtout été mal posé. Les langues peuvent se transmettre, évoluer, se mélanger, de façon bien plus complexe que le modèle simpliste habituellement proposé. Il repose, d'un point de vue archéologique, sur le postulat brièvement abordé plus haut que, derrière une culture matérielle* homogène dans une région donnée, il y aurait toujours eu un « peuple » homogène, avec une langue homogène (voir aussi chap. 11, p. 222). Or l'ethnologie nous montre que, dans la majorité des sociétés traditionnelles, avant l'apparition des États centralisés et des langues unifiées, la plupart des gens sont multilingues, pratiquent plusieurs langues, en raison de la petite taille des groupes humains et des fréquents échanges matrimoniaux. Il repose aussi sur l'idée que les changements historiques résulteraient toujours d'invasions et de migrations, ce qui est loin d'être toujours le cas.

Ce problème indo-européen sera sans doute résolu un jour, mais certainement dans des termes beaucoup plus complexes, incluant à la fois migrations et mélanges, diffusions et emprunts, le tout échelonné sur des millénaires et une bonne partie de l'Eurasie.

MIGRATIONS MÉDITERRANÉENNES

C'est après les deux épisodes complexes du Cordé et du Campaniforme que se mettent en place les civilisations de l'Âge du bronze* en Europe, à partir de - 2200 environ. On peut alors distinguer plusieurs grands ensembles culturels dont les limites resteront relativement stables au long des deux millénaires suivants, à l'Âge du bronze (de - 2200 à - 750), puis à l'Âge du fer (qui prend fin avec l'arrivée des Romains). De grands mouvements migratoires ne sont plus vraiment discernables, ou alors limités, ou bien discutés. Ainsi, on a longtemps parlé d'une migration, voire d'une invasion des « Champs d'urnes » : à partir de 1200 avant notre ère environ, les morts ne sont plus inhumés comme avant, mais incinérés, et les cendres placées dans des vases, le tout regroupé dans des cimetières. Mais, à y regarder de plus près, c'est une nouvelle mode funéraire, voire une nouvelle idéologie qui s'est répandue progressivement à travers l'Europe, sans impliquer de mouvements visibles de populations (chap. 8, p. 167).

Un mouvement plus certain est celui qui a abouti à l'invasion de la civilisation crétoise des palais minoens* vers - 1500, une invasion limitée, venue de Grèce continentale et du monde mycénien*. Ce n'est pas un total bouleversement, car les seigneurs mycéniens, ou plutôt leurs scribes, empruntèrent l'écriture des palais crétois, dite linéaire A*, qui notait une langue toujours indéchiffrée, pour écrire leur propre langue, un grec archaïque, avec une écriture adaptée, dite linéaire B*. En revanche, il n'est pas certain que l'écroulement du monde mycénien, qui occupait tout le sud de la Grèce, vers 1200 avant notre ère, soit le résultat d'une invasion. C'est un moment de troubles dans tout le bassin oriental de la Méditerranée, qui affectent tout le Proche-Orient et l'Égypte, où semblent s'être mélangées, en cascade ou en dominos, dégradations climatiques, famines, guerres, révoltes, migrations localisées. Les textes de l'époque, égyptiens en particulier, parlent de mystérieux peuples de la Mer* sortis d'on ne sait où, mais qui semblent avoir été plutôt des mouvements limités de réfugiés économiques.

L'existence de textes écrits, à partir de - 3500 en Mésopotamie et en Égypte, puis dans tout le Proche-Orient et finalement en Grèce, n'est nullement une garantie d'exactitude historique. Il s'agit le plus souvent d'archives économiques ou religieuses, ou de textes à la gloire des souverains, quand ce ne sont pas des mythes ou des épopées. Les textes, dit-on souvent, sont à la fois « partiels et partiaux ». Ainsi, lors de la grande bataille de Qadesh en Syrie, qui opposa vers 1274 avant notre ère l'Empire égyptien de Ramsès II à l'Empire hittite du roi Muwatalli II et mit aux prises des dizaines de milliers d'hommes et des milliers de chars, chacune des deux parties prétendit avoir remporté la victoire ! Les souverains se quittèrent d'ailleurs bons amis et nouèrent ensuite des alliances matrimoniales. Les chroniques grecques parlent aussi d'une « invasion dorienne », voire du « retour des Héraclides » (les descendants d'Héraclès), qui aurait déferlé à un moment ou à un autre, apportant en Grèce les peuples parlant un dialecte grec dorien – invasion dont il n'est nulle trace archéologique et qui semble bien relever du mythe.

De même, si l'on sait que la ville de Troie, sur la côte turque, a bien été prise à un moment ou à un autre (les archéologues y ont trouvé des traces de destructions), cet événement historique sans doute mineur n'a certainement rien à voir avec le récit épique d'Homère dans l'*Iliade* – tout comme, bien plus tard, *La Chanson de Roland*, composée quatre siècles après Charlemagne, transforma une escarmouche entre l'arrière-garde de l'armée carolingienne et des pillards basques en une « guerre de civilisation » contre les Sarrazins, alors même que Charlemagne s'en revenait d'Espagne où il s'était rendu pour soutenir un prince arabe ! L'histoire a donc été réécrite bien plus tard, dans le contexte nouveau des croisades.

QU'EST-CE QU'UN PEUPLE ?
ET LES GAULOIS SONT-ILS « NOS ANCÊTRES » ?

Les textes anciens sont tout aussi incertains sur ce qu'on appelle un « peuple », un problème déjà évoqué. Certes, les souverains, qui nous ont laissé ces textes à leur gloire, donnent un nom à leur pays, et aussi à leurs ennemis. Mais dans le seul empire hittite, qui régnait au IIe millénaire avant notre ère sur le territoire de l'actuelle Turquie, ces mêmes textes nous apprennent que, outre le hittite (ou nésite), on y parlait aussi le palaïte, le louvite, le hatti, le hourrite, l'akkadien (langue sémitique et diplomatique de l'époque), le sumérien (disparu mais utilisé pour les textes sacrés), le mitannien (langue indo-iranienne), etc.

C'est dire combien la notion de « nation » homogène, avec sa langue nationale unique et standardisée, est une idée et un fait modernes, qui ne remontent qu'à la Révolution et au romantisme. Les royaumes multiethniques et multilingues, comme l'était le royaume de France, ont fait alors place, dans la douleur et de manière volontariste, aux nations contemporaines, vues comme des communautés de citoyens, unies par un même destin, qui se sont définies comme intemporelles, « venues du fond des âges », et où une seule langue nationale fut peu à peu imposée.

C'est pourquoi l'expression fameuse « nos ancêtres les Gaulois » est un total anachronisme, tout comme de dire que la Gaule aurait précédé la France. La Gaule n'est pour les Romains qu'une notion géographique, et les deux premières phrases de *La Guerre des Gaules* de Jules César le précisent bien : « La Gaule tout entière est divisée en trois parties, dont la première est habitée par les Belges, la seconde par les Aquitains, et la troisième par ceux qui dans leur langue s'appellent *Celtes*, et que nous appelons *Gaulois*. Tous diffèrent par leurs langues, leurs institutions et leurs lois. » Ces trois grandes zones culturelles, respectivement séparées par la Garonne (entre Aquitains et Gaulois) et par la Seine (entre Gaulois et Belges), sont elles-mêmes subdivisées en une soixantaine d'entités ethniques et étatiques indépendantes, que les Romains appellent des « cités » (*civitates*). Après leur conquête de 52 avant notre ère, ils en conserveront, pour plus de tranquillité, les limites territoriales, lesquelles seront reprises par les diocèses ecclésiastiques lors de la christianisation de l'Empire romain et se transmettront jusqu'à nos jours dans les actuels évêchés. Parmi cette soixantaine de micro-États, beaucoup sont en guerre les uns contre les autres, ne serait-ce que pour s'emparer de prisonniers de guerre et les monnayer contre les biens de prestige des marchands grecs ou romains installés sur les bords de la Méditerranée (amphores à vin, vaisselle précieuse). D'où la réputation, anachronique elle aussi, de Gaulois querelleurs et indisciplinés.

César parle de « Gaulois » (*Galli*), qui se nommeraient eux-mêmes « Celtes » (*Celtae*), ce qui est aussi le nom (*Keltoi*) que donnent les historiens grecs, comme Hérodote au ve siècle avant notre ère, à un peuple d'Europe centrale. D'une manière plus générale, les Grecs nomment « Barbares » (*Barbaroi*, littéralement « ceux qui font des borborygmes », qui ne savent pas parler) les populations qui ne parlaient pas grec, dont les Celtes. Cette notion de Celtes est aujourd'hui relativement floue. Elle repose sur trois types de documents bien différents. Les premiers sont les textes antiques, dont nous venons de parler. Les deuxièmes sont linguistiques et concernent les langues dites celtiques, qui regroupent, étalées sur vingt-cinq siècles, de rares inscriptions antiques, notamment en Italie du Nord : le gaulois lui-même, qui n'est vraiment connu que par des noms de personnes, des noms de lieux et quelques inscriptions, les textes irlandais du Moyen Âge, dont les légendes autour du roi Arthur et les contes des Mabinogion sont les plus connus, et enfin les langues celtiques modernes, minoritaires et menacées (irlandais, gaëlique, breton, gallois, etc.).

LES CELTES ARCHÉOLOGIQUES

Les troisièmes types de documents sont archéologiques. Parmi les grandes zones culturelles et stylistiques qui se partagent l'Europe à partir de l'Âge du bronze, l'une, dite « nord-alpine », comprend le quart nord-est de la France, le Sud de l'Allemagne, la Suisse, l'Autriche et la Bohême. Beaucoup d'archéologues considèrent que cette zone correspondait aux Celtes, tels qu'ils sont décrits par les historiens antiques. Mais il existe aussi une seconde grande région culturelle, dite « atlantique », définie elle aussi par le style de ses objets, comprenant le Sud-Est de l'Angleterre, la côte atlantique française et le nord-ouest de la péninsule Ibérique. Dans cette seconde zone émergeront à l'époque historique des populations parlant des langues celtiques, comme les Celtibères dans la péninsule Ibérique, ou comme dans les îles Britanniques. Si l'on voulait remonter dans le temps pour trouver un moment où ces deux zones auraient été réunies, ce serait alors celui du phénomène campaniforme du IIIe millénaire, déjà évoqué. Mais il n'y a pas de coïncidence totale entre les régions où ont été trouvées ces fameuses poteries en forme de cloche et celles des deux zones nord-alpine et atlantique. De même, au sud du domaine nord-alpin, s'épanouit au cours du Ier millénaire avant notre ère la culture de Golasecca, dont les poteries, les outils ou les armes sont bien distincts de ceux des cultures nord-alpines successives de Hallstatt puis de La Tène*, considérées comme l'essence même de la civilisation celtique ; et pourtant la culture de Golasecca a livré quelques inscriptions, dites « lépontiques », écrites en alphabet étrusque, mais dans une langue celtique archaïque. Il n'y a donc pas coïncidence entre « culture celtique » et « langue celtique ».

Comme pour les Indo-Européens*, il est possible que le problème soit mal posé, et que l'on plaque là encore le modèle de l'État-nation homogène (ou prétendu tel) du XIXe siècle sur des réalités anciennes beaucoup plus complexes et évolutives. Un exemple le montre. On sait qu'au IVe siècle avant notre ère des tribus gauloises s'installent en Italie du Nord, formant ce que les Romains appelleront la « Gaule cisalpine » (« de ce côté-ci des Alpes », de leur point de vue géographique). Ils descendent même jusqu'à Rome, qu'ils pillent – c'est le fameux épisode des oies du Capitole et du « Malheur aux vaincus ! » lancé par le chef Brennus aux Romains venus payer rançon contre la levée du siège de leur ville. Leur présence dans le Nord de l'Italie est bien attestée par les récits des historiens antiques et aussi par un certain nombre d'inscriptions dans une langue celtique. Pourtant, lorsqu'on fouille les nécropoles de cette population, les tombes ne livrent que bien peu d'objets « celtiques ». Il faut donc distinguer fortement, là comme ailleurs, « langue », « peuple » et « civilisation matérielle », même s'il peut y avoir parfois coïncidence, ce que nous reprendrons au chapitre suivant.

Symétriquement, les archéologues français ont longtemps pensé, jusque dans les années 1970, que les Celtes, représentés dans le Bassin parisien par la culture archéologique de La Tène, provenaient d'une invasion du ve siècle avant notre ère, depuis l'Europe centrale. En réalité, les fouilles archéologiques ont bien montré, plus récemment, qu'il n'y avait eu aucune rupture dans l'évolution historique du Bassin parisien à cette époque et aucune trace d'invasion.

Rien de cela ne prouve que les Celtes n'auraient jamais existé. Mais ils n'ont certainement pas existé sous la forme simpliste que veulent leur donner nos représentations actuelles, issues de notre conception des « nations » du XIXe siècle. Les Celtes n'en jouissent pas moins aujourd'hui d'une grande ferveur, non seulement pour ces questions nationales, sinon nationalistes, mais aussi parce qu'ils se trouvent, bien malgré eux, mêlés à toutes sortes de divagations New Age sur une antique sagesse druidique qu'auraient secrètement maintenue jusqu'à nos jours diverses sociétés occultes. Il y a bien de nos jours des « druides » pratiquant des cérémonies « druidiques », mais elles ont toutes été réinventées au XIXe siècle. Elles se déroulent souvent devant des menhirs et des dolmens… monuments néolithiques pourtant antérieurs aux Gaulois d'au moins trois mille ans !

DES GALLO-ROMAINS ?

La suite de l'histoire du territoire français est mieux connue, mais pas toujours avec exactitude. Des colonies grecques s'implantèrent à partir de 600 avant notre ère sur les bords de la Méditerranée, après négociations avec les indigènes : Marseille, Antibes, Nice, Agde, Hyères (Olbia), entre autres. Puis, en 121 avant notre ère, les armées romaines du consul Domitius Ahenobarbus annexent tout le Midi de la Gaule. Soixante ans plus tard, Jules César se fait nommer proconsul de cette nouvelle province et, de - 58 à - 52, conquiert le reste de la Gaule par une habile politique d'alliances et de provocations. La domination romaine, à laquelle les élites gauloises se rallient rapidement, va remanier en profondeur le territoire gaulois, fondant des villes nouvelles avec leurs parures de monuments, leurs lieux de spectacles et leurs nouvelles activités, traçant des routes pour mieux acheminer armées et commerce, confisquant les terres pour y implanter de grandes exploitations coloniales, les *villae*, etc. On parle alors traditionnellement, du moins en France, d'une civilisation gallo-romaine*. En fait, c'est une civilisation « romano-romaine », parfaitement uniforme dans tout l'Empire, de Londres à Damas et d'Alexandrie à Budapest. Comme l'a remarqué l'historien et archéologue Christian Goudineau, la Gaule est la seule région pour laquelle on utilise un tel terme composé – par un touchant nationalisme rétrospectif. Partout ailleurs, dans l'empire, on parle tout simplement de civilisation « romaine »…

Néanmoins cet immense empire se morcelle peu à peu dans sa partie occidentale. Fascinées par son mode de vie, de nouvelles populations venues de l'est et du nord, germaniques notamment, s'y installent : ce sont les « invasions barbares* » des vieux manuels scolaires, qui reprenaient des récits médiévaux souvent bien postérieurs aux événements, et dont désormais historiens et archéologues relativisent beaucoup la violence. Ces Barbares ne souhaitaient nullement détruire l'empire, habités qu'ils auraient été par le génie du Mal, mais simplement, fascinés par sa civilisation, s'y intégrer au mieux.

Ainsi, c'est au terme d'un traité que les Wisigoths s'installent en Aquitaine en 418 de notre ère, leur roi Athaulf épousant une princesse impériale, Galla Placidia ; les Burgondes font de même dans la région de Genève en 453, tout comme les Francs saliens dans le Nord de la Gaule. L'armée romaine comprend de plus en plus de « barbares » dans ses rangs, y compris des officiers supérieurs. Et les tombes montrent que modes romaines et modes barbares se mélangent de plus en plus dans les parures et le costume. L'archéologie ne retrouve pas les traces d'une catastrophe généralisée qui aurait mis à bas tout l'empire, mais montre une évolution graduelle vers le Moyen Âge, même s'il y eut aussi des moments plus troublés et de véritables batailles.

LA FRANCE, ÉTERNELLE ET INCHANGÉE ?

Il est pourtant de mise, depuis peu, d'affirmer qu'entre ces transformations historiques du début du Moyen Âge et les émigrations de ces dernières décennies la « France » serait restée inchangée et identique. Cela est un non-sens historique, pour au moins trois raisons. D'une part parce que les frontières actuelles de la France ne sont guère acquises avant les XVIIe et XVIIIe siècles et que, même alors, il y manquait encore les Savoies et le comté de Nice – les derniers accroissements territoriaux de la France continentale, de l'ordre de sept cents kilomètres carrés au détriment de l'Italie, datant de… 1947. La deuxième raison est que les frontières actuelles ont été obtenues par les rois de France, au fil des siècles, la plupart du temps par la conquête militaire de régions entières où se parlaient d'autres langues que le français, et qui n'avaient donc rien de particulièrement « français » : Bretagne (par un mariage forcé), Flandres, Pays basque, Occitanie (de l'Aquitaine au comté de Nice et de la Méditerranée à l'Auvergne), Catalogne, Alsace, Moselle, Corse…

La troisième raison est que des mouvements de populations n'ont jamais cessé entre le Ve et le XXe siècle de notre ère. Il y eut l'établissement des Arabo-Berbères d'Andalousie dans le Sud de la France (on a retrouvé tout récemment des tombes musulmanes à Nîmes) ; des Bretons fuyant les îles Britanniques jusqu'en Bretagne ; des Vikings ou Normands (« hommes du Nord ») en Normandie ; des Anglais pendant la guerre de Cent Ans, qui s'installent en particulier dans le Sud-Ouest ; des Tziganes, venus sans doute du Nord de l'Inde et signalés à partir du XIVe siècle ; des Juifs réfugiés d'Espagne après leur expulsion par Isabelle la Catholique en 1492 ; puis les Morisques, descendants des musulmans convertis au catholicisme mais pourtant expulsés à leur tour d'Espagne par dizaines de milliers au tout début du XVIIe siècle ; les mercenaires étrangers dans les armées royales, dont ils composent au moins le quart aux XVIIe et XVIIIe siècles ; les suites des reines de France, presque toutes étrangères, venues d'Italie, d'Espagne, de Pologne ou d'Autriche ; puis, à partir de la révolution industrielle, les travailleurs émigrés des pays voisins (Belgique, Italie), puis de plus loin (Pologne), puis finalement de nos colonies ; sans compter aux XIXe et XXe siècles les réfugiés politiques : Arméniens, Russes blancs, Juifs d'Europe centrale et orientale, républicains espagnols, démocrates antifascistes italiens et allemands, puis habitants des pays de l'Est pendant la guerre froide, pieds-noirs après 1962, et bien d'autres fuyant des régimes dictatoriaux.

On voit donc que l'immigration récente en France, issue de l'ancien empire colonial français d'Afrique du Nord et de l'Ouest, et d'Indochine, ne fait que prendre la suite de flux incessants, qui ne se sont jamais taris et qui se sont combinés aussi à des mouvements dans l'autre sens : conquête normande de l'Angleterre au XIe siècle, croisades au Proche-Orient, établissements du premier empire colonial français (Québec, Louisiane, Inde) aux XVIIe et XVIIIe siècles, puis du second à partir de 1830 et pendant tout le XIXe et le XXe siècle, huguenots protestants fuyant les persécutions après la révocation de l'édit de Nantes en 1685, etc. – même si les Français, traditionnellement, émigrent moins facilement que les citoyens d'autres pays, d'autant que ce pays a été moins touché par de graves crises économiques que, par exemple, l'Irlande.

ET MAINTENANT ?

Si nous nous sommes concentrés naturellement sur les incessants mouvements migratoires qui ont concerné l'actuel territoire français depuis plus d'un million d'années, le reste de la planète n'a cessé, tout autant, d'être parcouru en tous sens par *Sapiens*, ce singe migrateur, et de toutes les manières possibles : lents mouvements de colonisation assortis de mélanges, raids guerriers éphémères ou durables, comptoirs commerciaux et enclaves, navigations d'exploration, etc.

Ainsi considère-t-on que la famille linguistique des langues dites bantoues provient de lents mouvements progressifs de colonisation agricole à partir du Cameroun et des régions proches par des agriculteurs, au détriment des chasseurs-cueilleurs indigènes, et ce jusqu'en Afrique du Sud. Mais la migration la plus spectaculaire est sans doute celle des Polynésiens, qui, sans doute partis de Taiwan et parlant des langues austronésiennes, vont coloniser en à peine plus de trois mille ans la plupart des îles du Pacifique, jusqu'aux plus improbables, comme la minuscule île de Pâques, au moyen de leurs pirogues à balancier, l'une des plus remarquables inventions humaines. Les archéologues les suivent à la trace, grâce à leur poterie très particulière, dite « lapita ». D'autres, apparentés, vont partir dans l'autre sens, jusqu'à Madagascar.

Pirogue à balancier

Cette invention polynésienne consiste à stabiliser une pirogue classique à l'aide d'un flotteur latéral, lui donnant ainsi une bien meilleure prise dans les vagues. Ces embarcations ont permis à leurs équipages de coloniser l'ensemble de la Polynésie. Elles ont inspiré nos catamarans et trimarans modernes.

C'est peut-être lorsque les humains ne migreront plus du tout qu'il faudra s'inquiéter...

Chapitre 11

Qui a inventé les peuples, les ethnies et les nations ?

> *« La France vient du fond des âges. Elle vit. Les siècles l'appellent. Mais elle demeure elle-même au long du temps. Ses limites peuvent se modifier sans que changent le relief, le climat, les fleuves, les mers, qui la marquent indéfiniment. Y habitent des peuples qu'étreignent, au cours de l'histoire, les épreuves les plus diverses, mais que la nature des choses, utilisée par la politique, pétrit sans cesse en une seule nation. »*
> Charles de Gaulle, *Mémoires d'espoir,* tome 1, page 7.

Ces phrases ont-elle un sens ? C'est le propos de ce chapitre.

Aujourd'hui, les sept milliards d'humains sont strictement répartis entre environ deux cents États officiels de tailles variées – 0,4 kilomètre carrés (pour le Vatican) à 17 millions de kilomètres carrés (pour la Fédération de Russie) – sans compter les pays se voulant indépendants, mais non reconnus par l'ONU. Ces États se définissent comme des nations, enracinées dans l'histoire, unies à chaque fois dans un même destin, occupant leur territoire de toute éternité. Mais depuis quand peut-on parler de « nations » et de « peuples » ?

Les animaux vivent en sociétés de tailles fort diverses, certains en colonies de plusieurs dizaines de milliers d'individus, comme les abeilles ou les fourmis, d'autres la plupart du temps solitaires, comme les araignées ou certains mammifères mâles

– même si mâles et femelles doivent régulièrement se rencontrer à des fins de reproduction. Ces différences tiennent en partie à leurs régimes alimentaires. Les primates*, dont les humains, se nourrissent de produits charnus, fruits, racines, chair animale, lesquels sont dispersés dans la nature et imposent donc à la fois le nomadisme au gré de ces ressources et une vie sociale en petits groupes. Comme l'a remarqué avec humour le préhistorien André Leroi-Gourhan dans son livre *Le Geste et la Parole* (1964) : « L'homme aurait-il possédé une denture râpante et un estomac de ruminant que les bases de la sociologie eussent été radicalement différentes. Apte à consommer les plantes herbacées, il eût pu, comme les bisons, former des collectivités transhumantes de milliers d'individus. » Ainsi, notre individualisme tient aussi à notre nourriture !

MONOGAMES OU POLYGAMES ?

Mais il y a aussi, heureusement, des raisons plus complexes pour faire société, raisons que nous nommons « culturelles » quand il s'agit de nous-mêmes, les humains, mais qui concernent tout autant les animaux – on parlera alors pour eux d'« éthologie », la science du comportement, ce qui, il est vrai, relève plus de la description que de l'explication. Ainsi, 90 % des oiseaux sont monogames et vivent en couple, dans des colonies plus ou moins nombreuses. Au contraire, 5 % seulement des mammifères le sont. Les primates notamment sont polygames, mais de manières diverses. Les gorilles sont organisés en harems et les différences physiques apparentes entre femelles et mâles sont fortes. Au contraire, les chimpanzés et bonobos, les plus proches génétiquement de nous-mêmes, pratiquent l'union libre et les différences physiques apparentes entre femelles et mâles sont beaucoup moins marquées, tout comme chez les humains.

À défaut de savoir ce qu'il en était chez les plus anciens humains, nous pouvons au moins observer les derniers groupes de chimpanzés et bonobos vivant encore en liberté dans la forêt africaine, elle-même en grand péril. Chacun de leurs groupes occupe un territoire défini, sur les frontières duquel les mâles patrouillent éventuellement. Les jeunes femelles ont tendance à quitter le groupe à l'âge adulte, les femelles « étrangères » semblant plus attirantes que les propres femelles d'un groupe donné. La sexualité libre peut être une source de conflits, mais c'est aussi l'un des moyens usuels de réconciliation, avec l'épouillage. Les mâles apparemment « dominants » n'ont pas d'accès privilégié aux femelles, contrairement à une opinion courante : en fait, des analyses génétiques ont démontré que les petits ne descendent pas plus des « dominants » que des autres mâles – autrement dit, que les femelles font ce qu'elles veulent !

On ne saurait plaquer directement les comportements de ces primates sur nos plus lointains ancêtres humains, Australopithèques* en particulier, d'autant que les sociétés de chimpanzés et de bonobos ont pu continuer à évoluer de leur côté depuis les quelque huit millions d'années de leur séparation d'avec les futurs humains ; du moins ces observations éthologiques peuvent-elles nous apporter quelques pistes de réflexion.

LA CULTURE MATÉRIELLE

Les chimpanzés utilisent des outils, cailloux pour casser des noix ou brindilles pour extraire les termites de leurs termitières, mais ils n'utilisent pas d'outils pour fabriquer des outils, comme le font les humains lorsqu'ils taillent leurs outils de pierre. Toutefois, il existe des différences de comportement entre groupes de chimpanzés dans le maniement d'outils, si bien que l'on peut parler de « cultures » différentes.

Les sociétés d'*Homo erectus** fabriquent des outils avec des outils, en façonnant leurs bifaces* symétriques. Mais les formes de ces outils varient selon les régions, ce qui est assez normal étant donné les grandes distances qui séparent ces groupes les uns des autres et, dans les périodes ultérieures de la préhistoire, on pourra continuer à identifier des régions géographiques distinctes, caractérisées chacune par des types définis d'objets (outils en pierre, harpons en os, forme des cabanes, style des gravures et des peintures, etc.). Les archéologues appellent traditionnellement culture archéologique* le fait que, dans une région donnée, les objets soient de même style, et différents de ceux d'autres régions. Ils en déduisent souvent, reprenant l'hypothèse de Gustaf Kossinna, un archéologue allemand du début du XXᵉ siècle, que derrière chaque culture archéologique il y aurait eu nécessairement un groupe ethnique distinct. Ce postulat, qui peut paraître de bon sens, se vérifie quelquefois, mais pas toujours, quand on étudie les populations traditionnelles encore vivantes. Les enquêtes ethnologiques sur les relations entre style des objets (la culture matérielle*) et appartenance ethnique – enquêtes qu'on appelle parfois « ethnoarchéologiques* » – montrent en effet que ce n'est pas toujours le cas : certains styles de poterie ou d'habitation peuvent dépasser les frontières ethniques, et il peut y avoir des formes et des décors de poterie qui varient à l'intérieur des frontières d'un même groupe ethnique, groupes ethniques qui se définissent comme tels par leur nom, leur langue, leurs croyances, leurs coutumes, etc.

Pour prendre des exemples contemporains dans nos sociétés industrielles, qui ne sont certes pas directement transposables aux sociétés préhistoriques, la Suisse est une nation unique, homogène et de longue date, et qui se ressent comme telle, mais où, suivant les régions, les langues, les religions ou les modes culinaires peuvent différer considérablement. Ou encore, dans la malheureuse Bosnie, des gens qui parlaient la même langue et avaient la même culture matérielle se sont entretués au nom de trois religions différentes. Jusqu'à l'uniformisation républicaine des XIXᵉ et XXᵉ siècles, la France était composée de multiples régions, où les langues, la musique, les danses, les habitudes culinaires, l'architecture et plus généralement les modes de vie variaient de manière importante.

Pour revenir au Paléolithique*, on constate par exemple que, de l'Atlantique à l'Ukraine, les figurines féminines en os, en pierre, voire en argile, de la période gravettienne, il y a 25 000 ans, obéissent à des canons strictement identiques à des milliers de kilomètres de distance (chap. 4, p. 75). Il est difficile de penser qu'il s'agirait d'un même groupe ethnique qui se serait étendu, homogène, sur l'intégralité de la moitié sud de l'Europe pendant plusieurs millénaires. Il est beaucoup plus probable que, dans ce vaste espace géographique, de petits groupes nomades de chasseurs de rennes se sont régulièrement croisés, échangeant des idées, des formes et des objets. De fait, tous les groupes de chasseurs-cueilleurs observés par l'ethnologie de par le monde ne dépassent guère quelques dizaines d'individus, sans que ces groupes soient eux-mêmes intégrés dans des entités ethniques et politiques plus vastes.

La situation se modifie avec le Néolithique*. L'apparition des nouveaux objets que sont les poteries, dont les formes, mais surtout les décors, ne sont soumis à aucune contrainte de fonction, permet de mieux isoler des zones géographiques distinctes, chacune caractérisée par le style particulier de ses poteries (et aussi de ses maisons, de ses tombes, de ses parures). Les analyses physico-chimiques qu'on sait réaliser désormais sur l'argile des vases montrent que tous ne sont pas produits sur place, dans un village donné, mais qu'une partie, jusqu'à un tiers, provient d'autres villages, et qu'il y a donc une constante circulation de ces contenants – et de leur contenu. Cette circulation incessante explique l'homogénéité stylistique d'une région donnée. Mais, à y regarder de plus près, il n'y a jamais de frontière nette entre deux zones stylistiques – ou « cultures* » –, ce qui suggère que ces cultures seraient plutôt des zones de circulation et de contacts stylistiques que des entités politiques bien définies.

La colonisation néolithique de l'Europe le montre d'une autre manière. Les côtes sud de l'Europe sont colonisées par la Céramique cardiale*, qui s'étend progressivement de la Grèce à l'Espagne et même au Portugal, à partir de 6000 avant notre ère (chap. 2, p. 34). Il est improbable que, dans un espace aussi étiré, il y ait encore eu un sentiment d'appartenance et d'identité au bout d'un demi-millénaire. Même chose pour la Céramique linéaire*, qui colonise l'ensemble de l'Europe tempérée et y apporte agriculture et élevage à partir de - 5500 environ (chap. 2, p. 36) : elle finit par atteindre la mer Noire à l'est et l'Atlantique à l'ouest, tandis que les formes de ses poteries et de ses maisons se modifient peu à peu dans chaque région, pour donner à chaque fois naissance à de nouvelles cultures matérielles, cette fois distinctes les unes des autres. De fait, il est impossible de suivre dans le Néolithique européen à travers le temps les transformations d'un même groupe humain, d'un même peuple, dont la culture matérielle évoluerait, comme il est normal, mais qui resterait repérable dans son territoire. D'une période à l'autre, les frontières des groupes se modifient, se brouillent, donnant l'impression de recompositions ethniques permanentes, bien que lentes, et non de généalogies figées.

Culture matérielle et groupe ethnique

Par définition, l'archéologie est l'étude des sociétés à travers leurs objets matériels. L'étude archéologique peut être complétée et enrichie par des textes dans les sociétés qui possèdent l'écriture – laquelle n'existe que depuis 5 000 ans à peine, et pendant longtemps dans quelques régions du monde seulement. De plus, ces textes ne reflètent souvent qu'une petite partie de la réalité sociale (textes religieux, ou à la gloire des souverains, épopées). On peut, symétriquement, faire une approche « archéologique » des sociétés actuelles, qu'elles soient industrielles (l'étude archéologique de nos poubelles en dit beaucoup sur nos comportements de gaspillage) ou traditionnelles – on parle dans ce cas d'ethnoarchéologie*. De telles enquêtes ethnoarchéologiques permettent de comparer les hypothèses faites sur des sociétés préhistoriques à la réalité de sociétés traditionnelles contemporaines, dont nous avons des raisons de penser qu'elles sont, d'une manière ou d'une autre, comparables à ces sociétés préhistoriques. Néanmoins, de telles observations ne constituent évidemment pas des preuves ;

et, à la limite, ce sont les contre-exemples qu'elles offrent aux hypothèses des préhistoriens qui sont les plus intéressants – c'est-à-dire quand ces hypothèses sont démenties.

Depuis le XIXe siècle en effet, afin de mettre en ordre la masse des données archéologiques qui sortent du sol, on a constitué des « boîtes », appelées cultures archéologiques. On appelle ainsi le fait que, dans une région donnée et à une époque donnée, on rencontre sur les différents sites archéologiques les mêmes « types » de poteries, d'outils, d'armes, d'architectures, de pratiques funéraires, etc. ; et qu'à l'inverse, dans les régions voisines à la même époque, on trouvera des « types » différents. Ces « types » ont été souvent définis selon ce qu'on appelle la « méthode typologique », par référence explicite à la manière dont les zoologues et les botanistes classaient leurs espèces animales et végétales. La différence est cependant que ces dernières espèces biologiques se reproduisent directement, ce qui n'est pas le cas des objets archéologiques, qui sont des productions humaines.

Toujours depuis le XIXe siècle, on a supposé que, derrière une culture archéologique matérielle donnée, il y avait une culture immatérielle homogène : une même langue, une même religion, des institutions semblables, en résumé un même groupe ethnique homogène. Le modèle sous-jacent à cette conception était l'État-nation du XIXe siècle, dont on oublie qu'il s'agit d'un système politique très récent, de même que les « langues nationales » résultent pour la plupart de décisions volontaristes et centralisatrices de ces États. Or les enquêtes ethnoarchéologiques montrent désormais un paysage très différent, dans la mesure où elles travaillent sur des sociétés villageoises traditionnelles – même si ces sociétés sont elles-mêmes incluses dans des États modernes. De telles sociétés villageoises sont en réalité multilingues, les langues traditionnelles (comme naguère les patois et dialectes en France) ayant un périmètre très réduit, et les échanges matrimoniaux et commerciaux obligeant donc à en manier plusieurs.

Certes, un groupe ethnique se définira lui-même comme tel, malgré ce multilinguisme, mais les observations montrent que sa culture matérielle est souvent loin d'être homogène et que les types d'objets peuvent varier fortement à l'intérieur d'un même groupe. Cela ne veut pas dire que l'on ne pourrait rien dire, mais qu'il faut travailler avec des modèles ethniques beaucoup moins simplistes.

LES PREMIERS « PEUPLES » ?

À partir de l'Âge du bronze*, vers - 2200 environ, on peut discerner, du moins dans une partie de l'Europe, de grandes zones stylistiques qui ont tendance à rester relativement stables, jusqu'au moment où, pour une partie d'entre elles, on dispose des premiers textes, ceux des historiens grecs et romains dans les derniers siècles avant notre ère. Une zone stylistique recouvre par exemple la moitié nord de l'actuelle Allemagne, les Pays-Bas et la Scandinavie. C'est là que vivent des peuples appelés « Germains » par les Romains, et qui entrent peu à peu en contact, pacifique ou violent selon les époques, avec l'empire.

Immédiatement au sud des Germains, on situe traditionnellement les Celtes, qui se seraient étendus de la Bohême jusqu'aux îles Britanniques en passant par tout le Bassin parisien. Comme nous l'avons vu (chap. 10, p. 209), la situation est beaucoup plus complexe pour les Celtes que pour les Germains, peut-être aussi parce que nous avons plus d'informations sur les premiers que sur les seconds. On ne saurait parler dans tous les cas d'un « peuple celte » homogène sur une telle étendue géographique, d'autant que, pour le seul territoire de la Gaule, Jules César, on l'a vu aussi (chap. 10, p. 208), distinguait déjà trois zones culturelles parfaitement différentes, et par ailleurs subdivisées en une soixantaine d'États ou « cités » (*civitates*) indépendants, portant chacun un nom de « peuple » et possédant une ville (*oppidum**) capitale – telle Lutèce (Lutetia), capitale des *Parisii*, ou Reims (Durocortorum), capitale des Rèmes (*Remi*).

On pourrait penser que la notion de « Grecs » serait plus simple. À la différence des Celtes, les Grecs écrivaient beaucoup et nous ont laissé aussi bien les textes de leurs poètes, historiens et philosophes, que d'innombrables inscriptions gravées dans la pierre. Mais d'une part ils sont divisés en plusieurs dizaines de cités-États jalousement indépendantes ; d'autre part il ne suffisait pas de parler grec pour être considéré comme grec. Pour les Athéniens, les habitants de l'Épire ou de l'Étolie, dans le nord-ouest de la Grèce, ne méritaient pas ce qualificatif, car ils avaient des rois, pas de véritables villes, étaient difficiles à comprendre et accusés de manger de la viande crue.

Plus au nord-est s'étendait le menaçant royaume de Macédoine, aux élites fortement hellénisées : Alexandre le Grand eut le philosophe Aristote pour précepteur. Les linguistes considèrent que le macédonien, bien que proche du grec, doit en être distingué. Pourtant les Grecs d'aujourd'hui revendiquent la Macédoine comme partie indissociable de la Grèce, au point que les tensions ont été très vives avec la nouvelle république de Macédoine indépendante et slavophone, issue de l'éclatement de la Yougoslavie dans les années 1990. Aujourd'hui encore, cet État parfaitement reconnu par la communauté internationale n'a néanmoins, du fait de l'opposition de la Grèce, pas le droit de s'appeler officiellement « Macédoine », mais seulement, à titre provisoire depuis un quart de siècle, « ex-république yougoslave de Macédoine », soit en anglais : « Former Yougoslavian Republic of Macedonia » ou « FYROM » !

BALKANISATIONS ET CRÉATIONS

De fait, l'archéologie a fréquemment été appelée à la rescousse dans la construction des identités nationales aux XIXe et XXe siècles. Prenons l'exemple de la « balkanisation », une invention – le mot et la chose – des nations d'Europe occidentale, France, Grande-Bretagne et Allemagne, au XIXe siècle. Depuis la fin du Moyen Âge, l'Empire ottoman s'était rendu maître de l'ensemble de la péninsule balkanique. Mais, à partir du début du XIXe siècle, des mouvements de libération nationale toujours plus puissants avaient commencé à secouer le vieil empire. La Grèce, ou du moins sa partie sud, est indépendante à partir de 1830, tandis que la Serbie devient dans le même temps autonome, puis définitivement indépendante en 1878, tout comme une partie de la Bulgarie, et ainsi de suite. Le malheureux Empire ottoman devient l'« homme malade de l'Europe » et se fissure peu à peu. La Russie, pays de religion chrétienne orthodoxe comme la plupart des habitants des Balkans, soutient ces mouvements, y compris militairement dans le cas de la Bulgarie en 1878. Elle y a aussi un intérêt stratégique : l'accès à une mer chaude, jamais prise par les glaces. Inversement, les puissances occidentales tâchent de l'en empêcher, et donc de retarder le processus, ce qu'elles appellent la « question d'Orient ». Elles ne veulent surtout pas d'une grande fédération balkanique unifiée et orthodoxe, liée à la Russie, ce que réclament pourtant les mouvements révolutionnaires locaux, étant donné l'intrication des langues et des ethnies dans une péninsule où depuis cinq siècles toute frontière a été abolie et où la circulation des personnes, des langues, des coutumes et des biens est intense.

France, Grande-Bretagne et Allemagne décident donc de balkaniser. Au fur et à mesure que des régions obtiennent tant bien que mal leur autonomie ou leur indépendance, on tâche d'y découper de petits États soi-disant « indépendants », à la tête desquels on place un roi d'opérette, emprunté à l'une des familles régnantes d'Europe de l'Ouest, dont certaines sont au chômage en raison de la réunification de l'Allemagne et de la création de diverses républiques. Ainsi placera-t-on un Schleswig-Holstein-Sonderburg-Glücksburg sur le trône, spécialement créé, de Grèce, elle-même vassale du Royaume-Uni, un Saxe-Cobourg-Gotha sur celui de Bulgarie, vassale de l'Allemagne, ou un Hohenzollern-Sigmaringen en Roumanie, plus ou moins proche, tout comme la Serbie, de la France. En même temps, il fallut des transferts et échanges massifs de populations, des « purifications ethniques », pour assurer une relative homogénéité à ces nouvelles créations, notamment en 1913, 1918 et 1923, sans compter celles des années 1990, certaines toujours en cours.

Enfin, il fallut assurer à chacun de ces États un passé glorieux, venant « du fond des âges » et en garantissant l'existence en tant que « nation » de toute éternité. Les deux références principales furent l'Âge du fer (les derniers siècles avant notre ère) et le Haut Moyen Âge. Mais le Néolithique zappé fut également impliqué. En effet, aujourd'hui encore, certains chercheurs balkaniques répugnent à faire venir l'agriculture et l'élevage du Proche-Orient, via la Turquie, leur ancienne puissance coloniale – un nationalisme préhistorique qui se retrouve un peu partout, y compris en France. Pour la Bulgarie, on invoqua donc les Thraces et leurs tombeaux somptueux des derniers siècles avant notre ère, alors même qu'il y eut plusieurs royaumes thraces en même temps et que la population thrace originelle fut ensuite recouverte par des populations gréco-macédoniennes peu avant notre ère, puis romaines, puis byzantines, puis slaves au début du Moyen Âge (le bulgare est une langue slave), puis proto-bulgares (des migrants turco-mongols arrivés d'Asie centrale au VIIe siècle de notre ère, qui ont donné leur nom à la Bulgarie, mais en perdant leur langue). Pourtant les Thraces furent exaltés comme ancêtres directs par les dirigeants bulgares, un Institut de thracologie fut créé après la Seconde Guerre mondiale, sur le même plan que l'Institut d'archéologie, tous deux dépendant à égalité de l'Académie bulgare des sciences. Après 1990, la mise en avant du passé thrace se poursuivit, et plusieurs fouilles spectaculaires furent entreprises – sans compter les fouilles clandestines qui fournissent le marché illégal des antiquités en riches objets thraces.

En Roumanie, ce sont les Daces qui furent invoqués et convoqués. De fait, l'empereur romain Trajan les vainquit au tout début du IIe siècle de notre ère, ce que célèbre à Rome la colonne trajane, dont la partie retraçant la guerre contre les Daces est exposée en copie dans le musée national roumain à Bucarest. Les Romains créèrent une province de « Dacie » (*Dacia*), qui ne fut cependant romaine que cent cinquante ans, avant d'être à nouveau abandonnée aux Barbares. Ce qu'étaient réellement les « Daces », de toute façon partagés en plusieurs royaumes ou tribus, est pourtant loin d'être clair. Pour certains auteurs antiques, ils ne sont qu'une branche des Thraces ; d'autres les assimilent à un autre peuple, les Gètes, qui, pour d'autres auteurs encore, seraient à distinguer et formeraient un peuple distinct. Bref, faire des Daces les ancêtres des Roumains est quelque peu forcé, d'autant que l'éphémère présence romaine fit abandonner la langue dace pour le latin, dont descend en partie le roumain moderne, classé parmi les langues romanes comme le français, même s'il compte un bon tiers de mots slaves, du fait de l'arrivée de populations slaves au Moyen Âge. Dacia sera néanmoins le nom de la première marque automobile roumaine, construite dans les années 1960 en partenariat avec l'entreprise française Renault, qui l'a rachetée récemment.

QU'EST-CE QU'ÊTRE FRANÇAIS ?

En résumé, notre conception de la nation n'a que deux siècles, issue de la Révolution et du romantisme, et c'est *a posteriori*, de manière parfaitement anachronique, que nous plaquons cette conception moderne sur les réalités ethniques et sociales du passé, qui étaient fort différentes. Cela ne signifie pas que les nations modernes appelées Bulgarie, Roumanie, Grèce – ou France – n'existent pas ; mais seulement que leur légitimité ne saurait venir d'un lointain passé plus ou moins reconstitué, bricolé, manipulé. On n'est pas bulgare aujourd'hui parce que l'on descendrait en droite ligne d'un ou d'une Thrace (d'il y a 2 500 ans) ou d'un Slave (d'il y a 1 500 ans) ou d'un Proto-Bulgare (d'il y a 1 300 ans) – d'autant que s'installèrent aussi sur l'actuel territoire bulgare des Grecs, des Romains, des Byzantins, des Ostrogoths, des Tziganes, des Juifs espagnols, des Turcs, des Russes, des pasteurs transhumants saracatsanes ou roumanophones, parmi bien d'autres. On est bulgare parce que l'on se sent et se revendique bulgare aujourd'hui.

De même que l'on n'est pas française ou français parce qu'on descendrait en droite ligne du premier *Homo erectus* attesté sur l'actuel territoire français, qui campait il y a 1,2 million d'années du côté de Lézignan-la-Cèbe ; ou des Néandertaliens* qui parcouraient la Corrèze ou l'Yonne il y a soixante mille ans ; ou des *Homo sapiens** venus d'Afrique* qui peignaient sur les parois des grottes de Chauvet ou de Lascaux ; ou des agriculteurs proche-orientaux dont les pirogues longèrent les côtes méditerranéennes il y a huit mille ans ; ou des Gaulois d'Alésia et de Gergovie ; des soldats romains venus avec César et dont subsiste notre langue ; des Wisigoths, des Burgondes (qui donnèrent son nom à la Bourgogne), des Francs (dont il nous reste le nom et celui de notre langue), des Arabes puis des Morisques du Midi, des Juifs immigrés ou convertis, entre autres. On est française ou français parce que l'on se sent et se revendique française ou français. Il n'y avait pas de « Français » il y a deux mille ans, et il n'y en aura certainement pas dans deux mille ans. Seul compte notre souhait de vivre ensemble, ici et maintenant.

ET MAINTENANT ?

On ne saurait vivre sans appartenance à un ou plusieurs groupes, et à une nation. La crise actuelle de l'Europe est que peu d'entre nous se sentent véritablement « européens », sinon géographiquement, dans la mesure où ne nous ont été proposés qu'un « grand marché économique », une « concurrence libre et non faussée » et des règlementations opaques, sinon variables en fonction du poids de tel ou tel lobby. Le sentiment d'appartenance culturelle a en revanche été fort peu valorisé. Mais ce sentiment légitime d'appartenance à une « nation », telle qu'elle existe aujourd'hui, ne saurait s'appuyer sur des revendications historiques anachroniques, voire manipulées. Il ne peut s'appuyer, comme le disait déjà l'historien et philosophe Ernest Renan en 1882, que sur « un plébiscite de tous les jours », c'est-à-dire un sentiment d'appartenance collective, ici et maintenant.

Symétriquement le devoir, éthique et citoyen, mais aussi scientifique, des archéologues et des historiens n'est pas d'entretenir une mythologie nationale erronée, mais au contraire de faire la part des mythes, de les décrire et de les expliquer, mais en aucun cas de les alimenter ni de les justifier.

Conclusion
Les raisons d'un zapping

L'introduction de ce livre posait une question : « Mais pourquoi ces dix millénaires sont-ils zappés ? », que ce soit dans les programmes scolaires ou la plupart des émissions de télévision sur l'histoire et l'archéologie, et donc dans notre culture générale.

Parce que c'est une période sur laquelle on sait peu de choses, et que de nombreuses autres recherches seraient nécessaires pour acquérir des certitudes ? Au contraire, les connaissances n'ont cessé de s'accumuler depuis les trente dernières années et permettent d'offrir un tableau complet et cohérent, même s'il ne cesse de s'enrichir.

Parce que ce sont des connaissances trop érudites et spécialisées ? Oui, mais ce livre s'est efforcé de montrer qu'on peut raconter cette histoire de manière simple et accessible.

Parce que ce ne sont que dix petits millénaires, dans une histoire humaine qui durent depuis plusieurs millions d'années ? Oui, mais c'est pourtant là que tout a changé.

Et surtout, l'archéologie montre qu'une bonne partie de ce qui compose notre monde actuel, les villes, les chefs, les nations, les guerres, les dieux, et qui nous semble aller de soi, a en fait une histoire et que cette histoire n'était pas forcément la seule qui aurait été possible…

L'HISTOIRE OFFICIELLE

Un arrêté ministériel du 15 août 2008 définissait ainsi le programme d'histoire pour les élèves de la classe de sixième : « À l'école primaire, les élèves ont étudié les premières traces de la vie humaine sur lesquelles on ne reviendra pas au collège. Ils y ont également abordé l'Antiquité à travers l'approche de la Gaule et de sa romanisation. En sixième, après un premier contact avec une civilisation de l'Orient, les élèves découvrent la Grèce et Rome, [...] l'émergence du judaïsme et du christianisme, [...] les empires chrétiens de l'Orient byzantin et de l'Occident carolingien. » En effet, « ce programme est orienté essentiellement vers l'étude de grandes civilisations entre le IIIe millénaire avant J.-C. et le VIIIe siècle ».

Les choses étaient claires : savoir ce qui s'était passé sur l'actuel territoire français – et ailleurs – avant les « grandes civilisations » de l'Orient, de la Grèce et de Rome ne devait être enseigné qu'aux écoliers des classes primaires. Les premières formes humaines, la diffusion d'*Homo sapiens* sur la planète, l'invention de l'agriculture et de l'élevage, les premières sociétés inégalitaires, puis celles de l'Âge du bronze et de l'Âge du fer (Gaulois compris), tout cela était réservé aux bambins de six à dix ans, certes pleins de curiosité, mais plus indispensable à leurs aînés, pourtant davantage en âge de mettre en perspective. Car à partir du collège, là-dessus, « on ne reviendra pas »[1].

Certes, depuis 2016, les programmes ont été un peu modifiés, et les périodes anciennes, antérieures aux « grandes civilisations », ont été réintroduites en classe de sixième. On évoque à nouveau « les débuts de l'humanité », « la révolution néolithique » et « premiers États, premières écritures », sans s'interroger cependant sur la manière dont apparurent ces « premiers États ». Puis le reste du programme, jusqu'en terminale, s'enchaîne avec les déroulements ultérieurs de l'histoire

---

[1]. L'enseignement de l'histoire était même devenu facultatif, de 2009 à 2012, pour les classes de terminales scientifiques.

humaine, à mesure que l'enfant grandit, comme si l'humanité était elle-même passée de la naissance à la petite, puis à la grande enfance, puis à l'adolescence et finalement à l'âge adulte.

Même inconsciente, une telle conception n'est pas innocente. Elle présuppose que l'apparition du Néolithique, comme des premiers États, est un phénomène naturel et logique, sur lequel point n'est besoin de s'interroger. Et que, finalement, les mondes étatiques dans lesquels nous vivons sont une évidence. Pourtant, les interrogations sur ces grands moments historiques dépassent la simple énumération des faits et touchent aussi à la philosophie, à la biologie, à la sociologie, à la psychologie, à l'économie. Elles sont loin d'être banales et mériteraient d'être posées aux différents niveaux de la scolarité.

La conception historique sous-jacente est en fait l'évolutionnisme du XIXe siècle, sinon de la fin du XVIIIe, lorsque le philosophe Condorcet écrivait en 1794 son *Esquisse d'un tableau historique des progrès de l'esprit humain*. Pour lui, l'histoire de l'humanité se présentait comme la succession logique d'une dizaine de stades successifs, conception que reprendra l'Américain Lewis Morgan, l'un des fondateurs de l'ethnologie moderne, dans son *Ancient Society*, paru en 1877. Dans une succession intangible, toutes les sociétés humaines seraient vouées à passer par une série d'étapes, la plus aboutie étant évidemment notre civilisation industrielle moderne. Et, comme dans une course, certaines sociétés seraient plus « avancées » dans ce parcours, et d'autres, moins.

D'AUTRES HISTOIRES POSSIBLES ?

Pourtant, toutes les sociétés de chasseurs-cueilleurs n'ont pas fait le choix de l'agriculture, et pas seulement pour des raisons environnementales. Celles qui s'y sont engagées, il y a environ dix mille ans dans plusieurs régions du monde, furent au début très minoritaires. Les avantages de cette nouvelle économie n'avaient rien d'évident, car l'agriculture exigeait de bout en bout, stockage compris au risque des moisissures et des rongeurs, un travail bien plus considérable que jusque-là la simple récolte de plantes sauvages parvenues à maturité. Les animaux, à l'origine capturés, devaient désormais être nourris et soignés et généraient de nouvelles maladies transmissibles aux humains. Peut-être certains groupes y renoncèrent-ils au bout d'un moment, même si cela reste difficile à prouver archéologiquement. On en connaît en tout cas quelques exemples au cours de l'histoire, comme la civilisation nord-américaine de Fremont au XIIIe siècle de notre ère : sur le territoire de l'État actuel de l'Utah, une partie des communautés se dispersèrent pour revenir à une économie de chasse et de cueillette – il est vrai en partie en raison d'une dégradation climatique –, tandis que d'autres choisirent d'émigrer vers des régions plus favorables à l'agriculture. Plus récemment, certaines communautés amérindiennes repoussées dans la forêt amazonienne par les colonisateurs abandonnèrent en grande partie l'agriculture.

Le Néolithique ne s'est pas non plus diffusé d'une traite sur tout le continent européen, ni nulle part. Il y eut des moments où, pendant plusieurs siècles, sa progression cessa. Quelles qu'en furent les raisons, son adoption n'allait donc pas de soi. De nos jours, le modèle de l'agriculture productiviste est remis en cause, ne serait-ce qu'au nom de la santé publique. Utopie ou non, des expériences d'agricultures de proximité à petite échelle et en circuit court se multiplient. Si nos sociétés ne sont pas près de retourner à la chasse et à la cueillette (lesquelles n'ont cependant jamais cessé d'être pratiquées, même à la marge – sans compter la pêche industrielle), du moins l'exercice de l'agriculture pourrait-il devenir moins uniforme.

Mais si, une fois l'agriculture définitivement adoptée, les sociétés agricoles ont submergé, absorbé ou refoulé les chasseurs-cueilleurs, devaient-elles nécessairement déboucher sur des organisations inégalitaires à chefferie, puis des villes, des États, voire des empires ? Pour l'évolutionnisme classique, cela va de soi et ne se discute même pas. Les premières villes du monde, celles de Mésopotamie et d'Égypte, ne le démontrent-elles pas, alors que le mode de vie urbain s'est étendu, en quelques millénaires seulement, à toute la planète ? Là encore, les causes en seraient d'ordre social : pour gérer des masses humaines croissantes, il faut, comme à l'armée, une hiérarchie forte. Et hiérarchie impliquerait répartition inégale des revenus, compensation bien naturelle eu égard aux responsabilités acceptées par les dominants, et supposées au bénéfice de tous.

SUPPORTER, OU NON, L'INÉGALITÉ

Un examen plus rigoureux des données de l'archéologie comme de l'ethnologie nous a démontré ici que la marche vers l'État fut tout sauf un long fleuve tranquille. En Europe, pendant les cinq derniers millénaires avant notre ère, et au-delà, les moments de concentration ostentatoire de la richesse et du pouvoir ont été immanquablement suivis par des moments de forte décroissance. Les détails de ces effondrements socio-économiques ne sont pas toujours bien connus. Ils ne le sont même pas pour les effondrements plus récents et bien plus spectaculaires que nous avons évoqués, et toujours en débat, comme ceux des cités mayas ou du Mississippi, de la civilisation de l'Indus, des palais crétois et mycéniens, des résidences princières celtiques, pour ne pas parler de l'Empire hittite, des royautés africaines du premier millénaire de notre ère ou de l'immense Empire mongol, et de bien d'autres. De ces effondrements, on cherche officiellement des causes simples, extérieures et si possible uniques : agression ennemie, dégradation climatique, catastrophe naturelle. Mais les nombreuses révoltes et révolutions relatées par l'histoire indiquent que la résistance aux pouvoirs dut en être une cause au moins aussi importante.

Le pouvoir des puissants a traditionnellement reposé sur leurs relations, supposées excellentes, avec le surnaturel, source de bénéfices qui, matériels, devaient pouvoir être mesurables. Que ceux-ci s'évanouissent, et le pouvoir soudain se retrouve nu. C'est ce qui a dû régulièrement se passer. Pas toujours de manière violente, mais par décrédibilisation des chefs et désagrégation progressive des liens, des coutumes et des croyances qui maintenaient l'ordre social. Ainsi trouve-t-on de puissantes forteresses finalement abandonnées sans traces de leur destruction. Même aujourd'hui, si tout individu se trouve appartenir officiellement à l'un des quelque deux cents États qui se partagent la planète, il est des zones où le pouvoir central reste fort peu présent, comme dans certaines contrées de l'Amérique du Sud ou de la Nouvelle-Guinée.

L'ethnologue américain James Scott a ainsi décrit, sous le nom de Zomia, une vaste zone géographique montagneuse de l'Asie du Sud-Est, à cheval sur plusieurs États modernes, où les populations actuelles résistent toujours, plus ou moins passivement mais depuis longtemps, aux pouvoirs centraux. L'archéologue espagnol Alfredo González-Ruibal a mené à bien des observations similaires dans la corne de l'Afrique, parmi les sociétés villageoises à cheval sur le Soudan et l'Éthiopie. Toutes proportions gardées, on pourrait en voir une autre illustration, toute proche, avec la malheureuse nation grecque, actuellement sous tutelle des banques occidentales, où une grande partie des citoyens ne paient pas, ou très peu, d'impôts, où il n'y a pas de cadastre, et où l'État, héritier d'une longue succession de dominations brutales et la plupart du temps étrangères (Macédoniens, Romains, Byzantins, croisés, Ottomans, royautés d'opérette, junte militaire) n'y est finalement pas reconnu comme légitime. Une relation à l'État que l'on pourrait décrire dans bien d'autres régions.

DE LA LIGNE AU BUISSON

Si l'histoire a un sens, ce ne fut pas forcément un sens unique. La Chine était au Moyen Âge bien plus développée économiquement que l'Europe occidentale, qui lui emprunta nombre d'inventions importantes – poudre à canon, imprimerie, boussole, gouvernail d'étambot. Les jonques de l'amiral Zheng He, sous la dynastie des Ming, atteignirent au début du XVe siècle les côtes orientales de l'Afrique et auraient eu les moyens de faire le tour du continent jusqu'en Europe. Si les empereurs Ming, comme les dirigeants japonais de leur côté, n'avaient pas décidé d'un repli au lieu d'une expansion, le poids historique de la Chine aurait pu s'imposer un demi-millénaire plus tôt dans l'avenir du monde ! Mille ans auparavant, l'Empire romain était certainement plus puissant que ne le sera cette même Europe médiévale. Il connaissait par exemple le principe de la machine à vapeur. Pourtant la lourdeur d'une économie fondée sur l'esclavage et un blocage culturel l'ont empêché de déboucher sur la révolution industrielle, financière et commerciale que l'Europe de la Renaissance initia, au début dans d'insignifiantes cités d'Italie du Nord et des Pays-Bas.

On parle souvent d'« uchronie » à propos d'événements historiques ponctuels dont on imagine que l'issue aurait pu être différente : que ce serait-il passé si Grouchy était arrivé à temps et que Napoléon avait remporté Waterloo ? Ou si Vercingétorix avait gagné à Alésia ? Dans les deux cas, ça n'aurait pas changé grand-chose à terme, vu les rapports de force en présence, et c'est un peu considérer l'histoire par le petit bout de la lorgnette. En revanche, il est des mouvements plus lourds, comme ceux évoqués plus haut, qui impliquent des choix de civilisation essentiels, même s'ils n'ont jamais été perçus comme tels sur le moment.

Plutôt qu'une histoire linéaire, il faut donc imaginer une histoire potentiellement buissonnante, avec de nombreuses intersections possibles, même si à chaque fois une seule voie a été prise. Lorsque, sur l'actuel territoire français, le climat s'est réchauffé il y a douze mille ans, certains groupes humains sont remontés vers le nord, à la suite des rennes et des mammouths ; d'autres sont restés sur place en s'adaptant au nouvel environnement, avec un mode de vie nomade ; d'autres ont choisi de devenir sédentaires en privilégiant les ressources aquatiques. Au même moment, dans les savanes du Proche-Orient, certaines communautés humaines ont continué à pratiquer chasse et cueillette itinérantes ; d'autres se sont sédentarisées et ont progressivement basculé vers l'agriculture intégrale ; d'autres, probablement, ont combiné un temps les deux. Et devant l'augmentation continue de la population provoquée par l'agriculture sédentaire, le choix fut, soit de déverser régulièrement le trop-plein démographique par une émigration continue, soit de tâcher d'organiser sur place ces masses humaines croissantes. Et une fois l'inégalité instituée un peu partout, il fut « choisi » collectivement de la supporter ou non, avec des niveaux d'acceptation variables suivant les sociétés et les époques, et de tenter ou non des expériences égalitaires, même relatives, comme le firent la démocratie athénienne ou la Confédération helvétique.

Dans notre présent immédiat, freiner ou non le réchauffement climatique et toutes ses conséquences ne relève-t-il pas d'un choix et de notre responsabilité ?

UNE AUTRE HISTOIRE ENCORE À ÉCRIRE – ET À VIVRE ?

Si l'histoire officielle est celle des dominants, des rois et des empires, on pourrait tout aussi bien l'écrire du point de vue des dominés. Lorsque disparaissent il y a 3 200 ans les palais crétois et mycéniens, leurs fresques rutilantes et leurs masques d'or, les archéologues, catastrophés, parlent d'« Âges sombres ». Mais seuls les dominants et leur culture du luxe et du prestige avaient disparu. Les paysans étaient toujours là, comme ils étaient toujours là après l'effondrement de la civilisation de l'Indus il y a 3 700 ans ou celui des cités mayas il y a à peine mille ans. Et l'on parle toujours maya dans l'actuelle péninsule mexicaine du Yucatan. C'est pourquoi il se publie parfois ce qu'il est convenu d'appeler des « histoires populaires », par exemple des États-Unis ou de la France, où des historiens ou historiennes, au lieu d'enchaîner les règnes et les batailles, prennent un point de vue tout autre, celui des dominés. Tout comme des historiennes féministes ont depuis peu pris le parti d'écrire l'histoire, non de l'habituel point de vue masculin, celui de la force et de la domination, mais d'un point de vue féminin, celui des rapports humains, des vies quotidiennes, des affects – qui furent tout aussi importants pour la vie réelle de ces acteurs du passé.

Ainsi, ce que l'on zappe sans doute, en toute bonne foi, c'est l'idée que tout n'est pas allé forcément de soi. Que les deux grandes ruptures de l'histoire humaine – l'émergence de sociétés agricoles sédentaires, à la source de l'explosion démographique humaine (la révolution industrielle, puis numérique, n'en sont que la conséquence technique à long terme), puis l'émergence de sociétés de plus en plus inégalitaires – n'étaient pas les seules solutions. Que toutes les sociétés n'ont pas fait les mêmes choix. Qu'elles ont régulièrement lutté, violemment ou pacifiquement, activement ou passivement, contre pouvoirs et inégalités. Une lutte contre l'inégalité qui est sous-jacente à la fière devise ternaire de la République française, laquelle n'aurait pas besoin d'être répétée partout, gravée dans la pierre de nos frontons municipaux, si elle était effective.

Étienne de La Boétie rappelait il y a déjà près de cinq siècles :

> « Le tyran seul, il n'est pas besoin de le combattre, ni de l'abattre. Il est défait de lui-même, pourvu que le pays ne consente point à sa servitude. Il ne s'agit pas de lui ôter quelque chose, mais de ne rien lui donner. Pas besoin que le pays se mette en peine de faire rien pour soi, pourvu qu'il ne fasse rien contre soi. Ce sont donc les peuples eux-mêmes qui se laissent, ou plutôt qui se font malmener, puisqu'ils en seraient quittes en cessant de servir […]. Soyez résolus à ne plus servir, et vous voilà libres […]. Les tyrans ne sont grands que parce que nous sommes à genoux. »

L'histoire n'est-elle pas beaucoup plus intéressante quand les humains la choisissent, plutôt que lorsqu'ils la subissent ?

Annexes

Chronolog

	7Ma	3,5Ma	2Ma	300000	100000	40000
			Paléolithique inférieur	Paléolithique moyen	Paléolithique moyen	Paléolithique supérieur
	MIOCÈNE	FIN DU MIOCÈNE ET PLIOCÈNE	PLEISTOCÈNE INFÉRIEUR ET MOYEN	PLEISTOCÈNE MOYEN	PLEISTOCÈNE SUPÉRIEUR DERNIÈRE GLACIATION	
Afrique	*Toumaï, Orrorin, Ardipithèque, Australopithèque*	*Australopithèque* **Outils taillés**	*Homo erectus* **Bifaces**	*Homo erectus* *Homo sapiens*	*Homo sapiens*	*Homo sapiens*
Europe			*Homo erectus* **Bifaces**	*Néandertal*	*Néandertal*	*Néandertal* *Homo sapiens*
			Homo erectus **Bifaces**	*Néandertal*	*Néandertal* *Homo sapiens*	*Homo sapiens*
Asie			*Homo erectus* **Bifaces**	*Denisova* *Florès*	*Denisova* *Florès*	*Denisova* *Homo sapiens* **Poterie**
Océanie						*Homo sapiens*
Amérique						*Homo sapiens*

| 7Ma | 3,5Ma | 2Ma | 300000 | 100000 | 40000 |

Ma : millions d'années
CAPITALES : périodes géologiques
Gras : première apparition d'une invention, appelée ensuite à durer

implifiée

	6500	4500	2200	750	-50	+500	+1500
olithique	Néolithique	Chalcolithique	Âge du bronze	Âge du fer	Antiquité	Moyen Âge	Époque moderne et contemporaine
		HOLOCÈNE					ANTHROPOCÈNE
	Poterie	**Agriculture**	**Métal**		Empire romain au nord	Empires africains Islam	Colonisations décolonisations
Chasseurs-cueilleurs	**Agriculture Poterie**	Chefferies **Métal** Mégalithes	**Bronze**	Fer	Empire romain christianisme	Migrations Féodalité	Monarchies absolues États-nations
Agriculture	Chefferies **Poterie Métal**	Premières villes	**Bronze, fer**		Empire romain	Islam	Empire ottoman
Agriculture	Chefferies **Métal**		Premières villes	Empire chinois	Empire des Han	Japon impérial	Empires russe et chinois, colonisations décolonisations
		Agriculture Poterie	Début de l'expansion polynésienne	Expansion polynésienne	Expansion polynésienne	Expansion polynésienne **Métal**	Colonisations décolonisations
		Poterie Agriculture	Premières villes			**Métal**	Colonisations États-nations
0000	6500	4500	2200	750	-50	+500	+1500

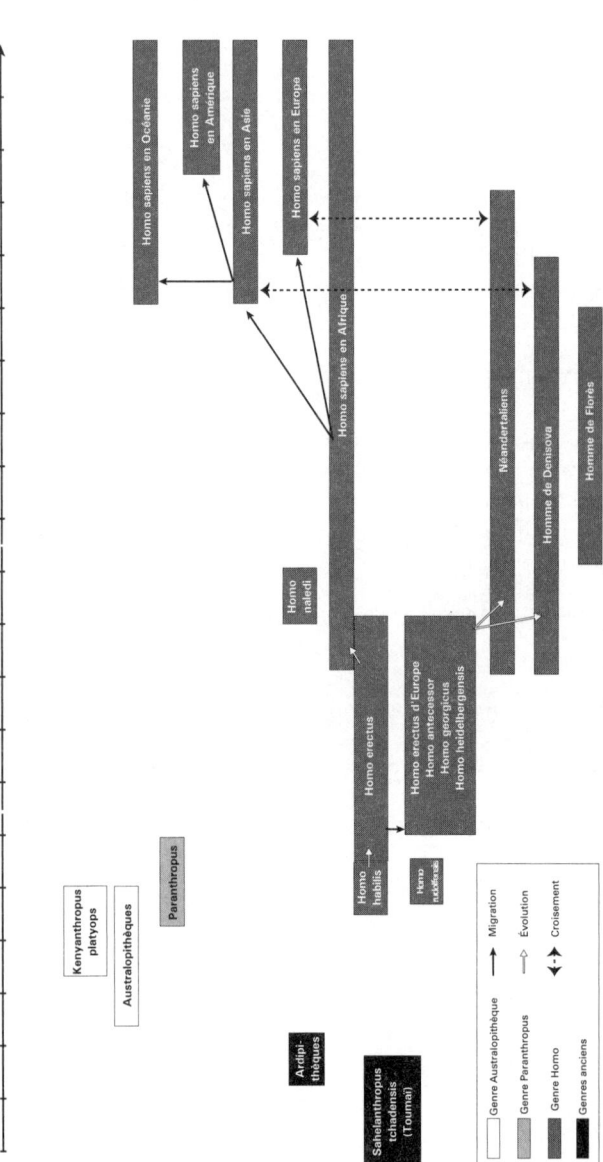

Une brève histoire de l'Europe et des alentours

Jusqu'à 2 millions d'années :
les commencements africains

On estime que **l'univers** est né il y a environ 15 milliards d'années et la **terre** il y a 5 milliards d'années. La **vie** sur terre apparaît vers 3,5 milliards d'années et, en simplifiant, notre ancêtre direct, le premier des **primates***, *Purgatorius*, trottinait il y a 65 millions d'années dans les montagnes Rocheuses d'Amérique du Nord, tandis que les continents dérivaient, comme ils continuent à le faire. Vers 10 millions d'années, les ancêtres des humains se séparent des ancêtres des grands singes (chimpanzés, gorilles, orangs-outangs, bonobos) et le plus vieux de la lignée humaine est aujourd'hui Toumaï*, découvert au Tchad et qui date d'environ 7 millions d'années. Après diverses formes successives ou parallèles émergent les différentes variantes des **Australopithèques*** (dont Lucy*), il y a environ 3,5 millions d'années, qui fabriquent les premiers outils certains, en pierre. Leur succèdent il y a environ 2 millions d'années *Homo habilis** et **Homo erectus**, le premier à sortir du continent africain (voir p. 244).

À partir de 2 millions d'années :
le peuplement de l'Eurasie

Homo erectus, à partir de 2 millions d'années, commence à se répandre sous diverses variantes, *Homo antecessor*, *Homo georgicus, Homo heidelbergensis*, etc., variantes dont le nombre croît à mesure des découvertes. C'est le **Paléolithique inférieur***. En France, les plus anciennes traces humaines remonteraient à environ 1,2 million d'années, sur le site de Lézignan-la-Cèbe dans l'Hérault. *Homo erectus* et ses variantes est le premier à maîtriser le feu, à façonner des outils inutilement symétriques, les bifaces*, et à pratiquer des rites funéraires – au moins à Atapuerca en Espagne. Il continue d'évoluer dans le sens d'une plus grande complexité cérébrale, au hasard de la sélection naturelle, et débouche vers - 300000 ans sur l'homme de **Néandertal*** en Europe et en Asie occidentale (c'est le **Paléolithique moyen***), et aussi sur l'homme de **Denisova***, en Asie centrale et orientale, très récemment découvert et encore très mal connu. À l'extrémité orientale de l'Eurasie, dans l'île indonésienne de Florès, vit une variété naine d'*Erectus*, due au milieu insulaire, *Homo floresiensis**. L'homme de Néandertal a un cerveau et un aspect physique presque identiques aux nôtres, possède la possibilité du langage articulé, enterre ses morts, porte les premières parures de corps (pendeloques en dents ou en coquillages), collecte des curiosités naturelles, grave des signes abstraits.

À partir de 300000 ans : l'apparition d'*Homo sapiens*

Pendant ce temps, les *Erectus* africains continuent d'évoluer sur place, dans leur continent d'origine. Ils débouchent entre - 300000 et - 100000 ans sur ***Homo sapiens**** (ou *Homo sapiens sapiens*, ou « homme anatomiquement moderne »), c'est-à-dire vous et moi. Depuis lors, l'évolution physiologique, psychomotrice et psychique des humains devient insensible – d'autant que les parties « molles », non osseuses, qui nous sont parvenues ne datent que des tout derniers millénaires. Certains groupes de ces *Homo sapiens* sortent à leur tour d'Afrique* et se répandent dans toute l'Eurasie à partir de 60 000 ans au moins, pénètrent en Europe à partir de - 40000 ans au moins (c'est le **Paléolithique**

supérieur*), atteignent l'Australie vers - 50000 ans en traversant un imposant bras de mer et les Amériques par le détroit de Bering entre - 30000 et - 20000 ans au moins (voir p. 200). Ils rencontrent les hommes de Néandertal et de Denisova, moins nombreux qu'eux, et se mélangent à eux, si bien qu'Européens et Asiatiques ont en moyenne 4 % environ de gènes néandertaliens. Les derniers Néandertaliens disparaissent vers - 27000 ans. Depuis 125 000 ans, au moment où émergeait *Homo sapiens*, la terre subissait une **période glaciaire***, la dernière en date, dite glaciation de Würm en Europe occidentale.

À partir de 12000 ans : l'invention de l'agriculture

Cette glaciation s'achève progressivement, en oscillations successives, il y a environ 12 000 ans. En Europe, les groupes humains continuent à vivre de chasse, de cueillette et de pêche : c'est le **Mésolithique***. Mais, dans d'autres régions du monde, des groupes de chasseurs-cueilleurs, qui étaient jusque-là, pour la plupart, nomades au gré des ressources saisonnières, commencent peu à peu, indépendamment les uns des autres et avec des espèces animales et végétales différentes, à domestiquer* certains animaux et certaines plantes : c'est le **Néolithique***. Au Proche-Orient, ce processus commence vers - 10000 avant notre ère, avec la domestication du blé, de l'orge, du mouton, de la chèvre, du bœuf et du porc. Le chien avait déjà été domestiqué dans différentes régions du monde, à partir du loup, par des chasseurs-cueilleurs. En dehors du Proche-Orient, des foyers de « néolithisation » sont attestés en Chine, autour du fleuve Jaune et autour du Yangzi, ainsi qu'au Mexique, dans les Andes, en Nouvelle-Guinée, et peut-être dans le nord de l'Afrique. Partout, l'agriculture, avec une plus grande sécurité alimentaire et la sédentarité, provoque un **boom démographique** et les nouveaux agriculteurs absorbent peu à peu ou repoussent les chasseurs-cueilleurs.

Jusque vers 3000 avant notre ère : au Proche-Orient, du village à l'État

Au Proche-Orient, l'agriculture gagne bientôt toutes les régions, de la mer Rouge puis l'Égypte, jusqu'à la Turquie et à la Mésopotamie (l'actuel Irak). La population continue de croître et les agglomérations de grandir. La **poterie** est inventée vers 7000 avant notre ère. Vers - 6500, des groupes d'agriculteurs atteignent l'Europe, à la fois en traversant la mer Égée par les îles et en la longeant par le nord. En Mésopotamie et en Égypte apparaissent les premières véritables **villes** de l'histoire, avec un pouvoir centralisé autoritaire. Les premières **écritures** du monde sont inventées pour gérer des masses humaines de plus en plus importantes. Nous disposons alors de textes sur ces sociétés, et l'on peut alors parler d'« **histoire** ».

De 6500 à 4500 avant notre ère : en Europe, les premiers agriculteurs

Les communautés d'agriculteurs venues du Proche-Orient absorbent les petits groupes de chasseurs-cueilleurs et se répandent dans un premier temps dans toute la péninsule balkanique (voir p. 33). À partir de là, un courant particulier colonise l'ensemble des côtes septentrionales de la Méditerranée à partir de 6000 avant notre ère, soit en traversant la mer Adriatique au niveau de Brindisi vers - 6000, soit en la longeant par le nord, en suivant les côtes albanaises et croates – c'est le courant de la culture* de la céramique impresso ou cardiale*. Après l'Italie, ces colons atteignent les côtes de la France, de l'Espagne, du Portugal, et finalement l'Atlantique. Un second courant de colonisation franchit le Danube vers 5500 avant notre ère et se répand rapidement dans l'ensemble de l'Europe tempérée, de la mer Noire à l'Atlantique et des Alpes à la Baltique : c'est la céramique linéaire* ou rubanée*. En prenant pied dans l'actuel territoire français, ces groupes se rejoignent avec ceux de la céramique cardiale, arrivés par le sud. Vers - 4500, l'ensemble de l'Europe centrale et occidentale, méditerranéenne et tempérée, est occupée par les agriculteurs. Dans les zones moins prisées par les agriculteurs, les sociétés de chasseurs-cueilleurs les plus au nord, sédentarisées sur les bords de la Baltique et de la mer du Nord grâce à l'abondance de ressources aquatiques, adoptent à leur tour progressivement l'agriculture au contact des colons proche-orientaux ; ceux des steppes au nord de la mer Noire (l'Ukraine actuelle et la Russie méridionale), sédentarisés grâce aux ressources aquatiques des grands fleuves, font de même, et peu à peu l'agriculture finit par s'implanter aussi dans le quart nord-est de l'Europe au cours des IIIe et IIe millénaires avant notre ère.

De 4500 à 2200 avant notre ère : l'Europe chalcolithique*

À partir de 4500 avant notre ère, la plus grande partie de l'Europe est donc densément peuplée par des populations sédentaires et agricoles. Il n'existe plus de nouveaux territoires libres à occuper – avant que les Européens ne partent à la colonisation du monde, à partir du xvie siècle de notre ère et n'y déversent leur trop-plein démographique. Une croissance de population infinie, dans un **espace désormais fini**, provoque plusieurs phénomènes : la recherche de « gains de productivité » (**invention** de la traction animale, de la roue, du métal, de l'araire, etc.), l'occupation de territoires jusque-là délaissés (îles, hauteurs, zones lacustres et marécageuses, régions nordiques ou steppiques), l'augmentation des **tensions violentes** entre communautés pour des problèmes de territoires et de ressources, la hiérarchisation progressive de la société et l'augmentation d'**inégalités** sociales, visibles aussi bien dans les tombes (monuments mégalithiques, richesses nouvelles) que dans les habitats. On parle usuellement de **sociétés à chefferies*** pour ces nouvelles formes d'organisation, les sociétés néolithiques ayant été jusqu'à présent relativement peu différenciées. C'est le **Chalcolithique**, ou Âge du cuivre, l'invention de la métallurgie n'en étant qu'un des aspects. En terre cuite ou en pierre, les représentations féminines deviennent minoritaires, au profit de celles d'hommes en armes.

De 2200 à 750 avant notre ère : l'Europe de l'Âge du bronze*

Le **bronze***, qui sert à nommer cette période en Europe, est un alliage de cuivre et d'environ 10 % d'étain, qui donne une matière plus résistante et permet des formes nouvelles (épées, casques, parures, etc.). Il n'est pas présent partout et les élites développent à cette époque de vastes réseaux de biens de prestige, pour échanger cuivre, ambre ou produits finis. Mais le début de l'Âge du bronze ne fait que prolonger historiquement le Chalcolithique*, sans rupture dans l'organisation de ces sociétés. Ce n'est qu'à partir de - 2000 en Crète avec les palais **minoens*** et de - 1500 dans le Sud de la Grèce continentale avec les forteresses **mycéniennes*** qu'apparaissent pour la première fois d'éphémères formations étatiques et urbaines, en contact avec les civilisations urbaines du Proche-Orient, pratiquant l'écriture, et qui s'effondrent au début du XIIe siècle avant notre ère. Le reste du continent continue à être occupé par des sociétés de type **chefferies**, où des « chefs » règnent sur de petits territoires semés de villages et de fermes, parfois fortifiés. Sculptures et gravures continuent de figurer surtout hommes en armes, chevaux, roues, armes, astres.

De - 750 jusqu'à la conquête romaine : l'Europe de l'Âge du fer

Le fer*, plus résistant que le bronze et beaucoup plus répandu dans la nature que le cuivre ou l'étain, donne son nom à cette nouvelle période, qui voit l'Europe s'organiser en **trois zones**, du nord au sud. Sur les bords de la Méditerranée, en Grèce, en Italie et une partie de la péninsule Ibérique, émergent des **cités-États**, chacune régnant sur un territoire restreint. Elles empruntent aux Phéniciens la première **écriture alphabétique**, construisent des villes en pierre et fortifiées, utilisent la

monnaie. Les jouxtant au nord s'étend une bande de peuples « barbares » dont nous connaissons les noms par les Grecs ou les Romains : Celtes, Illyriens, Macédoniens, Thraces, Gètes, Scythes, pour les principaux. Leurs dirigeants échangent des matières premières (bois, métaux, salaisons, esclaves) contre des biens de prestige (vases précieux, parures) qu'ils font mettre dans leurs tombes. Ils s'orientent à leur tour vers la formation de **villes** et une organisation étatique, une première fois au vɪᵉ siècle avant notre ère, avec les **résidences princières** celtiques, qui s'effondrent vers - 500 ; une seconde fois, et définitivement, avec les ***oppida*** * (« villes », en latin) gauloises, chacun capitale de l'un des quelque soixante **États** qui structurent la Gaule durant les trois derniers siècles avant notre ère, et qui connaissent déjà la monnaie, voire l'écriture. Ils se livrent parfois à des incursions contre les cités-États méditerranéennes, comme les Gaulois à Rome ou en Grèce. Enfin, dans le nord de l'Europe, l'organisation sociale sous forme de **chefferies**, issues du Chalcolithique, se poursuit sans grands changements.

La conquête romaine et ses suites

À partir du ɪɪɪᵉ siècle avant notre ère, **Rome**, après avoir pris le contrôle de l'Italie, commence à sortir de ses frontières, s'étend vers l'Espagne, la Grèce, l'Afrique du Nord et le sud de la Gaule, avant de s'emparer de l'ensemble du bassin méditerranéen et de la moitié sud de l'Europe – régnant finalement pendant près d'un demi-millénaire de Londres à Damas et de Budapest à Alexandrie ; et un millénaire de plus dans sa partie orientale, sous la forme de l'Empire byzantin. Elle impose donc son mode de vie urbain, sa **langue**, son architecture et ses objets, avant les remodèlements du début du **Moyen Âge**. Néanmoins, dans la partie nord-est de l'Europe, des organisations étatiques et urbaines n'apparaissent pas avant le xɪɪᵉ siècle de notre ère. Les **migrations** du Haut Moyen Âge (jadis qualifiées d'« invasions barbares* ») transformeront progressivement l'ensemble de l'Europe, débouchant sur le monde **féodal**.

Du Moyen Âge à la mondialisation

Les quinze derniers siècles de l'histoire humaine voient la multiplication des formations politiques étatiques sur les différents continents, avec leurs villes : États africains subsahariens de l'Éthiopie, du Mali, du Ghana, du Zimbabwe, du Congo ; États de Chine, du Japon, de l'Asie du Sud-Est, royaumes polynésiens ; États du Mississippi, des Olmèques, des Incas, des Aztèques, cités-États des Mayas ; États baltes, État russe. Certains évoluent vers des empires, encore que la limite entre « royaume » et « empire » est autant une question d'usage – variable – que de surface. En Eurasie, l'Empire mongol fut au XIIIe siècle le plus étendu de tous les temps, avec 33 millions de kilomètres carrés à son apogée, soit soixante fois l'actuel territoire français ! Il fut éphémère, et d'autres plus éphémères encore, comme l'Empire napoléonien ou celui du IIIe Reich allemand. D'autres se sont maintenus, plus ou moins bien, comme l'Empire russe et l'Empire chinois. Mais beaucoup d'États se sont effondrés avant même la colonisation européenne, que ce soit en Afrique, ou en Amérique avec les Mississippiens et les Mayas. Toutefois, certaines régions du monde ont conservé un mode de vie agricole de type néolithique, avec des sociétés organisées en chefferies plus ou moins inégalitaires, comme dans les Amériques, la Polynésie et l'Afrique. Avant la colonisation, des chasseurs-cueilleurs ont même réussi à se maintenir dans une partie de l'Amérique, tout au nord et tout au sud, ainsi qu'en Amazonie, dans le nord de l'Eurasie et toute l'Australie – et certains survivent encore dans quelques zones inhospitalières. La colonisation puis la domination économique et politique européenne du monde auront été le fait majeur des cinq derniers siècles. Cette domination s'achève cependant sous nos yeux, en même temps que les économies sont de plus en plus dépendantes les unes des autres, mais que les inégalités tendent actuellement à s'accroître, aussi bien entre les pays qu'entre les individus, tandis que l'exploitation intensive des ressources de la planète commence à provoquer des inquiétudes montantes.

Glossaire

aire de Broca

Zone du cerveau située normalement dans l'hémisphère gauche et la région frontale, et qui permet l'émission de la parole. Elle a été définie par le grand médecin Paul Broca (1824-1880) en recherchant les causes de l'aphasie.

allées couvertes

Monuments mégalithiques (*voir* mégalithe*) typiques du IIIᵉ millénaire avant notre ère dans une grande partie de l'Europe. Construits en dalles de pierre, d'une vingtaine de mètres de longueur en moyenne, et de deux mètres de large, on y accédait par un étroit orifice circulaire. Les morts de la communauté – plusieurs dizaines, voire plusieurs centaines – y étaient déposés successivement au fur et à mesure des décès, répartis en groupes familiaux. Au contraire des grands monuments des Vᵉ et IVᵉ millénaires, ils accueillent beaucoup plus de défunts, ne sont pas recouverts d'un tumulus et ne renferment que très peu d'offrandes funéraires.

Australopithèque

Les Australopithèques (dont le nom signifie en grec « singe du Sud ») émergent progressivement des lignées humaines précédentes il y a environ quatre à cinq millions d'années, dans toute la partie orientale de l'Afrique. Ils sont les premiers à tailler des outils en pierre certains. Ils se tenaient debout, mais avaient encore de bonnes dispositions anatomiques pour grimper aux arbres. L'un des plus célèbres est Lucy*. Ils sont remplacés il y a environ deux millions d'années par *Homo habilis* et *Homo erectus* (voir p. 244).

biface

Nom donné à certains outils en pierre fabriqués par *Homo erectus* en Afrique puis en Eurasie. Ces outils, de forme ovale ou triangulaire, sont les premiers à être « inutilement » symétriques et très soigneusement façonnés, indice d'un premier intérêt des humains pour des formes esthétiques, ce qu'on pourrait appeler du *design*. Ils apparaissent vers 1,5 million d'années et se perpétuent ; ils se rencontrent aussi chez les hommes de Néandertal (voir p. 55).

bronze

Le bronze est un alliage de cuivre, avec environ 10 % d'étain. Cet ajout, qui apparaît en Eurasie au cours du IIe millénaire avant notre ère, produit un matériau beaucoup plus résistant que le cuivre seul, et permet de nouvelles formes, comme l'épée, la cuirasse, des parures complexes et même des instruments à vent. S'il définit un Âge du bronze* dans l'ensemble de l'Eurasie, utilisé de la Mésopotamie à la Chine à partir de la fin du IIIe millénaire, il est très peu présent en Afrique, et pas du tout dans l'Amérique précolombienne, qui connaît cependant le cuivre. Il est remplacé progressivement par le fer, plus résistant encore.

bronze (Âge du)

Période située en Europe tempérée entre 2200 et 750 avant notre ère et succédant au Chalcolithique*. Ce terme est cependant utilisé en Europe orientale, Grèce comprise, à partir de - 3500 environ. Le bronze* proprement dit n'est cependant pas produit avant - 1700 environ, précédé par divers alliages, notamment à base d'arsenic, moins efficaces. L'Âge du bronze ne marque pas une rupture historique par rapport au Chalcolithique, et reste caractérisé par des sociétés villageoises de type chefferies*, à l'exception de la Crète et de la Grèce méridionale, avec les civilisations minoenne* et mycénienne*, premières et éphémères sociétés de type étatique en Europe.

Campaniforme

Phénomène culturel encore imparfaitement compris, qui se déroule entre 2600 et 2200 environ avant notre ère. Il se manifeste par la diffusion sur une partie de l'Europe de gobelets en forme de cloche renversée – *campana* signifie « cloche » en latin ; on parle en anglais de *Bell Beaker* et en allemand de *Glockenbecher*. Ces gobelets se retrouvent, sous une forme très semblable et par zones discontinues, du Portugal au Danemark et des îles Britanniques à la Hongrie ; ils sont souvent associés à des poteries à chaque fois locales. Les défunts masculins emportent dans la tombe un arc et des flèches, un poignard en cuivre et un brassard d'archer. Les habitats sont beaucoup moins bien connus. De nombreuses hypothèses ont été émises quant à sa nature (diffusion d'un peuple, ou d'une religion, ou de forgerons, ou seulement d'un type de vase de prestige, etc.) et à son origine géographique : péninsule Ibérique, ou Europe du Nord-Ouest, ou les deux à la fois, sans qu'un consensus se soit encore imposé.

Cardial (culture archéologique*)

On appelle culture cardiale le courant migratoire néolithique* qui, au cours du VIe millénaire, apporte l'agriculture et l'élevage le long de toutes les côtes septentrionales de la Méditerranée, de la Grèce à la péninsule Ibérique. Quelques sites sont également connus au Maroc. Son nom provient de celui, savant, de la coque (*cardium edule*), car les poteries sont souvent décorées par impression de ce coquillage sur l'argile fraîche avant cuisson. Il ne s'agit pas d'une migration massive, mais plutôt d'une avancée « en sauts de puce » le long des côtes, avec l'utilisation de pirogues en bois. Les habitats sont mal connus. À partir des côtes, le Néolithique s'étendra ensuite vers l'intérieur des terres (voir p. 33).

carnyx

Trompette guerrière en bronze utilisée par les Celtes pour terroriser l'ennemi. Elle pouvait atteindre trois mètres de hauteur et se tenait verticalement, avec un pavillon comportant des parties mobiles. Connus surtout par des représentations (chaudron de Gundestrup) ou des fragments, les carnyx ont pu être étudiés plus en détail lorsque sept exemplaires ont été découverts récemment parmi le butin déposé dans un temple à Tintignac en Corrèze.

Céramique linéaire

Nom de la culture archéologique* qui correspond aux premières communautés d'agriculteurs de l'Europe tempérée, de la mer Noire à l'Atlantique et des Alpes à la Baltique, et donc dans le Bassin parisien, entre 5500 et 4900 environ avant notre ère. Elle représente l'extension vers le nord des agriculteurs des Balkans, eux-mêmes originaires du Proche-Orient. Son nom (*Bandkeramik* en allemand, également Rubané en français) provient des décors géométriques continus gravés sur la pâte fraîche des poteries avant leur cuisson. Les villages regroupent de grandes maisons collectives, qui pouvaient atteindre quarante-cinq mètres de long. Elle se fractionne ensuite en un certain nombre d'entités culturelles régionales (voir p. 33).

Chalcolithique

Formé de *chalkos* (« cuivre » ou « bronze » en grec ancien) et de *lithos* (« pierre »), le Chalcolithique désigne en principe la période intermédiaire où la pierre continue d'être utilisée en même temps que le cuivre, nouvellement travaillé, soit en Europe entre 4500 et 2200 environ avant notre ère. Mais, plus que cet aspect technique, cette période est surtout en Europe celle qui voit l'émergence de sociétés inégalitaires à chefferies*, au moment où tout le continent est définitivement colonisé par les agriculteurs néolithiques* et où par conséquent la population ne cesse d'augmenter. Cette émergence s'accompagne d'une série de progrès techniques (métallurgie, extraction minière à grande échelle, traction animale, araire, roue, etc.) destinés à accroître la production.

chefferie

Système social marqué par l'émergence de chefs dans des sociétés qui restent de type rural. Apparues au cours du Néolithique*, les sociétés à chefferies ont dans certains cas débouché ultérieurement sur des sociétés étatiques et urbaines, dans d'autres se sont maintenues jusqu'aux colonisations européennes.

cité lacustre

Au cours du Néolithique*, les régions les plus favorables à l'agriculture étant occupées, certaines communautés villageoises se sont installées faute de mieux sur les bords marécageux de lacs, en partie aussi pour des raisons défensives. Pour pallier la fluctuation du niveau des eaux, les habitations sont construites sur des pilotis. Mais, au XIXe siècle, on a imaginé, lors des premières découvertes, qu'il s'agissait de villages entiers construits sur de vastes plateformes au milieu de l'eau. Ce mode d'habitat était typique des lacs des Alpes et du Jura – les fouilles les plus célèbres en France ayant été celles des lacs de Chalain et de Clairvaux –, mais on le rencontre aussi en Grèce, au Bénin, au Brésil, en Asie du Sud-Est ou encore en Nouvelle-Guinée. On préfère aujourd'hui le terme de *palafitte* (du latin *palus*, « pieu »).

Cordé (culture archéologique*)

Vaste ensemble culturel qui s'étend au début du IIIe millénaire de la Russie jusqu'à l'est de la France, et caractérisé par des poteries décorées d'impressions de cordelettes (d'où son nom) et l'utilisation de haches en pierre qualifiées classiquement de « haches de bataille » – on parlait autrefois de « peuple des haches de bataille » (voir p. 149). Les morts sont enterrés en position fœtale, les femmes sur le côté gauche, les hommes sur le côté droit, et les personnages les plus importants sous de petits tertres de terre. Les habitats sont mal connus et on a parfois supposé un mode de vie nomade. Si des analyses génétiques préliminaires font venir une partie de ce peuplement de l'Europe du Sud-Est, l'homogénéité de cet ensemble n'est pas complètement assuré et il est probable qu'il s'agisse d'un phénomène complexe, incluant des métissages culturels.

crâne surmodelé

Au Proche-Orient, au cours du VIIIe millénaire, les crânes de certains défunts sont récupérés et on leur modèle un visage d'argile, sans doute ressemblant à celui du mort. Ils devaient sans doute être exposés aux yeux des vivants, sans doute dans le cadre d'un culte des ancêtres. Si près d'une centaine ont été ainsi retrouvés, ce rituel reste cependant relativement exceptionnel.

culture archéologique/culture matérielle

On appelle traditionnellement « culture archéologique », dans une région et à une période données, un ensemble homogène de caractéristiques matérielles, telles que la forme des outils, la forme et les décors des poteries, l'architecture, les pratiques funéraires – ce qu'on appelle sa « culture matérielle ». On suppose usuellement que, derrière cette homogénéité, il y avait un groupe ethnique cohérent, avec sa langue, ses croyances, son système social. L'ethnoarchéologie*, qui a la possibilité de confronter ces deux catégories, matérielles et immatérielles, de données, montre qu'il y a dans certains cas coïncidence, mais pas toujours : des ethnies différentes peuvent partager une même culture matérielle, tandis qu'au sein d'une même ethnie il peut y avoir des cultures matérielles différentes. Néanmoins, ces cultures archéologiques permettent dans un premier temps de mettre en ordre les données de l'archéologie et de les classer dans l'espace et le temps.

Denisoviens

Espèce humaine identifiée depuis seulement 2010 grâce à la génétique, à partir de quelques ossements (dents, phalange) d'une grotte russe de l'Altaï dite Denisova (du nom d'un ermite nommé Denis et qui y aurait vécu). Des crânes découverts plus récemment encore en Chine à Lingjing pourraient en faire également partie. Cette espèce a émergé en Asie, parallèlement à l'homme de Néandertal*, sans doute vers 300000 ans environ, à partir des *Homo erectus** africains immigrés. Tout comme les Néandertaliens, des Denisoviens se sont croisés ultérieurement avec des *Homo sapiens** lors de l'arrivée de ces derniers en Eurasie. Certains de leurs gènes se retrouvent en effet chez les Tibétains (permettant une meilleure adaptation à la haute altitude) et en Océanie (voir p. 244).

domestication

Processus de contrôle d'animaux et de plantes sur le long terme, afin de s'assurer de leur disponibilité permanente, pour l'alimentation principalement, mais aussi pour le travail (traction, portage), pour leurs produits (œufs, lait, laine, etc.) ou pour certains comportements (chasse, guerre, divertissement, etc.). La domestication produit en général, au fil des générations, des modifications identifiables par les biologistes, et maintenant les généticiens. Les animaux et les plantes domestiqués ont été très variables suivant les continents, tout comme leur utilisation. Ces domestications ne se sont pas effectuées d'un seul coup, mais furent le résultat de longues périodes transitoires de fréquentation entre humains, plantes et animaux. Elles n'impliquent pas forcément sédentarisation, dans la mesure où il existe des éleveurs nomades, comme dans des sociétés traditionnelles d'Asie centrale ou d'Afrique.

ethnoarchéologie

Type d'enquête ethnographique menée par des archéologues sur des populations traditionnelles encore vivantes afin de tester des hypothèses faites sur des populations préhistoriques. L'ethnoarchéologie permet par exemple d'étudier les techniques anciennes encore en usage, comme la poterie faite à la main sans tour, ou la fabrication des haches polies (Nouvelle-Guinée), ou la chasse sans arme à feu. Elle permet aussi de tester la coïncidence, ou non, entre une culture matérielle donnée et un groupe ethnique défini par sa langue et l'identité qu'il se donne. Il s'agit en fait d'une forme particulière d'ethnologie, mais que pratiquent en priorité des archéologues, à la fois au nom de leurs intérêts scientifiques propres, et parce qu'ils sont familiers des descriptions minutieuses et systématiques de la culture matérielle*.

fer

Sans doute l'élément le plus abondant dans la nature comme dans le noyau terrestre, le fer a d'abord été connu sous sa forme météoritique, et travaillé comme tel par les Sumériens ou par les Inuits. Si le cuivre et l'or sont les plus anciens métaux travaillés par les humains, la réduction du fer à partir du minerai dans des bas fourneaux est attestée à la fin du IIIe millénaire en Anatolie, mais ne se généralise dans le bassin méditerranéen qu'à partir du Ier millénaire avant notre ère pour déboucher en Europe sur un véritable Âge du fer à partir du VIIIe siècle avant notre ère. Le fer est en effet plus résistant que le cuivre ou le bronze, et beaucoup plus répandu dans la nature. Si la métallurgie du fer fut presque absente des Amériques, elle est peut-être présente en Afrique dès la fin du IIIe millénaire. C'est seulement au Moyen Âge que l'obtention de températures plus élevées permettra d'obtenir de la fonte, puis de l'acier – matériau le plus utilisé au monde après le bois et le béton.

gallo-romain

Ce terme désigne l'acculturation entre les civilisations des sociétés gauloises conquises par Rome, successivement en 124 puis en 52 avant notre ère, et la civilisation romaine elle-même. Comme dans les autres régions de l'empire, les normes romaines se sont largement imposées aux populations conquises : langue, urbanisme, système routier, culture matérielle, loisirs (théâtre, cirque, thermes). Néanmoins, certaines techniques et certaines traditions et croyances locales se sont maintenues, ou ont fusionné avec celles des conquérants. C'est parce qu'il n'y avait pas un grand écart entre les deux cultures que cette acculturation a pu se faire, à la différence d'autres colonisations qui ont entièrement détruit les cultures conquises.

glaciation, *voir* période glaciaire

Homo (genre)

Ce genre (du nom latin pour « homme ») regroupe l'ensemble des formes humaines à partir de 2,5 millions d'années environ. Toutefois, les ancêtres des humains se sont séparés des autres primates* il y a entre huit et dix millions d'années environ. Il y a donc une série d'espèces humaines ou préhumaines qui ne sont pas rangées strictement dans le genre *Homo*, comme les Australopithèques* (voir p. 244). On a traditionnellement utilisé le terme *Homo* à partir du moment où on pouvait identifier des outils taillés – bien que des animaux utilisent des outils ; d'où le terme de *Homo habilis**, « homme habile », donné en 1964 à la première forme humaine possédant avec certitude des outils. Toutefois, la découverte d'outils associés à des Australopithèques est venue récemment brouiller ces classifications.

Homo erectus

L'*Homo erectus*, l'« homme redressé », émerge à partir de deux millions d'années environ des espèces humaines antérieures et est apparenté à *Homo habilis*. C'est la première espèce à faire une sortie d'Afrique* et à se répandre dans une grande partie de l'Eurasie. C'est aussi la première à maîtriser le feu et à tailler des outils réguliers et symétriques, les bifaces*. Il est associé à la période du Paléolithique* inférieur (voir p. 244).

Homo floresiensis

Espèce humaine particulière qui n'est connue, par les restes d'une dizaine d'individus, que dans la grotte de Liang Bua sur l'île indonésienne de Florès. Cette espèce ne mesurait qu'un mètre environ, d'où le nom de *hobbit* qui lui a été donné, en référence au roman de Tolkien *Le Seigneur des anneaux*. Elle a vécu entre 100 000 et 50 000 ans environ et résulte de l'évolution sur place des premiers humains sortis d'Afrique*, sans doute des *Homo erectus**, même si la question reste encore débattue. Cette petite taille est typique des évolutions de certains mammifères en milieu insulaire (voir p. 244).

Homo habilis

L'« homme habile » a été ainsi désigné en 1964, car on attribuait à cette espèce africaine, issue des Australopithèques* il y a environ 2,5 millions d'années, les premiers outils taillés. Mais on sait désormais, notamment grâce aux fouilles récentes de Lomekwi au

Kenya, que des Australopithèques fabriquaient des outils près d'un million d'années plus tôt (voir p. 244).

Homo sapiens sapiens (ou homme anatomiquement moderne)

Avec une certaine arrogance, notre espèce s'était qualifiée d'« homme sage sage ». Cette dénomination tend à être simplifiée en *Homo sapiens* tout court, voire dans l'expression plus neutre d'« homme anatomiquement moderne », sans qu'il y ait, de manière symptomatique, de consensus pour classer notre espèce au sein du règne animal ! *Homo sapiens* émerge peu à peu dans le quart nord-est de l'Afrique entre 300000 et 100000 ans avant notre ère. On estime que la colonisation de toute la planète se serait faite à partir d'un groupe de quelques dizaines de milliers d'individus seulement, à partir de 100000 ans (voir p. 244).

indo-européen

L'indo-européen est avant tout une notion linguistique, liée à des ressemblances entre un certain nombre de langues d'Eurasie occidentale (langues indo-iraniennes, slaves, germaniques, celtiques, etc.). On a supposé depuis deux siècles que ces ressemblances s'expliquaient par l'existence d'une langue originelle, tout comme le latin a donné naissance aux langues romanes actuelles, que les linguistes ont essayé de reconstituer, ou du moins d'en définir un certain nombre de traits et de mots, sans consensus définitif. Cette langue aurait été parlée par un peuple originel, que les archéologues et maintenant les généticiens s'efforcent de retrouver, là encore sans consensus. Parmi les nombreuses hypothèses, les plus populaires sont actuellement celle d'une migration issue d'Ukraine vers les IVe et IIIe millénaires, ou bien celle de la migration des agriculteurs néolithiques* du Proche-Orient à partir du VIIe millénaire.

« invasions barbares »

On regroupait traditionnellement sous ce terme les mouvements de populations qui affectent l'Empire romain à partir du IIIe siècle de notre ère, populations venues du nord ou de l'est de l'Europe, voire d'Asie. Ces mouvements de populations se poursuivront pendant plusieurs siècles, durant ce qu'on appelle le Haut (ou premier) Moyen Âge.

labret

Ornement en pierre, métal, bois ou terre cuite que l'on introduisait sous la lèvre inférieure ou sur la lèvre supérieure. Attestés dès le Néolithique*, les labrets sont portés chez diverses populations traditionnelles des Amériques ou d'Afrique. Ils peuvent être allongés, en forme de clou, comme les piercings de nos sociétés industrielles contemporaines, ou prendre même une forme de « plateau » circulaire, comme en Éthiopie ou en Amazonie, même si leur usage tend à disparaître.

linéaire A et linéaire B

Systèmes d'écriture syllabiques (chaque signe notant une syllabe) utilisés en Grèce au cours du IIe millénaire avant notre ère. Il s'agit des plus anciennes écritures d'Europe, postérieures de plus d'un millénaire à celle d'Égypte et de Mésopotamie. Le linéaire A, limité à la Crète, notait une langue inconnue, qui était celle des palais crétois du Minoen* et qui n'a toujours pas été déchiffrée. Le linéaire B est la réutilisation de cette écriture, cette fois pour noter un grec archaïque, celui des royaumes mycéniens*.

lœss

Les lœss sont des limons, formés de grains plus fins que les sables, déposés par le vent pendant les périodes glaciaires, notamment dans l'Europe tempérée, souvent sur plusieurs mètres d'épaisseur. Ils forment des sols fertiles et légers, sur lesquels les premiers agriculteurs du Néolithique* se sont installés de préférence.

Lucy

Lucy est le surnom donné par une équipe scientifique franco-américano-éthiopienne au squelette d'une Australopithèque*

(*Australopithecus afarensis*) qu'elle venait de découvrir en Éthiopie en 1974. Ce nom est une référence à la célèbre chanson des Beatles, *Lucy in The Sky with Diamonds*, que cette équipe aurait écoutée au moment de la découverte. Il s'agit, avec 40 % des ossements, de l'un des squelettes les plus complets de cette espèce, d'où son importance.

Magdalénien

Dernière culture archéologique* du Paléolithique supérieur*, propre à l'Europe occidentale et qui dure de 17000 à 12000 environ avant notre ère. Elle tire son nom de la grotte de La Madeleine à Tursac (Dordogne), et est marquée par l'apogée de l'art rupestre, avec les grottes peintes les plus célèbres, comme Lascaux, Altamira, Niaux, Rouffignac, Les Trois Frères, etc., mais aussi un art dit mobilier (figurines, armes et outils décorés, plaquettes gravées) et un développement de l'outillage.

mana

Terme employé sous diverses formes en Polynésie pour désigner une force d'origine surnaturelle conférant des pouvoirs particuliers à ceux qui en sont animés.

mégalithe

Du grec ancien *mégas* « grand » et *lithos* « pierre », ce terme désigne des monuments principalement funéraires construits en pierres massives, typiques de sociétés inégalitaires de type chefferies* et qui ont été élevés à diverses époques dans différentes régions du monde (Afrique, Corée, Inde, Europe occidentale, etc.). Ces pierres peuvent peser plusieurs dizaines de tonnes et ont donc demandé des efforts importants pour leur taille et leur transport. On distingue classiquement les *dolmens* (« table en pierre » en breton), qui désignent la chambre funéraire, recouverte et protégée à l'origine par un tertre de terre et de pierre, parfois érodé par la suite ; et les *menhirs* (« pierre longue » en breton), pierres dressées, parfois en alignement comme à Carnac, ou en cercles (*cromlech*), qui ont une fonction de signalement et de délimitation. En Europe occidentale, les monuments mégalithiques les plus considérables sont élevés dans la seconde moitié du Ve millénaire et la première moitié du IVe millénaire. Ils sont ensuite remplacés par des monuments moins impressionnants, les allées couvertes*.

Mésolithique (Épipaléolithique)

Le Mésolithique, du grec ancien *mésos*, le « milieu », et *lithos*, la « pierre », ou Âge de la pierre moyenne, ou Épipaléolithique (post-Paléolithique), est une terminologie essentiellement propre à l'Europe, qui désigne la période comprise entre la fin de la dernière glaciation* et l'apparition de l'agriculture et de l'élevage, c'est-à-dire le Néolithique* apporté par des colons venus du Proche-Orient. Le Mésolithique est donc la continuation du mode de vie paléolithique* fondé sur la chasse et la pêche, mais dans un environnement différent, où les glaces ont reculé, la forêt repoussé partout, et les espèces animales habituées au froid comme les rennes et les mammouths ont fait place aux espèces tempérées (cerfs, chevreuils, sangliers, aurochs).

Minoen

Civilisation crétoise qui a duré de - 2700 à - 1200 environ, et représente le premier phénomène étatique et urbain d'Europe. Les archéologues, dont Arthur Evans, l'ont ainsi appelée d'après le nom du roi légendaire Minos, qui fit construire le labyrinthe et devint ensuite l'un des juges des Enfers. La grande île de Crète était ainsi jalonnée de palais, d'inspiration proche-orientale, qui contrôlaient agglomérations et campagnes, et commerçaient avec toute la Méditerranée orientale, plusieurs îles, dont Santorin, s'y rattachant. Ils étaient ornés de fresques et on y fabriquait de nombreux objets de luxe, le plus connu étant Knossos, qui fut cependant fortement restauré par Arthur Evans. La complexité de l'économie suscita l'invention de la première écriture européenne, le linéaire A*, écriture syllabique encore indéchiffrée. Les palais furent détruits à plusieurs reprises, par des catastrophes naturelles (séismes, raz-de-marée) ou des agressions humaines, et régulièrement reconstruits, passant vers - 1500 sous le contrôle des Mycéniens* de Grèce continentale. Cette brillante civilisation disparaît lors de la crise générale qui affecta l'ensemble de la Méditerranée orientale vers - 1200 (*voir* peuples de la Mer*).

Mycénien

La civilisation mycénienne prend son nom de la ville de Mycènes, dans le nord-est du Péloponnèse, connue par les poèmes homériques et identifiée au XIXe siècle par l'archéologue allemand Heinrich Schliemann. Elle est marquée par l'émergence, vers le milieu du IIe millénaire avant notre ère, des premières villes d'Europe continentale, dans le Péloponnèse et la Grèce centrale (Mycènes, Pylos, Thèbes, Tirynthe, etc.), gros bourgs fortifiés et capitales de petits royaumes. Cette civilisation rayonne sur une partie de la Méditerranée orientale et prend le contrôle de la Crète minoenne*, à laquelle elle emprunte son écriture, le linéaire A*, pour l'adapter à sa propre langue, un grec archaïque, sous la forme du linéaire B*. Ces sociétés guerrières s'effondrent aux alentours de - 1200, emportées par la crise générale du monde méditerranéen oriental à cette époque, de l'Égée à l'Égypte.

Mystères

Les cultes à Mystères sont des cérémonies initiatiques ésotériques, propres à plusieurs religions antiques de la Méditerranée orientale, notamment en Grèce et au Proche-Orient. Les plus célèbres étaient ceux d'Éleusis près d'Athènes, principalement consacrés à Déméter, déesse de la terre et de la fertilité. Comme leur nom l'indique, ces cérémonies ont été tenues secrètes et sont donc fort mal connues.

Natoufien (culture)

Culture de chasseurs-cueilleurs du Proche-Orient, qui s'étendait du nord de l'Égypte au sud de la Turquie entre - 12000 et - 9500 environ. Elle tire son nom du Wadi en-Natuf, un petit cours d'eau de Cisjordanie. Ces chasseurs-cueilleurs entreprirent de se sédentariser, prodrome à la domestication* des animaux et des plantes. Ils avaient domestiqué le chien et se livraient à une cueillette intensive des blés et orges sauvages.

Néandertal

L'homme de Néandertal (ou *Homo sapiens neandertalensis*), dont le premier spécimen reconnu, en 1856, provient de la grotte éponyme située près de Düsseldorf, est une évolution locale progressive, à partir de 300000 ans en Europe et en Asie occidentale, des *Homo erectus* venus d'Afrique. Cette espèce humaine avait des aptitudes psychomotrices très proches des nôtres et possédait certainement le langage. Sa stature trapue et ramassée est considérée comme une adaptation au froid. Les Néandertaliens sont les premiers humains à enterrer leurs morts et à porter des parures. Ils s'identifient à la période du Paléolithique moyen*, avec un outillage plus développé qu'auparavant. Lors de l'arrivée des *Homo sapiens* africains, des croisements ont eu lieu et on trouve environ 4 % de gènes néandertaliens chez une partie des Européens et des Asiatiques actuels.

Néolithique

Terme composé de *néos*, « nouveau » en grec ancien, et *lithos*, « pierre », par opposition au Paléolithique*. On parlait au XIXe siècle d'un Âge de la pierre polie* pour cette période, ou d'un Âge de la pierre nouvelle, appellation traduite ainsi en grec. On entend par là un système socio-économique caractérisé par les premières formes de l'agriculture et de l'élevage. Il n'apparaît sur terre qu'avec la fin de la dernière glaciation*, à partir d'environ 10000 avant notre ère. Si au départ seulement certains groupes de chasseurs-cueilleurs entreprennent la domestication d'animaux et de plantes, ce mode de production se répand rapidement, dans la mesure où il permet la sédentarité, une alimentation mieux assurée, et offre donc à ceux qui l'ont adopté une croissance démographique nouvelle et très forte. À terme, les sociétés de chasseurs-cueilleurs seront donc absorbées par les agriculteurs, ou bien repoussées dans des régions inhospitalières. Cette invention s'est produite indépendamment dans plusieurs régions du monde, à chaque fois avec des espèces animales et végétales différentes.

Néolithique précéramique (ou acéramique)

Dans certaines régions, comme l'Amazonie, la Chine, la Sibérie ou le nord de l'Afrique, la poterie a été inventée par des chasseurs-cueilleurs – les plus anciennes connues datant d'environ - 18000 en Chine. Dans d'autres, dont le Proche-Orient, les premiers agriculteurs ne connaissaient pas la poterie, mais utilisaient des récipients en pierre ou en matières périssables (bois, cuir, vannerie). C'est pourquoi on donne à ces sociétés le nom un peu finaliste de « Néolithique précéramique » ou, plus neutre, de « Néolithique acéramique » (avec le préfixe *a*-, dit privatif, emprunté au grec ancien). La poterie n'apparaît au Proche-Orient que vers 7000 ans avant notre ère. Longtemps considéré comme le schéma classique, ce cas proche-oriental est en fait une exception.

oppidum, oppida

Mot latin désignant une ville fortifiée chez les Celtes.

Paléolithique

Terme composé de *palaios*, « ancien » en grec ancien, et *lithos*, « pierre », par opposition à Néolithique*. On parlait également au XIXe siècle d'un Âge de la pierre taillée*, ou Âge de la pierre ancienne. Il s'agit en fait de la période de l'histoire humaine où l'alimentation reposait uniquement sur la chasse, la pêche et la cueillette, avant l'invention de l'agriculture et de l'élevage. Commençant avec les premières formes humaines, le Paléolithique est donc sans comparaison la période la plus longue de toute l'histoire humaine, soit 99,8 % de sa durée. Il est classiquement divisé en trois parties (inférieur*, moyen* et supérieur*). L'attrait des classifications ternaires a fait créer également une période intermédiaire, le Mésolithique*, propre surtout à l'Europe.

Paléolithique inférieur

Période désignant en Eurasie les plus anciennes sociétés humaines, entre deux millions et 300000 ans environ avant notre ère. Cette période est celle des *Homo erectus**. Les objets les plus caractéristiques sont les bifaces*. Les *Homo erectus* sont en effet les premiers à tailler des outils symétriques, et par ailleurs à domestiquer le feu. Mais on peut parler en principe de Paléolithique inférieur dès les plus anciens outils humains attestés, qui n'existent qu'en Afrique.

Paléolithique moyen

Période qui en Europe correspond à l'homme de Néandertal*, et dure de - 300000 à - 40000 ans environ. La principale civilisation du Paléolithique moyen européen est le Moustérien (du nom de la grotte du Moustier à Saint-Léon-sur-Vézère en Dordogne).

Paléolithique supérieur

Période marquée par l'émergence d'*Homo sapiens**. En Europe, elle se déroule, avec l'arrivée d'*Homo sapiens*, de - 40000 à - 10000 ans environ, et voit se succéder les cultures archéologiques* successives de l'Aurignacien, du Gravettien, du Solutréen* et du Magdalénien*. Elle s'achève avec la fin de la dernière période glaciaire* et est suivie par la période mésolithique*. Il s'agit de sociétés de chasseurs-cueilleurs possédant des aptitudes psychomotrices identiques aux nôtres, et qui ont produit en particulier les premières formes d'art.

période glaciaire (ou glaciation)

L'ère quaternaire, la dernière de l'histoire de la terre, se subdivise en trois parties, le pléistocène (de 2,5 millions à 10000 ans avant notre ère), l'holocène (jusqu'au XVIIIe siècle de notre ère) et l'anthropocène (les trois derniers siècles, marqués par l'intervention croissante de l'homme sur l'environnement terrestre). Le pléistocène est marqué par une succession de périodes glaciaires et de périodes dites interglaciaires*, attribuées à des variations dans l'orbite terrestre par rapport au soleil. Pendant les premières, la température terrestre s'abaisse de plusieurs degrés, les régions froides se couvrent de glaces – jusqu'à la Belgique pour l'Europe occidentale. Une partie importante des eaux du globe étant ainsi stockées dans les glaces, le niveau des mers s'abaisse d'environ 150 mètres. Le processus s'inverse pendant les périodes interglaciaires, comme celle dans laquelle nous vivons depuis douze mille ans environ.

Pour l'Europe occidentale, les glaciations reconnues sont successivement celles de Biber, Donau, Günz, Mindel, Riss et Würm, cette dernière se terminant il y a environ douze mille ans. Ces appellations varient suivant les régions, celle de Würm étant dénommée Weichsel (Vistule) en Europe centrale, Valdaï en Russie ou encore Wisconsin en Amérique du Nord.

période interglaciaire

Période intermédiaire entre deux périodes glaciaires*. Caractérisées par un réchauffement du globe, ces périodes voient ainsi le niveau des mers remonter jusqu'au niveau actuel. Le précédent interglaciaire, entre - 130000 et - 115000 ans environ, est appelé Éémien. Les interglaciaires sont de durée plus courte, d'environ quinze mille ans. On pourrait donc penser que l'actuel interglaciaire, dans lequel nous vivons mais dont nous avons néanmoins modifié le climat, pourrait prendre fin d'ici très approximativement trois millénaires.

peuples de la Mer

On nomme ainsi, d'après les annales égyptiennes, des populations en migration, parfois violentes, qui apparaissent dans la Méditerranée orientale aux alentours de 1200 avant notre ère. Les Égyptiens mentionnent notamment des Lukkas, qu'on identifie aux Lyciens de la côte turque, des Peleset, sans doute des Philistins, ainsi que des Shekelesh et des Shardanes – ces derniers parfois identifiés à tort avec les Sardes. Plutôt que des peuples organisés, on tend à penser maintenant à des mouvements migratoires erratiques, dus à des dégradations climatiques et aux désorganisations sociales et économiques qui se sont ensuivies à cette époque dans l'ensemble de la Méditerranée orientale.

pierre polie

On parlait au XIXe siècle d'un Âge de la pierre polie pour désigner le Néolithique*, par opposition avec l'Âge de la pierre taillée* désignant le Paléolithique*, puisque les haches en pierre polie, qui servent à abattre les arbres et à travailler le bois, sont caractéristiques de cette période. Le polissage est censé en effet rendre la lame plus résistante aux chocs. Mais, avant d'être polie, la masse de pierre doit de toute façon être taillée par percussion (*voir* pierre taillée*). Cet objet technique n'est donc qu'un épiphénomène du Néolithique, qui doit être essentiellement défini par son système de production, reposant sur l'agriculture et l'élevage – d'autant que certaines populations de chasseurs-cueilleurs, comme en Australie il y a quarante mille ans, ont façonné des haches polies, qui se trouvent être ainsi les plus anciennes connues (voir p. 149).

pierre taillée

Pour fabriquer un objet en pierre, on doit d'abord le tailler, c'est-à-dire le dégrossir par percussion à l'aide d'un autre objet dur, usuellement en pierre ou en bois de cerf. La dénomination ancienne d'Âge de la pierre taillée pour désigner le Paléolithique* par opposition à un Âge de la pierre polie* n'est donc pas particulièrement pertinente, puisqu'à toute époque il faut d'abord tailler la pierre avant de la polir éventuellement.

polyandrie

Système matrimonial où une femme peut être mariée à plusieurs maris en même temps – soit le contraire de la polygynie (un mari avec plusieurs épouses), laquelle est souvent confondue avec la polygamie, qui étymologiquement signifie « plusieurs mariages », sans préciser dans quel sens. La polyandrie est un système très rare, qui dans les quelques sociétés où elle est attestée ne vise qu'à suppléer à l'insuffisance du nombre de femmes disponibles pour le mariage.

primate

Catégorie de mammifères qui émerge il y a environ 65 millions d'années, le plus ancien connu étant actuellement le *Purgatorius*, de la taille et de l'allure d'une souris. Le nom vient du latin *primas*, « premier », car c'est la première catégorie définie au XVIIIe siècle par le naturaliste suédois Linné : comprenant les humains, elle était alors considérée comme la plus haute. De fait, les primates regroupent l'ensemble des singes, petits et grands, les lémuriens et les humains. La séparation entre humains et grands singes a dû avoir lieu entre huit et dix millions d'années.

révolution néolithique

Ce terme dû à l'archéologue australien Gordon Childe dans l'entre-deux-guerres a été forgé pour souligner le caractère radical de l'invention de l'agriculture et de l'élevage (le Néolithique*), certainement le tournant le plus décisif de l'histoire humaine, puisque de là ont découlé entre autres une démographie qui est toujours hors de contrôle et des sociétés de plus en plus nombreuses, et donc inégalitaires et conflictuelles.

rhombe

Instrument de musique traditionnel formé d'une plaquette en os, bois ou pierre, et que l'on fait tournoyer au bout d'une cordelette, émettant ainsi un vrombissement régulier, variant avec la vitesse de la rotation. Attesté dès le Paléolithique supérieur*, le rhombe est un instrument encore employé par les populations traditionnelles d'Australie et de Nouvelle-Guinée dans certaines cérémonies (voir p. 65).

Rubané (culture archéologique*), *voir* Céramique linéaire*

Sidérolithique

Période chronologique propre à l'Afrique, où la métallurgie du fer, bien attestée à partir du Ier millénaire avant notre ère, est utilisée conjointement à l'outillage en pierre. Le terme est parallèle à celui de Chalcolithique*, utilisé en Europe pour désigner une période où l'outillage en cuivre est utilisé conjointement à celui en pierre.

silex

Les silex sont des accidents à base de silice qui se produisent dans des dépôts sédimentaires, craies ou argiles. Leur grain fin, permettant des surfaces tranchantes, en a fait des matériaux privilégiés pour les outils du Paléolithique* et du Néolithique*.

Solutréen

Culture archéologique* du Paléolithique supérieur* présente dans le sud-ouest de l'Europe entre 22000 et 17000 environ avant le présent. Elle tire son nom de la roche de Solutré en Saône-et-Loire, qui était à l'époque un lieu important de chasse aux chevaux sauvages. Elle se caractérise en particulier par des pointes de silex* de forme losangique d'une très grande finesse, taillées sur les deux faces. L'invention de l'arc et de l'aiguille à chas date peut-être de cette époque. L'art pariétal est bien attesté à cette époque, avec Lascaux peut-être, la grotte Cosquer, ou encore les gravures de la vallée du Coâ au Portugal.

sortie d'Afrique

On désigne par ce terme (*Out of Africa*, en anglais) deux événements historiques successifs. Le premier, à partir de deux millions d'années avant notre ère, voit certains *Homo erectus** quitter le continent africain pour se répandre peu à peu dans tout le centre et le sud de l'Eurasie, des îles Britanniques à l'Indonésie. Ils évolueront peu à peu sur place en de nouvelles espèces, l'homme de Néandertal*, l'homme de Denisova* et l'homme de Florès* (voir p. 244). La seconde « sortie » se passe à partir de 100000 ans environ, lorsque des *Homo sapiens** africains, issus des *Homo erectus* restés sur place, se répandent à leur tour, et cette fois dans l'ensemble du monde (voir p. 200).

statue-menhir

On désigne ainsi des représentations humaines, principalement féminines ou de guerriers, typiques des IVe et IIIe millénaires dans le sud de l'Europe, de la péninsule Ibérique à l'Ukraine. Ces représentations sont sommairement sculptées, en léger bas-relief, sur des pierres dressées et indiquent en général le visage, quelques attributs (armes), voire une ceinture et des pieds. Elles ont été très souvent retrouvées hors contexte archéologique, si bien qu'elles sont difficiles à interpréter, et se retrouvent à la même époque dans des cultures archéologiques* très différentes.

Tène (La)

Nom d'un site des bords du lac de Neuchâtel en Suisse où ont été retrouvés au XIXe siècle de nombreuses armes en fer et des éléments en bois. On interprète actuellement ce site comme un lieu cérémoniel. Le site sert par ailleurs à désigner la seconde période de l'Âge du fer en Europe centrale et occidentale, soit entre 480 et 50 environ avant notre ère.

têtes réduites

La tête réduite ou *tsantza* est une coutume guerrière chez les Amérindiens d'Amazonie, et notamment les Achuars ou Jivaros, qui consiste à extraire la partie osseuse de la tête d'un ennemi tué pour reformer une tête de petite taille, soigneusement embaumée, qui sert de trophée et permet de s'approprier l'esprit du mort.

torque

Collier métallique, en bronze, fer ou or, que portaient les personnages importants à l'Âge du bronze ou à l'Âge du fer. S'il est souvent porté par des femmes, le torque peut être aussi un symbole de distinction masculin, notamment vers la fin de la période gauloise.

totem

Ce terme emprunté à l'ojibwé, une langue amérindienne d'Amérique du Nord, désigne dans les sociétés traditionnelles l'ancêtre mythique d'un clan, qu'il soit humain, animal, végétal ou surnaturel. Il peut désigner également les mâts-totems des sociétés du nord-ouest de l'Amérique du Nord, mais aussi, dans d'autres régions du monde, de hauts poteaux sculptés représentant ces êtres mythiques. On parle par extension de « totémisme » pour ce système social de clans.

Toumaï

Découvert au Tchad en 2001 et daté de sept millions d'années, Toumaï (de son nom savant *Sahelanthropus tchadensis*) est le plus ancien fossile connu de la lignée humaine. Représenté par un crâne et divers fragments, dont un morceau de fémur, appartenant à plusieurs individus, il mesurait environ un mètre de hauteur. Sa datation, et même son appartenance à la lignée humaine (plutôt qu'à celle des grands singes), ont parfois été discutées. Son nom, qui signifie « espoir de vie » dans une des langues du Tchad, était celui d'un compagnon, tué au combat, du président tchadien Idriss Déby.

tours du silence

Tours en pierre où étaient exposés, selon le rite de la religion monothéiste zoroastrienne des Perses, les cadavres des défunts afin qu'ils soient dévorés par les oiseaux de proie, donc sans souiller la terre, le feu ou l'eau. Les os desséchés restants étaient ensuite mis en terre. Ce rite est encore pratiqué par les parsis de l'Inde.

tumulus

Amas de terre ou de pierres, de forme principalement circulaire, que l'on élevait à certaines périodes (du Néolithique au Moyen Âge) sur les tombes des personnages importants. Ce dispositif avait pour fonction à la fois de protéger la tombe contre les pillards et d'en signaler l'importance à l'usage des vivants.

Bibliographie

Généralités

Bon F., *Préhistoire. La Fabrique de l'homme*, Paris, Seuil, 2009.

Boucheron P. (dir.), *Histoire mondiale de la France*, Paris, Seuil, 2017.

Demoule J.-P. (dir.), *La France archéologique. Vingt ans d'aménagements et de découvertes*, Paris, Hazan, 2004.

Demoule J.-P., *L'Archéologie, entre science et passion*, Paris, Gallimard, 2005.

Demoule J.-P. (dir.), *L'Europe, un continent redécouvert par l'archéologie*, Paris, Gallimard, 2009.

Demoule J.-P., Giligny F., Le Hoërff A. & Schnapp A., *Guide des méthodes de l'archéologie*, Paris, La Découverte, 2009 (réédition augmentée).

Demoule J.-P. & Landes Chr. (dir.), *La Fabrique de l'archéologie*, Actes du colloque organisé par l'INHA et l'Inrap (février 2008), Paris, La Découverte, 2009.

Dockès E., *Voyage en Misarchie. Essai pour tout reconstruire*, Paris, Éditions du Détour, 2017.

Dortier J.-F. (dir.), *Révolution dans nos origines*, Auxerre, Éditions Sciences Humaines, 2015.

Diamond J., *Effondrement. Comment les sociétés décident de leur disparition ou de leur survie*, Paris, Gallimard, 2006.

Godelier M., *Au fondement des sociétés humaines. Ce que nous apprend l'anthropologie*, Paris, Albin Michel, 2007.

Harari Y. N., *Sapiens. Une brève histoire de l'humanité*, Paris, Albin Michel, 2015.

Lehoërff A., *Préhistoires d'Europe, de Néandertal à Vercingétorix*, Paris, Belin, 2016.

Leroi-Gourhan A., *Le Geste et la Parole*, Paris, Albin Michel, 2 volumes, 1964-1965.

Lichardus J. & Lichardus-Itten M. (dir.), *La Protohistoire de l'Europe. Le Néolithique et le Chalcolithique*, Paris, PUF, 1985.

Sahlins M., *Âge de pierre, âge d'abondance. L'économie des sociétés primitives*, Paris, Gallimard, 1976 (titre original : *Stone Age Economics*, Aldine, Chicago, 1972).

Tainter J. A., *The Collapse of Complex Societies*, Cambridge, Cambridge University Press, 1990.

Testart A., *Avant l'histoire. L'Évolution des sociétés de Lascaux à Carnac*, Paris, Gallimard, 2012.

Thiébault St., *Archéologie environnementale de la France*, Paris, La Découverte/Inrap, 2010.

Valentin B., *Le Paléolithique*, Paris, PUF, 2011.

Sites Internet

Inrap : http://www.inrap.fr/archeologie-preventive/p-7-Accueil.htm
Ministère de la Culture : http://www.archeologie.culture.gouv.fr/

Chapitre 1. Qui a inventé l'agriculture (et l'élevage) ? et chapitre 2. Qui a inventé les maisons et les villages ?

Aurenche O. & Kozlowski S. K., *La Naissance du néolithique au Proche-Orient*, Paris, Errance, 1999.

Coudart A., *Architecture et société néolithique*, Paris, Maison des sciences de l'homme (DAF), 1998.

Demoule J.-P. (dir.), *La Révolution néolithique en France*, Paris, La Découverte/Inrap, 2007.

Demoule J.-P., *Les Origines de la culture. La révolution néolithique*, Paris, Le Pommier, 2008.

Demoule J.-P. (dir.), *La Révolution néolithique dans le monde*, Paris, CNRS Éditions, 2010.

Demoule J.-P., *Le Néolithique, à l'origine du monde contemporain*, La Documentation photographique, n° 8177, Paris, La Documentation française, 2017.

Digard J.-P., *L'Homme et les Animaux domestiques. Anthropologie d'une passion*, Paris, Fayard, 2009.

Guilaine J., *Caïn, Abel, Otzi. L'Héritage néolithique*, Paris, Gallimard, 2011.

Haudricourt A.-G., « Domestication des animaux, culture des plantes et traitement d'autrui », *L'Homme*, volume 2, n° 1, 1962, p. 40-50.

Huot J.-L., *Les Premiers Villageois de Mésopotamie. Du village à la ville*, Paris, Armand Colin, 1994.

Louboutin C., *Au Néolithique. Les Premiers Paysans du monde*, Paris, Gallimard, 1990.

Price T. D. & Gebauer A. D. (dir.), *Last Hunters, First Farmers : New Perspectives on the Prehistoric Transition to Agriculture*, Santa Fe, School of American Research, 1995.

Price T. D. (dir.), *Europe's First Farmers*, Cambridge, Cambridge University Press, 2000.

Sigaut F., « Un tableau des produits animaux et deux hypothèses qui en découlent », *Production pastorale et société*, 1980, n° 7, p. 20-36.

Tarrête J. & Le Roux Ch.-T., *Le Néolithique*, Paris, Picard, 2008.

Rapoport A., *Pour une anthropologie de la maison*, Paris, Dunod, 1972.

Valla F., *L'Homme et l'Habitat. L'Invention de la maison durant la préhistoire*, Paris, CNRS Éditions, 2008.

Vigne J.-D., *Les Débuts de l'élevage*, Paris, Le Pommier, 2012.

Chapitre 3. Qui a inventé les outils, le métal et la roue (et le travail) ?

Archambault de Beaune S., *L'Homme et l'Outil. L'Invention technique durant la préhistoire*, Paris, CNRS Éditions, 2008.

Ducros A., Ducros J. & Joulian F. (dir.), *La Culture est-elle naturelle ? Histoire, épistémologie et applications récentes du concept de culture*, Paris, Errance, 1998.

Gimpel J., *La Révolution industrielle du Moyen Âge*, Paris, Seuil, 2002.

Hublin J.-J., *Biologie de la culture. Paléoanthropologie du genre Homo*, Paris, Fayard, 2017.
Latour B. & Lemonnier P. (dir.), *De la préhistoire aux missiles balistiques. L'Intelligence sociale des techniques*, Paris, La Découverte, 1994.
Lemonnier P. (dir.), *Technological Choices : Transformation in Material Cultures since the Neolithic*, Londres, Routledge, 1993 (réédition 2001).
L'Histoire des inventions. Jusqu'où irons-nous ?, Le Monde/La Vie, hors-série, 2016.
Picq P. & Roche H., *Les Premiers Outils*, Paris, Le Pommier, 2013.
Puech M., *Homo sapiens technologicus*, Paris, Le Pommier, 2016.
Sigaut Fr., *Comment* Homo *devint* faber. *Comment l'outil fit l'homme*, Paris, CNRS Éditions, 2013.

Chapitre 4. Qui a inventé les dieux (et Dieu) ?

Biehl P. & Bertemes F. (dir.), *The Archaeology of Cult and Religion*, Budapest, Archaeolingua, 2001.
Cauvin J., *Naissance des divinités. Naissance de l'agriculture*, CNRS Éditions, 1997 (2e édition).
Chapman J., *Fragmentation in Archaeology : People, Places, and Broken Objects in the Prehistory of South-Eastern Europe*, Londres, Routledge, 2000.
Dortier J.-F. & Testot L. (dir.), *La Religion. Unité et diversité*, Auxerre, Éditions Sciences Humaines, 2005.
Dortier J.-F. & Testot L. (dir.), *Les Religions. Des origines au IIIe millénaire*, Auxerre, Éditions Sciences Humaines, 2017.
Godelier M., *La Production des grands hommes. Pouvoir et domination masculine chez les Baruya de Nouvelle-Guinée*, Paris, Fayard, 1982.
Goudineau Chr. (dir.), *Religion et société en Gaule*, Paris, Errance, 2006.
Jean-Baptiste P. (dir.), *Dictionnaire universel des dieux, déesses et démons*, Paris, Seuil, 2016.
Lambert Y., *La Naissance des religions, de la préhistoire aux religions universalistes*, Paris, Armand Colin, 2007.
Layton R., *The Anthropology of Art*, Londres, Paul Elek, Granada Publishing, 1981.

Leroi-Gourhan A., *Les Religions de la préhistoire*, Paris, PUF, 1964.
Lévêque P., *Introduction aux premières religions : bêtes, dieux et hommes*, Paris, Librairie générale française, 1997.
Rappaport R. A., *Ritual and Religion in the Making of Humanity*, Cambridge, Cambridge University Press, 1997.
Römer Th., *L'Invention de Dieu*, Paris, Seuil, 2014.
Testart A., *La Déesse et le Grain. Trois essais sur les religions néolithiques*, Paris, Errance, 2010.

Chapitre 5. Qui a inventé l'art (et le *design*) ?

Anderson R., *Art in Small-Scale Societies*, Englewood Cliffs, Prentice-Hall, 1989.
Belting H., *Pour une anthropologie des images*, Paris, Gallimard, 2004.
Boas F., *L'Art primitif*, Paris, Adam Biro, 2003 (titre original : *Primitive Art*, Instituttet For Sammenlignende Kulturforskning, H. Aschehoug & Co, Oslo, 1927).
Briard J., *Mythes et symboles de l'Europe préceltique. Les Religions de l'âge du bronze (2500-800 av. J.-C.)*, Paris, Errance, 1987.
Demoule J.-P., *Naissance de la figure. L'Art du paléolithique à l'âge du fer*, Paris, Hazan, 2007 (réédition Folio, 2017).
Didi-Huberman G., *Devant l'image. Question posée aux fins d'une histoire de l'art*, Paris, Éditions de Minuit, 1990.
Dufrêne Th. & Taylor A.-Chr. (dir.), *Cannibalismes disciplinaires*, Paris, INHA & musée du Quai Branly, 2009.
Guilaine J. (dir.), *Art et symboles du néolithique à la protohistoire*, Paris, Errance, 2003.
Layton R., *The Anthropology of Art*, Londres, Paul Elek, Granada Publishing, 1981.
Lorblanchet M., *La Naissance de l'art. Genèse de l'art préhistorique*, Paris, Errance, 1999.
Saulieu G. de, *Art rupestre et statues-menhirs dans les Alpes*, Paris, Errance, 2004.
Schnapp A. (dir.), *Histoire de l'Art, I : La Préhistoire et l'Antiquité*, Paris, Flammarion, 1997.
Testart A., *Art et religion, de Chauvet à Lascaux*, Paris, Gallimard, 2016.

Chapitre 6. Qui a inventé les chefs (et la servitude volontaire) ?

Clastres P., *La Société contre l'État. Recherches d'anthropologie politique*, Paris, Éditions de Minuit, 1974.

Darmangeat Chr., *Le communisme primitif n'est plus ce qu'il était*, Toulouse, Collectif d'édition Smolny, 2012.

Diamond J., *De l'inégalité parmi les sociétés. Essai sur l'homme et l'environnement dans l'histoire*, Paris, Gallimard, 2000.

Forest J.-D., *Mésopotamie. L'Apparition de l'État, VIIe-IIIe millénaires*, Paris, Éditions Paris-Méditerranée, 1996.

Guilaine J. (dir.), *Le Chalcolithique et la Construction des inégalités*, Paris, Errance, 2 volumes, 2007.

Harman Chr., *Une histoire populaire de l'humanité. De l'âge de pierre au nouveau millénaire*, Paris, La Découverte, 2015.

Hayden B., *Naissance de l'inégalité. L'Invention de la hiérarchie*, Paris, CNRS Éditions, 2013.

Lapierre J.-W., *Vivre sans État ? Essai sur le pouvoir politique et l'innovation sociale*, Paris, Seuil, 1977.

Lemonnier P., *Guerres et festins. Paix, échanges et compétition dans les Highlands de Nouvelle-Guinée*, Paris, Maison des sciences de l'homme, 1990.

Lichardus J. (dir.), *Die Kupferzeit als historische Epoche*, Bonn, Habelt, Saarbrücker Beiträge zur Altertumskunde 55, 2 volumes, 1991.

Testart A. (dir.), *Aux origines de la monnaie*, Paris, Errance, 2004.

Testart A., *La Servitude volontaire*, Paris, Errance, 2 volumes, 2004.

Testart A., *Éléments de classification des sociétés*, Paris, Errance, 2005.

Waal F. de, *De la réconciliation chez les primates*, Paris, Flammarion, 2002.

Chapitre 7. Qui a inventé la guerre (et les massacres) ?

Clastres P., *Archéologie de la violence. La Guerre dans les sociétés primitives*, La Tour-d'Aigues, Éditions de l'Aube, 2005.

Guilaine J. & Sémelin J. (dir.), *Violences de guerre, violences de masse. Une approche archéologique*, Paris, La Découverte, 2016.

Guilaine J. & Zammitt J., *Le Sentier de la guerre. Visages de la violence préhistorique*, Paris, Seuil, 2001.

Keeley L., *Les Guerres préhistoriques*, Paris, Perrin, 2009.

Link Th. & Peter-Röcher H. (dir.), *Gewalt und Gesellschaft. Dimensionen der Gewalt in ur- und frühgeschichtlicher Zeit/ Violence and Society. Dimensions of violence in pre- and protohistoric times*, Bonn, Habelt, 2014.

Patou-Mathis M., *Préhistoire de la violence et de la guerre*, Paris, Odile Jacob, 2013.

Chapitre 8. Qui a inventé les tombes et les cimetières ?

Ariès Ph., *L'Homme devant la mort*, Paris, Seuil, 2 volumes, 1985.

Bonnabel L. (dir.), *Archéologie de la mort en France*, Paris, La Découverte/Inrap, 2012.

Gallay A., *Les Sociétés mégalithiques. Pouvoir des hommes, mémoire des morts*, Lausanne, Presses polytechniques et universitaires romandes, 2006.

Guilaine J. (dir.), *Sépultures d'Occident et genèses des mégalithismes (9000-3500 avant notre ère)*, Séminaire du Collège de France, Paris, Errance, 1998.

Maureille B., *Les Premières Sépultures*, Paris, Le Pommier, 2004.

Mohen J.-P., *Les Rites de l'au-delà*, Paris, Odile Jacob, 2010.

Tillier A.-M., *L'Homme et la Mort. L'Émergence du geste funéraire durant la préhistoire*, Paris, CNRS Éditions, 2009.

Chapitre 9. Qui a inventé la domination masculine ?

Bonnemère P., *Le Pandanus rouge. Corps, différence des sexes et parenté chez les Ankave-Anga (PNG)*, Paris, CNRS Éditions/Maison des sciences de l'homme, 1996.

Bourdieu P., *La Domination masculine*, Paris, Seuil, 1998.

Cohen Cl., *Femmes de la préhistoire*, Paris, Belin, 2016.

Ehrenberg M., *Women in Prehistory*, Norman, University of Oklahoma Press, 1989.

Georgoudi S., « Bachofen, le matriarcat et le monde antique. Réflexion sur la création d'un mythe », in *Histoire des femmes*, M. Perrot et G. Duby (dir.), Paris, Plon, 1991, p. 477-491.

Godelier M., *La Production des grands hommes. Pouvoir et domination masculine chez les Baruya de Nouvelle-Guinée*, Paris, Fayard, 1982.

Godelier M., *Métamorphoses de la parenté*, Paris, Fayard, 2004.

Héritier F., *Masculin/Féminin. La Pensée de la différence*, Paris, Odile Jacob, 1996.

Héritier F. (dir), *Hommes, femmes. La construction de la différence*, Paris, Le Pommier, 2010.

La Liberté en psychanalyse, Liberté-Égalité-Sexualité, Association psychanalytique de France, Paris, PUF, 2017.

Martini E. (dir.), *La Femme. Ce qu'en disent les religions*, Paris, Éditions de l'Atelier, 2002.

Reeves Sanday P., *Female Power and Male Dominance. On the Origins of Sexual Inequality*, Cambridge, Cambridge University Press, 1981.

Tabet P., *La Construction sociale de l'inégalité des sexes. Des outils et des corps*, Paris, L'Harmattan, 1998.

Taylor T. L., *La Préhistoire du sexe*, Paris, Bayard, 1998 (titre original : *The Prehistory of Sex : Four Million Years of Human Sexual Culture*, New York, Random House, 1997).

Chapitre 10. Qui a inventé les migrations (et les immigrés) ?

Chapman J. & Hamerow E., *Migrations and Invasions in Archaeological Explanation*, Oxford, British Archaeological Reports, 2000.

Cline E. H., *1177 avant J.-C., le jour où la civilisation s'est effondrée*, Paris, La Découverte, 2015.

Demoule J.-P., *Mais où sont passés les Indo-Européens ? Le Mythe d'origine de l'Occident*, Paris, Seuil, 2014(réédition Points, 2017).

Dumézil Br. (dir.), *Les Barbares*, Paris, PUF, 2016.

Garcia D. & Le Bras H. (dir.), *Archéologie des migrations*, Paris, La Découverte, 2017. En ligne : http://www.inrap.fr/archeologie-des-migrations-8440

Hublin J.-J., *Quand d'autres hommes peuplaient la terre*, Paris, Flammarion, 2011.

Prien R., *Archäologie und Migration. Vergleichende Studien zur archäologischen Nachweisbarkeit von Wanderungsbewegungen*, Universitätsforschungen zur prähistorischen Archälogie 120, Bonn, Habelt, 2005.

Rouse I., *Migrations in Prehistory : Inferring Population Movement from Cultural Remains*, New Haven, Yale University Press, 1986.

Spencer R. F. (dir.), *Migration and Anthropology*, Proceeding of the 1970 Annual Meeting of the American Ethnological Society, Seattle et Londres, University of Washington Press, 1970.

Stringer Chr., *Survivants. Pourquoi nous sommes les seuls humains sur Terre*, Paris, Gallimard, 2014.

Chapitre 11. Qui a inventé les peuples, les ethnies et les nations ?

Aglietta M. & Orléan A., *La Monnaie entre violence et confiance*, Paris, Odile Jacob, 2002.

Amselle J.-L. & M'Bokolo E. (dir.), *Au cœur de l'ethnie. Ethnies, tribalisme et État en Afrique*, Paris, La Découverte, 1985.

Anderson B., *L'Imaginaire national. Réflexions sur l'origine et l'essor du nationalisme*, Paris, La Découverte, 2006 (réédition).

Brun P. & Ruby P., *L'Âge du fer en France. Premières villes, premiers États celtiques*, Paris, La Découverte/Inrap, 2008.

Brunaux J.-L., *Nos ancêtres les Gaulois*, Paris, Seuil, 2008.

Buchsenschutz O. (dir.), *L'Europe celtique à l'Âge du fer*, Paris, PUF, 2015.

Carrozza L. & Marcigny C., *L'Âge du bronze en France*, Paris, La Découverte/Inrap, 2007.

Citron S., *Le Mythe national. L'Histoire de France revisitée*, Paris, Éditions de l'Atelier, 2008.

Garcia D., *La Celtique méditerranéenne*, Paris, Errance, 2004.

Gayraud R.-P., Poisson J.-M. & Richarté C. (dir.), *Héritages arabo-islamiques dans l'Europe méditerranéenne*, Paris, La Découverte, 2015.

Goudineau Chr., *Le Dossier Vercingétorix*, Arles, Actes Sud/Errance, 2001.

Halbwachs M., *La Mémoire collective*, Paris, Albin Michel, 1997 (réédition).

Febvre L. & Crouzet F., *Nous sommes des sang-mêlés. Manuel d'histoire de la civilisation française*, Paris, Albin Michel, 2012.

Monteil M. & Tranoy L., *La France gallo-romaine*, Paris, La Découverte/Inrap, 2008.

Mühlmann W.E. (dir.), *Studien zur Ethnogenese*, Abhandlungen der rheinisch-westfälischen Akademie der Wissenschaften 72, Opladen, Westdeutscher Verlag, 1985.

Ouzoulias P. & Tranoy L. (dir.), *Comment les Gaules devinrent romaines*, Paris, La Découverte/Inrap, 2010.

Poux M. & Malrain Fr., *Qui étaient les Gaulois ?* Paris, La Martinière, 2011.

Salmona P. & Sigal L. (dir.), *Archéologie du judaïsme en France et en Europe*, Paris, La Découverte, 2011.

Shennan S. J. (dir.), *Archaeological Approaches to Cultural Identity*, Londres et New York, Unwin Hyman, 1994.

Thiesse A.-M., *La Création des identités nationales. Europe, XVIIIe-XXe siècles*, Paris, Seuil, 2001.

Conclusion. Les raisons d'un zapping

Bordage P., Demoule J.-P., Lehoucq R. & Steyer J.-S., *Exquise planète*, Paris, Odile Jacob, 2014.

Fraisse G., *Les Femmes et leur histoire*, Paris, Gallimard, coll. « Folio », 1998.

Gonzalez Ruibal A., *An Archaeology of Resistance : Materiality and Time in an African Borderland*, Lanham, Rowman & Littlefield, 2014.

Noiriel G., *Une histoire populaire de la France, de 1356 à nos jours*, Marseille, Agone, 2017.

Perrot M., *Les Femmes ou les Silences de l'Histoire*, Paris, Flammarion, 1998.

Scott C. J., *Zomia, ou l'art de ne pas être gouverné*, Paris, Seuil, 2013.

Thébaud F., *Écrire l'histoire des femmes*, Fontenay/Saint-Cloud, ENS Éditions, 1998.

Zancarini-Fournel M., *Les Luttes et les Rêves. Une histoire populaire de la France de 1685 à nos jours*, Paris, La Découverte, 2016.

Index

PETITES CAPITALES : NOMS DE PERSONNES
Maigre : noms de lieux et de pays des périodes
semi-gras : notions

A

abeille : 16, 53, 217
ABEL : 16
abri (sous roche) : 29, 94, 141, 147, 177
accouchement : 177, 188
Achenheim : 151
ACHILLE : 88, 167
ADAM : 12, 173
ADN : 42, 152, 155
Adriatique, mer : 34, 248
Aetas ou Agtas (population) : 48
Afghanistan : 139
Africains : 19, 51, 73, 94, 146, 190, 195, 199, 235, 245-246
Afrique : 11, 18, 20, 26, 51-54, 56, 60-61, 74, 80, 96-97, 113, 116, 129, 138, 160, 165, 188, 194-195, 218, 229, 236, 245-247, 252
Afrique centrale : 52
Afrique de l'Ouest : 214
Afrique du Nord : 165, 214, 251
Afrique du Sud, sud-africain : 95-97, 197, 215
Afrique saharienne : 66
Afrique subsaharienne : 252
AGAMEMNON : 88
Agde : 211
Âge de la pierre polie (Néolithique) : 38, 58
Âge de la pierre taillée (Paléolithique) : 38
Âge du bronze : 60, 66, 86, 89, 95, 104, 125-126, 129, 142, 154-157, 162, 167, 205-206, 209, 224, 232, 250
Âge du cuivre (Chalcolithique) : 60, 153, 249
Âge du fer : 61, 66, 86, 89, 104, 162, 185, 206, 227, 232, 250
agriculture, agriculteur : 10-15, 19-20, 22-26, 29, 31-32, 36, 39, 41-42, 44-46, 48-52, 58,

60, 77, 79, 83, 102, 113-114, 120, 125, 129, 148-150, 161, 179-181, 193, 201, 204, 215, 221, 227, 229, 232-234, 237, 247-248

Aï Bunar (Bulgarie) : 59

Ain (département) : 141

Aïn Ghazal (Jordanie) : 101

Aïnous : 16, 188

aire de Broca : 189

Aisne (département) : 38, 151, 161, 167, 185

Aiterhofen (Allemagne) : 162, 167

Aix-en-Provence : 86

Aka (population) : 129

AKHENATON : 82

Akkad, royaume, Akkadiens : 82, 131

Akrotiri, volcan (Grèce) : 111

Åland, îles (Finlande) : 141

Albanie, albanais : 71, 248

Alésia : 229, 237

ALEXANDRE LE GRAND : 225

Alexandrie : 66, 212, 251

aliment, alimentation : 10, 19-20, 34, 40, 46-48, 112, 117, 128, 133, 183, 199, 201

allées couvertes : 125, 165-166

Allemagne : 61, 66, 86, 94, 106, 125, 128, 130, 132, 137, 141, 148, 150, 155-156, 177, 209, 224, 226-227, 252

Allemands : 26, 38, 78, 150, 214, 220

Alpes : 13, 36, 38, 65, 85-86, 104, 120, 128, 148, 151, 163, 165, 201, 210, 248

Alpes-Maritimes : 63

Alsace : 151, 213

Altamira, grotte (Espagne) : 31, 75

Amazones (peuple mythologique) : 89, 178

Amazonie, amazonien : 15-16, 20, 23, 30, 51, 145, 152, 234, 252

Américains : 24, 94, 141, 146, 233

Amérindiens (Indiens d'Amérique du Nord) : 12, 22, 63

Amérique centrale : 50

Amérique du Nord : 13, 49, 51, 198, 245

Amérique du Sud : 51, 91, 188, 236

Amériques, Amérique : 30, 49, 56-57, 60, 66, 80, 124, 147, 199, 247, 252

Andalousie : 213

Andamans, îles : 48

Andes : 26, 50, 140, 247

Anglais : 38, 41, 135, 157, 204, 213

Angleterre, *voir aussi* Grande Bretagne : 15, 66, 86, 125, 140-141, 156, 165, 203, 210, 214

ANNAUD, Jean-Jacques : 138

ANNE (sainte) : 76

ansérine : 51

anthropophagie : 139, 142, 153

Antibes : 211

Anticythère (île, Grèce) : 66

Antilles : 188

APHRODITE (divinité) : 88, 172, 184

APOLLON (divinité) : 83, 88

Appalaches (montagnes) : 51

Aquitaine, Aquitains : 208, 212-213

Arabes : 129, 207, 229
Arabie saoudite : 113
Arabo-Berbères : 213
araire : 19, 63, 249
arboriculture : 47
arc : 14, 30, 56, 91, 152, 154, 171, 203
archéologie : 12, 14, 18-19, 70, 111-112, 115, 117, 125, 129, 136, 138, 143-144, 169, 175, 177, 180, 193, 212, 222, 226, 228, 231, 235
Arcy-sur-Cure : 59, 95
Ardèche : 73
ARDIPITHÈQUE : 196
ARENDT, Hannah : 67
ARÈS (divinité) : 88
Ariège : 99, 147
ARISTOPHANE : 191
ARISTOTE : 225
arme, armement : 60, 65, 85-86, 88, 93, 108, 135, 137, 149, 152-157, 166, 183, 202, 210, 223, 250
Arméniens : 214
ARTÉMIS (divinité) : 82, 88, 184
ARTHUR, roi : 209
ASHERAH (divinité) : 82
ASHMODAÏ (divinité) : 90
Asiatiques : 19, 22, 73, 195, 197-198, 247
Asie : 26, 44, 48-49, 52, 97
Asie centrale : 46, 227, 246
Asie du Sud-Est : 48, 236, 252
Asie occidentale : 197, 246
Asie orientale : 46, 56, 194, 246
Asparn an der Zaya (Autriche) : 150
Assyriens : 66

ASTARTÉ ou ISHTAR (divinité) : 82
Atapuerca (Espagne) : 55, 73, 140, 160, 246
ATHAULF, roi wisigoth : 212
ATHÉNA (divinité) : 88, 172, 175, 184
Athènes : 175, 191, 225, 238
Atlantique, océan : 30, 36, 39, 44, 85, 99, 103, 120, 125, 129, 132, 148, 150-151, 153, 166, 181, 201, 220-221, 248
Aubevoye : 183
aurochs : 29-30, 57, 75, 77, 79
Australie : 30, 38, 48, 59, 64, 96, 100, 199, 247, 252
Australiens : 24, 38
AUSTRALOPITHÈQUES : 54, 93, 95, 159, 196-197, 219, 245
austronésien : 48, 52, 215
Autriche : 135, 139, 148, 150, 152, 209, 214
Auvergne : 36, 213
Aztèques : 130, 142, 252
azurite : 59

B

BAAL ou HADAD (divinité) : 82
Baalbek (Liban) : 164
Babylone : 82, 131
BACHOFEN, Johann Jakob : 174-176, 179
bague : 61
baleine : 24, 193
balkanisation : 226
Balkans, balkanique : 17, 32, 34, 36-37, 40, 43-45, 59-60, 85, 119-120, 128, 150, 226-227, 248

Baltes : 180, 252
Baltique, mer : 30, 36, 43, 124, 133, 141, 148, 248-249
banane : 48, 52
banque, banquier : 130, 236
Bantous : 52, 129, 215
Barbare : 88, 94, 105-106, 138, 142, 180, 188, 209, 212, 228, 251
Baruya : 91, 153, 171
bas fourneaux : 59
bassin méditerranéen : 156, 167, 206, 251
Bassin parisien : 36-37, 44, 84, 132, 148, 211, 224
Bavière : 132, 162, 167
Bego, mont (Alpes maritimes) : 154
Belges : 138, 208
Belgique : 13, 56, 66, 201, 214
Belz : 163
Berekhat Ram (Golan) : 95
Bering, détroit de : 199, 247
Bible : 82, 127, 172, 194
Biélorussie : 43
biface : 55, 93, 95, 98, 160, 219, 246
bijoux : 107, 185
Bilzingsleben (Allemagne) : 94
bison : 17, 22, 49, 57, 73, 75, 218
Blanchard, abri (Dordogne) : 177
blatte : 17
blé : 12, 22, 26, 31, 40, 42, 183, 247
Blombos, grotte (Afrique du Sud) : 96, 99, 102
BOAS, Franz : 94
Bochimans ou Sans : 52

bœuf : 19, 31, 40, 42-43, 65, 129, 144, 247
Bohême : 132, 209, 224
bois (d'arbre) : 18, 37, 40, 56-57, 59-62, 65, 77, 79-80, 83, 106, 114-115, 119, 128, 148, 152, 154-155, 163, 166, 183, 251
boisson : 204
BONNEMÈRE, Pascale : 188
bonobo : 137, 218-219, 245
born again : 188
Bosnie : 220
Bosphore : 32, 44
bouclier : 154
bouddhisme : 67, 90, 168
Bourdeilles : 177
Bourgogne : 95, 229
bovin : 42, 47
bowerbird : 96
bracelet : 39, 60-61, 106, 113-114, 118
BRENNUS (personnage mythique) : 210
Brésil : 165
Bretagne : 125, 128, 162-163, 166, 213
Bretons : 213
Brindisi (Italie) : 248
BROCA, Paul : 189
bronze : 60-61, 86, 104-107, 129, 153-155, 185, 250
Bruniquel, grotte (Tarn-et-Garonne) : 97, 117
Bucarest : 228
Bucy-le-Long : 185
Budapest : 212, 251
Buenos Aires : 164
buffle : 26
bulgare (langue) : 36, 227

Bulgarie, bulgare : 34, 36, 59-60, 83, 87, 94, 107, 118-119, 128, 165, 226-227, 229
Burgondes : 212, 229
Burgos (Espagne) : 140, 142, 160
BUSH, George W. : 188
byzantin, Empire : 66, 232, 251
Byzantins : 227, 229, 236

C

cactus : 49
cafard : 17
Cahokia (États-Unis) : 132
CAÏN : 16
calebasse : 49
Cameroun : 215
Campaniforme (culture) : 154, 203-205, 210
Canada : 23
cannibalisme : 135, 139-142, 148
Capitole (Rome) : 210
Cardiale (culture archéologique) : 34, 221, 248
cariatide : 107-108
Carigüela, Cueva de la (grotte, Espagne) : 141
Carnac (Morbihan) : 163, 165
carnyx (soldats celtes) : 87
Carpates : 17, 43
Carthage, carthaginois : 129
casque : 60, 154, 250
CASTOR (divinité) : 87
catacombes de Paris : 112, 145, 168
Çatalhöyük (Turquie) : 79-80, 82-83, 101
Catalogne : 163, 165, 213

CATHERINE II : 184
catholique, catholicisme : 71, 76, 91, 140, 213
Caucase : 44, 165
cauri : 130
CAUVIN, Jacques : 25
Çayönü (Turquie) : 59
Celtes, celtique : 61, 86, 88, 106-107, 167, 180, 185, 193, 208-209, 211, 224-225, 235, 251
Celtibères : 210
centaure : 89, 138, 179
Céramique impresso ou cardiale (culture) : 34, 221, 248
Céramique linéaire ou Rubané (culture) : 36, 42, 114, 141, 148, 150, 221
céréale : 12, 18, 22-23, 39, 47, 49, 112, 114, 152
cérémonie, cérémoniel : 47, 70-71, 76, 79-81, 83-85, 100, 124, 139, 142-143, 145, 151, 161, 167, 171, 175, 180, 182-183, 211
cerf, cervidé : 18, 29, 46, 56, 62, 73, 77, 86-87, 152, 161
CERNUNNOS (divinité) : 86-87
CÉSAR, Jules : 86, 122, 208-209, 211, 225, 229
Chalain, lac (Jura) : 63, 151
Chalcolithique : 60, 62, 103, 108, 153-154, 156, 249-251
char : 65, 85-86, 104, 106-107, 144, 156, 185, 207
Charente : 94
Charenton : 113
CHARLEMAGNE : 207
charrue : 19, 63

chasse, chasseur, chasseur-cueilleur : 11-20, 22-25, 29-32, 38-39, 41-44, 46, 48-52, 56-57, 59, 61, 76-77, 79, 113-114, 139, 146-147, 149, 152, 178, 186-187, 201-202, 215, 221, 233-234, 237, 247-248, 252

chat : 16, 23

châtaigne : 46, 57

chaudron : 87, 106

Chauvet, grotte (Ardèche) : 73, 75, 229

chef, chefferie : 10, 58, 60, 71, 85, 88, 103-104, 111, 114, 120-124, 127, 154, 157, 162, 180, 186, 204, 210, 231, 234-235, 249-252

chêne : 38, 77

cheval : 18, 41, 49, 57, 63, 65, 73, 75, 77, 86-87, 98, 104, 106, 122, 143, 179, 250

chèvre : 31, 40, 42, 247

chevreuil : 29

chien, canidé : 15, 18, 29-31, 47-49, 52, 57, 63, 247

chimpanzé : 54, 137, 218-219, 245

Chine : 32, 43, 46, 48, 59, 66, 124, 130, 176, 194, 236-237, 247

Chine du Nord : 26

Chine du Sud : 14, 26

Chinois, chinois : 72, 101, 130, 144

chinois, Empire : 252

christianisme : 90, 108, 112, 140, 168, 232

Chypre : 129

cimetière : 39, 112-114, 118-119, 136, 145-146, 148, 159, 161, 168-169, 206

cirque : 18, 107, 202

Cisjordanie : 79

cité lacustre : 148, 151

Clain (rivière) : 98

CLASTRES, Pierre : 126, 137

CLAUSEWITZ, Carl von : 137

CLÉOPÂTRE, reine d'Égypte : 184

Clermont-Ferrand : 122, 143

climat, climatique : 13, 34, 44, 46, 51, 57, 117, 124, 131, 156, 181, 193, 201, 206, 217, 234-235, 237-238

Cluny, musée de (Paris) : 87

cochon : 18

cochon d'Inde : 49

collier, *voir aussi* torque : 39, 97

COLOMB, Christophe : 36

Colombie : 165

colon, colonie, colonisation : 30, 32, 36, 39, 41, 43-45, 49, 51-52, 77, 125, 138, 141, 149, 151, 181-182, 202, 211, 214, 217-218, 221, 248-249, 252

colorant : 49, 59, 96

commerce : 58, 132, 157, 212

Concevreux : 161, 167

CONDORCET, Nicolas de : 233

Congo : 252

conifère : 43

coptes : 188

coq : 18

coquillage, coquille : 18, 23, 29, 34, 39-40, 44, 46-47, 53,

80, 94-96, 98, 101, 114, 117, 130, 145, 161, 246
Cordé (culture archéologique) : 202, 205
Corée : 165
Corrèze : 229
Corse : 165, 213
Côtes d'Armor : 38
coton : 49
COUDART, Anick : 152
courge : 50
couvade : 188
crâne : 14, 47, 61, 76, 79, 84, 139, 141-143, 145, 147, 149, 161
crâne surmodelé : 80
crémation : 161
CRÉSUS : 130
Crète, crétois : 83, 105, 128, 132, 206, 235, 238, 250
Croatie, croate : 139-140, 248
crocodile : 17
Croisés : 236
Cronos (divinité) : 142
cueillette : 11, 18, 20, 30, 52, 187, 234, 237, 247
cuivre : 59-61, 104, 106, 118-120, 128-129, 143, 153-154, 203, 250
Culoz : 147
culte, cultuel : 16, 20, 71, 78-79, 84, 103-104, 141-142, 145, 168, 175, 179, 181
culture archéologique, culture matérielle : 45, 205, 211, 219-220, 222-224
Cyclades, îles des (Grèce) : 84, 104
CYRUS LE GRAND : 82

D

Daces : 228
Dacie, province de (*Dacia*) : 228
Damas : 212, 251
Danemark, danois : 86-87, 128, 139, 156, 166, 203
Danube (fleuve) : 30, 32, 36, 44, 77, 132, 147, 248
DE GAULLE, Charles : 217
déesse, déesse-mère : 12, 69, 76, 81-82, 86, 172, 175, 179-180, 184
Deir el-Bahari (Egypte) : 184
DÉMÉTER (divinité) : 12, 88, 175
démon : 69, 90
DENISOVIENS, OU HOMME DE DENISOVA : 97, 194-198, 246-247
dent : 18, 73, 97, 118, 142, 246
Dieu, dieux : 10, 12, 16, 25, 69, 76, 81-82, 86 91, 98, 103-104, 111, 123, 140, 154-155, 168, 172-173, 175, 184, 188, 231
Dijon : 106
DIONYSOS (divinité) : 12, 88, 142
Divje Babe, grotte (Slovénie) : 100
Djebel Sahaba ou « site 117 » (Soudan) : 146-147
djinns : 90
Dniepr (fleuve) : 30, 147
dolmen : 85, 124, 161, 163-164, 211
Dolni Věstonice (République tchèque) : 14, 178

domestication : 13, 15-17, 19-20, 22, 27, 42, 46, 49, 51, 100, 247

domination (masculine) : 136, 171, 173, 186, 188-190

Domitius Ahenobarbus (consul romain) : 211

Don (fleuve) : 30

Donets (fleuve) : 30

Donghulin (Chine) : 46

Duchamp, Marcel : 96

Dumézil, Georges : 89, 156

Dumuzi ou Tammouz (divinité) : 82

Dunstable Downs (Grande Bretagne) : 95

E

échange : 18, 39, 89, 106, 118, 121, 128-130, 137, 152, 205, 224, 227

échassier : 78

écriture : 10, 47, 81, 88, 105, 117, 127, 130, 132, 202, 206, 222, 232, 248, 250

effondrement : 131-132, 181-182, 235, 238

Égée, mer, bassin égéen : 32, 44, 130, 248

Égypte, égyptien : 10, 17, 51, 60, 65, 74, 81-82, 103, 105, 120, 131, 146, 164-165, 181, 184, 188, 194, 206, 234, 248

égyptien, Empire : 207

El Mirador, grotte (Espagne) : 142

El Sidron, grotte (Espagne) : 140

élan : 17

éléphant : 18, 63, 87

Éleusis (Grèce) : 175

élevage : 10, 13-14, 19, 22-23, 29, 40-41, 48, 52, 58, 63, 79, 83, 102, 114, 179, 201, 221, 227, 232

empereur, empire : 87, 89, 107-108, 130, 144, 214, 228, 232, 234, 238, 252

Énéolithique (Chalcolithique) : 60

Engels, Friedrich : 175

Enlène, grotte (Ariège) : 99

enlèvement : 88, 138, 178-179

Entremont (Bouches-du-Rhône) : 86

Éoliennes, îles : 128

éolipyle : 66

épée : 60-61, 107, 125, 152, 154-155, 250

épice : 49

épingle : 59, 113

Épipaléolithique (Mésolithique) : 147

Épire (Grèce) : 225

escargot : 46

esclave, esclavage : 67, 88, 106, 128, 136, 138, 173, 237, 251

Espagne, espagnol : 55, 73, 85, 123, 140-142, 160, 194, 203, 207, 213-214, 221, 246, 248, 251

Esus (divinité) : 87

Esztergalyhorvati (Hongrie) : 150

étain : 60, 106, 153, 250

État : 47, 71, 81, 103, 105, 124, 127-128, 130-132, 205, 208, 210, 217, 223, 225, 227, 232-236, 248, 250-252

États-Unis : 23, 238

Éthiopie : 165, 236, 252
ethnie, ethnique : 202, 208, 217, 220, 222-224, 226-227, 229
ethnoarchéologie : 222
ethnologie : 20, 32, 69, 76, 121, 123, 141, 146, 175, 205, 221, 233, 235
éthologie : 218
Étolie (Grèce) : 225
Étrusques : 101, 105-106
eucharistie : 140
Euphrate (fleuve) : 79
Eurasie : 14-15, 19, 46, 54, 57, 60, 73, 89, 94, 180, 195, 205, 245-246, 252
Eure : 183
Europe : 10, 18, 26, 29, 32, 34, 36-45, 47, 56, 60-61, 71, 73-74, 77, 80, 84, 87, 89, 97, 99-100, 102-104, 113, 119-120, 124-126, 128-129, 131-132, 139, 141-142, 147-148, 151, 153, 155-157, 160, 164, 167, 179-183, 185, 191, 194, 197, 199, 201-202, 204-205, 209, 221, 224, 230, 235, 245-251, 273
Europe centrale : 38, 43, 65, 84, 209, 211, 214, 248
Europe occidentale : 43-44, 79, 84, 86, 129, 153, 156, 165, 226-227, 236, 247-248
Europe orientale : 107, 153, 178, 214
Européens : 19, 38, 43, 73, 132, 135, 195, 198-199, 247, 249
EUSTACHE, Jean : 189
ÈVE : 12, 171-173

évolution, évolutionnisme : 14, 19, 56, 69, 73-74, 83, 97, 103, 126, 160, 175, 195, 213, 233-234, 246
excision : 188, 190

F

famille : 22, 37, 96, 115, 166-167, 175, 227
faucille, faux : 39, 41
Fayoum, lac (Égypte) : 51
féminisme, féministe : 175, 191, 238
femme, féminité : 40, 74, 76, 78, 80, 83, 87, 91, 93, 96, 99, 104, 108, 113-114, 136, 143, 146-148, 171-174, 176, 178, 183-191
féodalité, féodal : 121, 251
fer : 41, 59-62, 95, 125, 129, 189, 250
fibule : 61, 106
figuration : 80-81, 83, 86-87, 99, 153, 174, 177
figurine : 40, 45, 47, 80, 83-84, 104, 150, 179, 182-183, 220
Finlande : 44, 141
Flandres : 213
flèche : 40, 61, 114, 139, 143, 146-147, 151-152, 154-155, 171, 183, 203
fleuve Jaune : 47, 247
FLORÈS, HOMME DE, voir aussi H*OMO FLORESIENSIS* : 196-197
Florès, île de (Indonésie) : 197, 246
flûte : 47, 100, 171
fonio : 51

Fontbrégoua, grotte (Var) : 141
Font-de-Gaume, grotte (Périgord) : 177
forêt : 20, 22-23, 29, 38, 43-44, 51, 77, 129, 149, 193, 218, 234
FORTUNA (divinité) : 87
fossile : 95
Français, français : 25-26, 29, 34, 36, 39, 54, 58, 75, 122-123, 130, 143, 211, 214, 228-229
France : 29, 36-37, 40-41, 46, 66, 106, 114, 123, 137, 141, 147, 152, 162-163, 188-189, 191, 194, 201, 203, 208-209, 211-214, 217, 220, 224, 226-227, 229, 232, 237-239, 246, 248, 252
franc-maçonnerie : 71, 90
Francs : 123, 212, 229
Fremont (civilisation) : 234
fresque : 17, 58, 79, 83, 101, 103, 105, 107, 202, 238
Fronhofen (Allemagne) : 150
fuseau, fusaïole : 64

G

GAÏA (divinité) : 175
GAJDUSEK, Daniel : 141
GALLA PLACIDIA : 212
Gallo-Romains, gallo-romain : 211-212
Gange (fleuve) : 112
Gardon, grotte (Ain) : 141
Gargas, grotte (Hautes-Pyrénées) : 177
Garonne (fleuve) : 208

Gaule, Gaules : 86, 128, 132, 138, 208, 210-212, 225, 232, 251
Gaulois : 9, 125, 128, 145, 193, 207-209, 211, 229, 232, 251
Gavrinis (Morbihan) : 163
GAVROCHE : 133
Gdansk : 43
gène : 11, 43, 73, 160, 195, 198, 247
Genèse : 12
génétique : 19, 22, 42, 48, 56, 118, 142, 195, 203, 219
Genève : 137, 212
génocide : 39
Géorgie : 194
Gergovie : 122, 229
Germains : 122, 167, 180, 224
gesse : 42
Gètes : 228, 251
Ghana : 252
Gibraltar, rocher de : 73, 97
GILGAMESH : 178
GIMBUTAS, Marija : 179-180
GIRARD, René : 26
glaciation : 13, 38, 57, 77, 117, 147, 247
gland : 178
Göbekli Tepe (Turquie) : 78-80, 101, 180, 182-183
GODELIER, Maurice : 91, 152
Golan : 95
Golasecca (culture) : 210
GONZÁLEZ-RUIBAL, Alfredo : 236
GORDON CHILDE, Vere : 24
Gorge d'Enfer : 177
Gorham, grotte (Gibraltar) : 73, 97

Goths : 94
GOUDINEAU, Christian : 212
Gough, grotte (Grande-Bretagne) : 140
Gournay-sur-Aronde : 86
graminée : 46, 51, 57
Gran Dolina (Espagne) : 140
Grande-Bretagne, *voir aussi* Angleterre : 36, 95, 156, 226
Grandes Plaines (Amérique du Nord) : 22, 49, 63, 66
gravettienne (culture) : 14, 57, 220
gravure : 25, 51, 63, 80, 86, 103, 153, 165, 220, 250
grec (langue) : 30, 36, 54, 60, 88, 163-164, 172, 189, 206-207, 225
Grèce : 32, 34-35, 61, 66, 82, 88-89, 104-105, 111, 126, 130, 132, 138, 142, 162, 165, 206, 221, 225-227, 229, 232, 236, 250-251
Grecs, civilisation grecque : 12, 66, 74, 88, 101, 104, 106-107, 129, 138, 154-155, 164, 167, 172, 174-175, 178, 180, 184-185, 191, 207, 209, 211, 224-225, 227, 229, 251
griffon : 87
grotte : 9, 14-15, 25, 31, 41, 46, 51, 59, 73, 75-77, 79-80, 94-100, 117, 139-142, 150, 160, 177, 229, 273
GROUCHY, Emmanuel de : 237
guerre, guerrier : 10, 18, 40-41, 61, 65, 85-89, 104, 106, 108, 126, 135-138, 142-143, 146-148, 151, 153-157, 166, 179, 183-184, 191, 206-208, 213-214, 228, 231
Gundestrup (Danemark) : 87
Guy-Martin, grotte (Vienne) : 177

H

habitation : 14, 20, 35-37, 44, 79-80, 82, 84, 112, 114, 119, 126, 151, 179, 220
hache, hachette, herminette : 20, 38-40, 58-61, 85, 114, 119-120, 128-129, 143, 149, 152-153, 163, 165, 183, 202
Hacilar (Turquie) : 80
HADAD ou BAAL (divinité) : 82
HADÈS (divinité) : 175
HAHN, Eduard : 26
hallebarde : 60, 154
Hallstatt (culture) : 210
hameçon : 56
Hanseles Hohl, grotte (Allemagne) : 141, 150
harem : 176, 218
haricot : 50-51
harpon : 56, 219
HATCHEPSOUT : 184
HAUDRICOURT, André-George : 26
Hébreux : 82, 174, 194
Hébron (Cisjordanie) : 80
HECTOR : 167
HÉLÈNE DE TROIE : 88, 178
HÉPHAÏSTOS (divinité) : 88, 172
HÉRA (divinité) : 88, 184
HÉRACLÈS (divinité) : 155, 207
Hérault (département) : 246
HÉRITIER, Françoise : 186

Hermès (divinité) : 172
Hérodote : 129, 209
Héron d'Alexandrie : 66
Herxheim (Allemagne) : 141-142, 145, 148, 150
Hésiode : 172
Heuneburg (Allemagne) : 132
hiérarchie (sociale) : 88, 133
hindouisme : 90, 168
Hindous : 180
hittite, Empire : 207, 235
Hittites : 66, 180
Hobbes, Thomas : 135-136, 139, 157
Hochdorf, tombe (Allemagne) : 106, 132
Hohenasperg (Allemagne) : 132
Hohenzollern-Sigmaringen, famille : 227
Hohle Fels, grotte (Allemagne) : 75, 100, 177
Hollandais : 38
Homère : 129, 154, 207
homme (représentation masculine) : 40, 74-75, 81, 87, 104, 156, 177, 250
Homo (genre) : 11, 53-54, 196
Homo antecessor : 197, 245
Homo erectus : 54, 56, 73, 93-98, 140, 159-160, 169, 194-197, 199, 201, 219, 229, 245-246
Homo ergaster : 197
Homo floresiensis, voir aussi Florès, homme de : 197, 246
Homo georgicus : 197, 246
Homo habilis : 53-54, 197, 245
Homo heidelbergensis : 197, 246
Homo naledi : 196-197

Homo rudolfensis : 197
Homo sapiens neandertalensis, voir aussi Néandertaliens et Neandertal, homme de : 55, 197
Homo sapiens ou Homo sapiens sapiens : 11, 13, 55-57, 73-74, 97-98, 100, 113, 118, 140, 160, 186, 189, 195, 197-199, 201, 214, 229, 232, 246
Hongrie, hongrois : 36, 148, 150, 203
horoscope : 72
horticulture, horticulteur : 20, 48, 50, 52
Hudson, baie d' (Canada) : 181
huguenots : 214
hyène : 100
Hyène, grotte de la (Yonne) : 95
Hyères : 211

I

igname : 20, 26, 48, 52
Îles britanniques : 210, 213, 224
Illyriens : 106, 251
Inanna (Ishtar) : 82, 184
Incas : 252
incinération : 167-169
Inde : 48, 69, 89-90, 96, 99, 112, 143, 145, 165, 176, 204, 213-214
Indochine : 48, 214
indo-européennes, langues : 89, 179, 204
Indo-Européens : 89, 210
Indonésie : 39, 48, 73, 94, 98-99, 188, 194, 197, 246
Indus (civilisation) : 131, 235, 238

infanticide : 176
initiation (cérémonie) : 76, 91, 172, 175, 187-188, 190
insurrection : 133
interglaciaire : 13
Inuits : 61
invasions barbares : 108, 193, 212, 251
invention : 9, 12, 14, 19, 41, 49-50, 53, 57-58, 60, 63-66, 78, 83, 86, 89, 108, 154, 201, 226, 232, 247, 249
Irak, *voir aussi* Mésopotamie : 31-32, 139, 160, 248
Iran : 89, 145
Irlande, irlandais : 86
Isabelle la Catholique : 213
Ishtar (divinité) : 82, 184
islam : 71, 76, 90, 168
Israël : 82, 95
Isturitz, grotte (Pyrénées atlantiques) : 100
Italie, italien : 34, 38, 61, 86, 105-106, 128, 132, 139, 143, 152, 209-210, 213-214, 237, 248, 250-251

J

jacquerie : 133
jade, jadéite : 120, 128, 163, 165
jambière : 60, 154
Japon, japonais : 15-16, 22-23, 32, 46-47, 54, 59, 69, 90, 147, 165, 188, 237, 252
jardin : 20, 96, 105, 173
Java : 94
javelot : 56, 98, 152
Jerf el-Ahmar (Syrie) : 79, 101

Jéricho (Cisjordanie) : 79
Jésus-Christ : 123
Jettböle (Finlande) : 141
jeu : 58, 72, 105
Jiangxi (Chine) : 46
Jomon (culture) : 15, 22-23, 46
Jordanie : 101
Juda, royaume de : 82
judaïsme : 90-91, 168, 232
Juifs : 76, 82, 213, 229
Jungfernhöhle, grotte (Allemagne) : 141, 150
Jupiter (divinité) : 87
Jura : 63, 65, 75, 100, 148, 151

K

Kaliningrad : 43
karité : 52
Katmandou (Népal) : 19
Kent (Grande Bretagne) : 95
Kenya : 54, 93, 146
Kenyanthrope ou Kenyanthropus platyops : 54, 197
Kilianstädten (Allemagne) : 150
kitsch : 109
Konya (Turquie) : 79, 101
Koshima (Japon) : 54
Kossinna, Gustaf : 220
Koumayneu : 152
kourgane : 180
Kovačevo (Bulgarie) : 35, 83
Kozarnika, grotte (Bulgarie) : 94
Krapina, grotte (Croatie) : 139-140
Kuk (Nouvelle-Guinée) : 48
Kurdistan : 78
kuru : 141

L

La Boëtie, Étienne de : 121, 123, 239

La Marche, grotte (Vienne) : 99, 103

La Rochelle : 113

labour : 19, 37

labret : 40

Lafargue, Paul : 67

laine : 18-19, 63-64

lait, laitage, lactose : 17-19, 63, 82

lama : 49, 63, 66

lame : 119-120, 152

Laming-Emperaire, Annette : 75

lance (arme) : 60, 87, 154-155

langue : 89, 131, 179, 185, 202, 204-206, 208-210, 213, 215, 220, 223, 226-229, 251

Lapithes (peuple mythologique) : 89, 138, 179

Lascaux, grotte (Dordogne) : 31, 43, 75, 229

Lassois, mont (Côte d'Or) : 106, 132

Latins, latin : 87, 128, 132, 180

Lavau : 106, 132

Law, John : 130

Le Cendre : 122, 143

Le Grand-Pressigny : 128

Léman, lac : 143

Lemonnier, Pierre : 152

Leroi-Gourhan, André : 58, 75, 93, 95, 218

Letnitsa (Bulgarie) : 87

Levant : 27, 31, 81

Lézignan-la-Cèbe : 229, 246

Libye, libyen : 51

Lilith (divinité) : 90

linéaire A (écriture) : 206

linéaire B (écriture) : 206

Link, Thomas : 150

lion, lionne : 73, 78, 83, 106, 181

Locmariaquer (Morbihan) : 163

Lomekwi (Kenya) : 54, 197

Londres : 212, 251

Lorraine : 202

Louis XIV : 24, 185

Louisiane : 214

loup : 15, 29, 57, 77, 247

Lucy : 54, 245

Lug (divinité) : 86

Lugdunum : 86

Lutèce (Lutetia) : 225

Lydie : 130

Lyon : 86

M

macaque : 54

Macédoine, Macédoniens : 106, 225, 227, 236, 251

macédonien (langue) : 225

machine : 53, 62, 66, 119, 237

Madagascar : 48, 52, 145, 165, 215

Magdalénien (culture) : 75

magie, magicien, magico-religieux : 70, 89, 91, 123

Maiden Castle (Grande-Bretagne) : 141

main : 9, 58, 64, 73-74, 87, 95, 99, 122

maïs : 12, 49-50

- **maison** : 18, 29, 34-35, 37, 40, 45, 57, 60, 63, 79, 101, 119, 148-149, 161, 179, 182-183, 185, 202, 221
- Maizy : 84, 151
- Majdanpek (Serbie) : 59
- Makapansgat, grotte (Afrique du Sud) : 95
- Malaisie : 48, 188
- Malalmuerzo, grotte (Espagne) : 141
- Mali : 252
- Malte : 84, 104
- **mammifère marin** : 23, 29
- **mammouth** : 14, 57, 75, 77, 100, 113, 237
- *mana* : 123
- Mandchourie : 165
- Manio (Bretagne) : 163
- **Manning, indice de** : 74
- **marais, marécage** : 77, 85, 104, 139
- mariage : 138, 176
- Marie (sainte) : 71, 76, 90
- Maroc, marocain : 95-96
- **marron, marronnier** : 22-23
- Mars (divinité) : 87
- Marseille : 211
- Marx, Karl : 67, 175
- Marx, Laura : 67
- Mas d'Azil, grotte (Ariège) : 177
- **masque** : 47, 79-80, 101, 105, 238
- **massacre** : 90, 135, 146, 148, 154
- **massue** : 9, 147, 155
- **maternité** : 187, 189
- **matriarcat, matriarcal** : 171, 174-177, 179
- Mayas : 131, 235, 238, 252
- Mecklembourg (Allemagne) : 155
- Médicis, Catherine de : 184
- Méditerranée, mer : 34, 39, 130, 132, 138, 209, 211, 213, 248, 250
- Medni Rid (Bulgarie) : 59
- **mégalithe** : 63, 65, 85-86, 120, 125, 151, 162-164, 249
- **Mélanésie, mélanésien** : 48
- Ménélas : 88, 178
- Mercantour (Alpes) : 86
- Mercure (divinité) : 86-87
- Mésolithique : 30, 39, 41-42, 62, 77, 147, 156, 161, 167, 247
- Mésopotamie, *voir aussi* Irak : 10, 32, 45, 60, 65, 81-82, 103, 128, 130-131, 144, 181-182, 184, 206, 234, 248
- Mésopotamiens : 61, 81-82
- **métal, métallurgie** : 41, 53, 59, 61-62, 101, 105, 119, 130, 143, 153, 249, 251
- meule : 35, 40, 46, 114, 183
- Mexique : 26, 238, 247
- Midi : 41, 211, 229
- **migration, migratoire** : 18, 27, 41, 118, 167, 181-182, 193-194, 199, 201-202, 204-206, 214, 251
- **mil** : 51
- Ming (dynastie) : 236
- Minoen : 206
- **miroir** : 87, 101, 105, 107
- Mississippi : 50, 252
- Mississippiens, civilisation mississippienne : 131, 235, 252
- Moldavie : 126

Molière (Jean-Baptiste Poquelin) : 185
monarque : 127
mongol, Empire : 235, 252
Mongolie : 227
monnaie : 107, 115, 127, 129-130, 132, 251
monothéisme : 82, 89-90
Montaigne, Michel de : 121, 159
Montardit : 147
Morbihan : 147, 163
Morgan, Lewis : 175-176, 233
Morisques : 213, 229
mosaïque : 103, 105, 107, 202
Moselle : 213
mouflon : 51
moulin : 18, 66
mouton : 16, 19, 26, 31, 40-42, 247
Moyen-Orient : 36, 81
musée : 87, 95, 97, 152, 228
musique (instruments) : 58, 60, 93, 100, 172, 220
mutilation (sexuelle) : 90, 189
Muwatalli II, roi : 207
Mycènes (Grèce) : 66, 83, 88, 105, 126, 206, 235, 238, 250
Mystères (religion) : 175
mythe, mythologie : 76, 87, 89, 138, 142, 156, 171, 174, 207, 230

N

Nabta Playa (Égypte) : 51
Nahal Hemar, grotte (Israël) : 80
Nancy : 164
Napoléon : 24, 137, 237
napoléonien, Empire : 252
nasse : 14, 30, 57, 131
Nataruk (Kenya) : 146
nation : 137, 157, 208, 210-211, 217, 220, 223, 226-228, 230-231
Natoufien (culture) : 31
navigation, navigateur : 52, 199
Neandertal, homme de, *voir aussi* Néandertaliens et Homo sapiens neandertalensis : 73, 97, 100, 113, 128, 140, 160, 195, 198, 246-247
Néandertaliens, *voir aussi* Neandertal, homme de, et Homo sapiens neandertalensis : 59, 61, 95, 97-98, 117-118, 139, 194, 229
nécropole : 60, 185, 210
Néguev (Israël) : 31
Nemours : 153
Néolithique : 19, 27, 30, 32, 34, 36-42, 44-47, 51, 58-61, 64, 66, 78, 82-83, 85, 87, 100, 102-103, 114, 119-120, 124, 128, 133, 139, 141-143, 145, 147-151, 156, 161-163, 167-169, 174, 176, 179-180, 182-183, 191, 201-202, 211, 221-222, 227, 233-234, 247, 249, 252
Néolithique précéramique (ou acéramique) : 32
Népal : 19
Nevali Çori (Turquie) : 181
Niaux, grotte (Ariège) : 75, 177
Nice : 211, 213
Nil (fleuve) : 51, 146
Nîmes : 213

noblesse : 123
Noire, mer : 36, 43, 65, 85, 118, 148, 153, 221, 248-249
noix : 46-47, 54, 93, 219
Nord, mer du : 43, 249
Nord-Trøndelag (Norvège) : 156
Norfolk (Grande-Bretagne) : 95
Normandie : 45, 213
Normands, *voir aussi* Vikings : 213-214
Norvège : 156
Notre-Dame de Paris : 87
Nouvelle-Guinée : 18, 26, 38, 48, 64, 76, 91, 96, 100, 137, 141, 152, 171, 188, 236, 247
Noyen : 84

O

Occident : 12, 121, 190, 232
Occitanie, occitan : 185, 213
Océanie : 20, 48, 121, 123, 125, 129, 199
ocre : 73, 96, 143, 162, 177
Odessa (Ukraine) : 43
Oise : 84, 86
oiseau : 18, 44, 53, 96, 98, 112, 145, 168, 193, 218
Olbia : 211
Olmèques : 252
oppidum, oppida : 132, 225, 251
or : 60, 86, 104, 106-107, 118, 120, 125, 129, 185, 238
orge : 22, 31, 40, 42, 130, 247
Orient : 26, 83, 124, 131, 155, 226, 232
orpaillage : 60, 120, 130
ORRORIN : 196

orthodoxe : 140, 168, 226
os : 18, 47, 56-57, 59, 62, 93, 100, 118, 139-142, 145, 153, 155, 173, 177, 179, 183, 219-220
Ostrogoths : 229
ottoman, Empire : 226
Ottomans : 236
Ötz, vallée de l'(Autriche) : 40
ÖTZI : 40, 135, 139, 152-153, 155
OURANOS (divinité) : 175
ours, ourson : 16-17, 73, 77
oursin : 95
outil, outillage : 11, 14, 18, 41, 46, 53-54, 56-58, 61, 93, 95, 101, 118, 149, 152, 161-162, 187, 197, 202, 210, 219, 223, 245-246
ovin : 47

P

Pacifique, océan : 44, 48, 215
Pactole (fleuve) : 130
Pakistan : 204
palais : 83, 103, 105-106, 128-129, 206, 235, 238, 250
Palatinat (Allemagne) : 141
Paléolithique : 25, 30-31, 38, 62-64, 76-79, 81, 102-103, 108, 114, 128, 141, 146-147, 153, 161, 174-175, 177, 180, 186, 191, 220
Paléolithique inférieur : 246
Paléolithique moyen : 197, 246
Paléolithique supérieur : 14, 87, 113, 140, 160, 247
palmier (à huile) : 20, 52

Pandore (divinité) : 172-173
panthéon (divin) : 76, 81, 103, 179, 184
pape : 113
Papous : 38, 49, 76, 171, 173-174
Pâques, île de : 215
Paranthropus : 197
Paris : 87, 112, 133, 145, 277, 284
Pâris : 88, 178
Parisii : 87, 225
Parsis : 168
parure : 40, 58, 60-61, 73, 86, 96-97, 105, 107, 114, 125, 161-162, 212, 221, 246, 250-251
Passel (Oise) : 84
Passepartout, Jean : 143
Passy-sur-Yonne : 162
Patou-Mathis, Marylène : 146
patriarcat, patriarcal : 180, 184
Patrocle : 167
Pays baltes : 43
Pays basque : 100, 213
Pays de Pount : 184
Pays-Bas : 224, 237
peaux : 17-18, 40, 56, 63, 129, 161, 173, 195, 199
pêche (activité) : 11-12, 20, 23-24, 30, 48, 52, 56-57, 234, 247
Peiligang (culture) : 47
peinture (rupestre) : 15, 25, 34, 40, 51, 73, 77, 96, 109, 220
Pékin : 46
Péloponnèse : 83
pendeloque : 182, 246
pendentif : 60, 73, 97, 118

Pengtoushan (culture) : 47
péninsule Ibérique : 210, 250
Père Noël : 72
Périgord : 75, 77, 128, 177
période glaciaire : 13, 30, 56, 73, 114, 201, 247
période interglaciaire : 57, 147
perle : 39, 59-60, 64, 113-114, 163, 165
Pérou : 50
perse, Empire : 130
Perséphone (divinité) : 175
Perses : 82, 180
Pétrequin, Anne-Marie : 39
Pétrequin, Pierre : 39
peuple : 11, 89-90, 123, 142, 180, 202, 204-205, 207, 209, 211, 217, 222, 224-225, 228, 239, 251
peuples de la Mer : 206
pharaon : 103, 105
Philippines : 48
pieds-noirs : 214
pierre polie : 38
pigeon : 17-18
Pigeons, grotte des (Maroc) : 96
piment : 49-50
pintaderas : 40
pirogue : 14, 30, 32, 57, 215, 229
plantain : 52
plume, plumage : 17-18, 80, 96
poignard : 59-60, 104, 143, 152-153, 203
poisson : 14, 17, 23-24, 29, 44, 46, 77, 87
Poitiers : 98
Pôle Nord : 204
Pollux (divinité) : 87

Pologne : 214
polyandrie : 176
Polynésie, polynésien : 48, 52, 122, 144, 215, 252
polythéisme : 89-90
pomme de terre, patate douce : 50, 54
Pompéi : 111
Ponte San Pietro (Italie) : 143
porc : 18, 31, 40, 42-43, 47-48, 125, 247
Portes de Fer (Roumanie et Serbie) : 77
Portugal : 34, 166, 221, 248
POSÉIDON (divinité) : 88
poterie : 14, 32, 34, 36-37, 40, 43-48, 51, 56, 58-59, 62, 103-104, 106, 114, 116-117, 150, 179, 183, 202-203, 210, 215, 220-221, 223, 248
poulet : 47-48
prêtre : 70, 76, 81, 103, 127, 133, 184
primate : 11, 20, 53-54, 57, 99, 136, 159, 174, 178, 198-199, 218-219, 245
prince, princier : 88, 106, 126, 132, 178, 207, 235, 251
Proche-Orient : 15-16, 19, 22-23, 25-26, 30-31, 36, 41-43, 45, 47, 49, 51, 59, 62, 64-66, 73, 77, 80-83, 87, 102-103, 113, 124, 145, 160-161, 181, 184, 206, 214, 227, 237, 247-248, 250
programmes (scolaires) : 231-232
PROMÉTHÉE (divinité) : 172

propulseur : 56, 98
protestantisme : 90, 113, 140, 168
Proto-Bulgares : 229
Provence : 128
Prusse, prussien : 137
psychotrope : 49
PÛ-ABI : 144
puits : 59, 112
punch (taille du silex) : 62
purification (ethnique) : 187, 227

Q

Qadesh (Syrie) : 207
QIN SHI HUANGDI : 130, 144
Québec (province) : 214

R

race : 15, 193, 195, 198
RAMSÈS II : 207
rapt : 178
rat : 17
Réforme : 71, 90
Reims (*Durocortorum*) : 123, 225
religion, religieux : 12, 16, 25-26, 69-72, 75-78, 81-83, 87-91, 98, 108, 123, 132, 137, 142, 145, 156, 168, 171, 174-175, 180, 188, 206, 220, 222-223, 226
relique (religieuse) : 71
Rèmes (*Remi*) : 225
RENAN, Ernest : 230
renne : 57, 77, 193, 221, 237
représentation : 63, 65, 73-74, 76-78, 83, 85, 98-99, 102,

108, 156-157, 163, 174, 177, 179, 186
représentation féminine : 25, 47, 74-75, 80, 84-85, 87, 95, 101, 108, 150, 153, 174, 177, 179, 181, 183-184, 220, 250
République tchèque : 14, 178
Retoka (Vanuatu) : 122, 144
révolte, insurrection, jacquerie : 111, 121, 131-133, 156, 191, 206, 235
Révolution française : 12, 130, 133, 208, 228
révolution industrielle : 12, 66, 214, 237, 239
révolution néolithique : 10, 232
Rhin (fleuve) : 36
rhinocéros : 73
rhombe : 64, 100
Ribemont-sur-Ancre : 86
riz : 26, 46-48, 51
Roche-au-Loup, grotte (Yonne) : 95
Rocheuses, montagnes (Amérique du Nord) : 245
roi, royaume, reine : 81-82, 88, 90, 103-106, 113, 123, 130-131, 144, 172, 178, 184, 207-209, 212-214, 225, 227-228, 238, 252
romain, Empire : 65, 89, 133, 167, 202, 208, 212-213, 224, 237
Romains, civilisation romaine : 10, 62, 66, 86, 101, 107-108, 122, 125, 128, 132, 138, 162, 164, 167-168, 179, 202, 204, 206, 208-212, 224, 227-229, 236, 250-251

romantisme : 94, 208, 228
Rome : 87, 105, 113, 128, 179, 191, 210, 228, 232, 251
Rosny, Joseph-Henri (dit Rosny aîné) : 138
roue : 19, 40, 49, 53, 63, 65-66, 104, 106, 185, 249-250
rouet : 66
Rouge, mer : 194, 248
Roumains : 228
Roumanie : 77, 147, 227-229
Rousseau, Jean-Jacques : 135, 138-139, 157
Roussillon : 140
Roy Mata : 122, 144
Royaume-Uni, *voir aussi* Angleterre : 227
Rubané, Céramique linéaire (culture) : 36, 141, 148, 248
Rudna Glava (Serbie) : 59
ruissellement *(trickle down)* : 134
russe, Empire : 252
Russes : 214, 229
Russie européenne : 43
Russie méridionale : 14, 30, 147, 249
Russie, russe : 44, 65, 77, 113, 161, 179, 202-203, 205, 217, 226, 252

S

Sabins, Sabines : 138, 179
sacre, sacré : 76, 112, 123, 168, 172, 175, 187, 208
sacrifice (humain) : 69, 143
Sade, Donatien, marquis de : 190
Sahara : 51

Sahlins, Marshall : 24
saint, sainte : 71, 76, 90, 168
Saint-Michel (Morbihan) : 163
Saint-Michel-du-Touch : 84
salafiste, salafisme : 72
sanctuaire : 70, 76, 86, 156, 175
sang : 18, 137, 140, 148, 162, 186-187
sanglier : 17, 29-30, 42, 77-78, 161, 181
Sanoï (ange) : 90
Sansanoï (ange) : 90
Santorin (Grèce) : 111
Sarrazins : 207
saumon : 17, 23, 193
Savoies : 213
Saxe-Cobourg-Gotha (famille) : 227
Scandinavie : 86, 104, 147, 202, 224
sceptre : 60, 118
Schela Cladovei (Roumanie) : 147
Schleswig-Holstein-Sonderburg-Glücksburg (famille) : 227
Schletz (Autriche) : 150
Scott, James : 236
sculpture : 75, 78, 101, 105
Scythes : 88, 106, 251
secte : 113
sédentarité : 10, 39, 47, 78-79, 114, 133, 148, 201, 247
sein : 75, 81, 83, 104, 108, 177-178, 199
Seine (fleuve) : 162, 208
sel : 106, 128
sélection (naturelle) : 15, 42, 56, 74, 198-199, 246

Semangelof (ange) : 90
Sénégal : 165
sépulture : 145-147, 154
Serbie : 59, 77, 128, 226-227
serpent : 78, 83, 87, 163, 173
servitude (volontaire) : 111, 120-121, 133, 190, 239
sexe, sexuel, sexualité : 25, 40, 56, 74-76, 78, 80, 82-83, 87-88, 90, 99, 104, 108, 114, 153, 162, 172-175, 177-182, 184, 186, 188-191, 199, 219
Shangshan (Chine) : 46
Shanidar, grotte (Irak) : 160
shinto, shintoïsme : 90
Sibérie : 15-16, 44, 147, 178
Sigaut, François : 18-19
silex : 39, 55-56, 60, 62, 95, 118-120, 128, 143, 151-153, 155, 161, 183, 203
silo : 23, 51, 112, 152
Sinaï : 181
singe : 54, 193, 214, 245
Sintashta (culture) : 65
Sion (Suisse) : 63
Slaves : 180, 227-229
Slovénie : 100
Smertrios (divinité) : 87
Smith, Adam : 157
soleil, solaire : 72, 81, 83, 85-86, 94, 104, 116, 156, 165, 199
Solutréen (culture) : 75
Somalie : 184
Somerset (Grande Bretagne) : 140
Somme (département) : 86
sorgho : 51
sortie d'Afrique : 97, 194-195, 197-198

Soudan : 146, 236
source : 85, 104
Sous Balme (Ain) : 147
souverain : 81, 135, 207, 222
Sozopol (Bulgarie) : 59
Sparte (Grèce) : 88, 178
stalactites : 97, 117
Stara Zagora (Bulgarie) : 34, 59
statue-menhir : 85, 153, 165
statuette, statue : 14, 75-78, 80-84, 93, 95, 100-101, 103-105, 107, 128, 151, 153, 165, 174-175, 178, 181-182, 202
stockage : 22, 34, 47, 57, 129, 145, 233
Stonehenge (Grande Bretagne) : 86, 156, 165
Suard (Charente) : 94
Suisse, Confédération helvétique : 174, 202, 209, 220, 238
Sulawesi (Indonésie) : 73, 99
Sumériens : 82
Sungir (Russie) : 113, 161
Sveshtari (Bulgarie) : 107
Swanscombe (Grande Bretagne) : 95
sylviculture : 22, 47
Syrie : 78-79, 95, 101, 207

T

tabac : 49
TABET, Paola : 187
Table des Marchands (Morbihan) : 163
TACITE : 122
Taforalt (Maroc) : 96
Taiwan : 48, 215
Talheim (Allemagne) : 61, 148
TAMMOUZ, ou DUMUZI (divinité) : 82
Tan-Tan (région, Maroc) : 95
TARANIS (divinité) : 86
Tarn-et-Garonne : 97
taro : 26, 48, 52
tartare (langue) : 180
TARVOS TRIGARANUS (divinité) : 87
tatouage : 39
taureau : 18, 79, 82, 84, 101, 104, 183
Tautavel, grotte (Roussillon) : 140
Tchad : 245
tell : 36
temple : 77-78, 81, 104-105, 164, 178, 184, 202, 256
Tende (Alpes-Maritimes) : 154
Tène, La (culture) : 210-211
téosinte : 49
tépé : 36
termite : 54, 219
tertre funéraire : 131, 144, 162, 166, 202
TESTART, Alain : 75, 145, 186
têtes réduites : 145
Téviec (Morbihan) : 147
textile, tissu, tissage : 40, 80, 172, 190
THATCHER, Margaret : 121
théâtre : 80, 107, 202
théophagie : 140, 142
thermes : 107
Thessalie (Grèce) : 179
Thetford (Grande-Bretagne) : 95
Thonon-les-Bains : 143

THOUTMOSIS III : 184
Thraces : 87-88, 106-107, 227-229, 251
TIBÈRE : 87
Tibet : 145, 176
Tiefenellern (Allemagne) : 150
tigre : 26
Tollense, rivière (Allemagne) : 155
tombe, tombeau : 20, 39, 46, 62-63, 65, 73, 77, 80, 84-85, 96-97, 101, 106, 112-114, 118, 120, 122, 124-126, 132, 143-145, 151-152, 154, 159-163, 165, 167-168, 183, 185, 202-203, 210, 212-213, 221, 227, 249, 251
Tormarton (Grande-Bretagne) : 156
torque, *voir aussi* collier : 60-61, 87, 106, 185
totem, totémisme : 15, 25, 75
TOUMAÏ : 196, 245
tour de potier : 64-65, 91
Touraine : 128
tournesol : 51
tours du silence : 145, 168
traction (animale) : 19, 40, 63, 65, 249
TRAJAN, empereur : 228
travois : 49, 63, 66
Trinil (Indonésie) : 94
tripalium : 67
troc : 129
Troie, Troyens : 88, 154-155, 178, 184, 207
Trou-Violet (Montardit) : 147
Troyes (Aube) : 106, 132

Trundholm (Danemark) : 86, 104, 156
tumulus : 95, 106-107, 125, 163-164, 167, 180, 202
Turcs : 227, 229
Turkana, lac (Kenya) : 146
Turquie : 31-32, 40, 44-45, 59, 61, 78-80, 101, 130, 180-182, 207-208, 227, 248
Tziganes : 204, 213, 229

U

Uan Afuda, grotte (Libye) : 51
uchronie : 237
Ukraine : 14, 30, 43-45, 75, 77, 126, 128, 147, 179, 205, 220, 249
Ur (Irak) : 144
urbain : 9, 76, 103, 105, 112, 130-133, 142, 184, 234, 250-251
Urfa (Turquie) : 101, 181
Utah (États-Unis) : 234

V

Vaihingen (Allemagne) : 150
Valais (Suisse) : 63
Valcamonica (Italie) : 86
Vallée des Merveilles : 63, 86
Vanuatu : 122, 144
Var : 141
Varna (Bulgarie) : 60, 62, 118-119
Vasilivka (Ukraine) : 147
Vatican : 217
vautour : 78-79, 100
Vénus : 75, 77, 100, 177

Vénus (divinité) : 87
Vercingétorix : 237
Vercors : 25
Verne, Jules : 143
verre : 62, 118
vesce : 42
Vésuve (volcan, Italie) : 111
vêtement : 39-40, 56, 113, 118
Vienne (département) : 99
vigne : 12, 38
Vikings, *voir aussi* Normands : 213
villae : 212
village : 20, 29, 32, 34-35, 37, 45, 47, 57, 60, 114, 119, 125, 127, 131, 141, 148, 150-152, 161, 168, 179, 181-183, 221, 248, 250
Villars, grotte (Dordogne) : 177
ville : 10, 17, 47, 60-61, 81-82, 86, 88, 101, 103, 105, 112, 119, 122, 124, 126, 131-132, 168, 178, 181-182, 207, 210, 212, 225, 231, 234, 248, 250, 252
Villeneuve-Tolosane : 84
Vinci, Léonard de : 106
Vindija, grotte (Croatie) : 140
viol : 138, 191
violence : 89, 127, 136-140, 143-144, 146-148, 151-152, 156-157, 191, 212
virilité : 82-83, 137
Viso, mont (Italie) : 38, 163
Viterbe (Italie) : 143
Vix : 106, 132, 185
volcan, volcanique : 111, 116
Volga (fleuve) : 30
Vosges : 38

W

Waal, Frans de : 136
wahhabite : 72, 113
Washington (États-Unis) : 164
Waterloo : 237
Weber, Max : 71
Wiederstedt (Allemagne) : 150
Wiesbaden-Erbenheim (Allemagne) : 150
Wisigoths : 123, 212, 229
Würm (glaciation) : 13, 247

X

Xianrendong, grotte (Chine) : 46
Xinglongwa (culture) : 47

Y

Yahvé : 82
Yangshao (culture) : 47
Yangzi ou Yang Tsé (fleuve) : 46-47, 247
Yonne (département) : 59, 229
Yonne (rivière) : 162
Yougoslavie, yougoslave : 139, 225
Yucatan : 238
Yuchanyan, grotte (Chine) : 14

Z

Zarko (Grèce) : 35, 161
Zauschwitz (Allemagne) : 141, 150
Zénobie de Palmyre : 184
Zeus (divinité) : 88, 172-173, 184
Zheng He : 236
Zimbabwe : 252
Zomia : 236
zoroastrisme : 82, 145, 168

Cartes

Les foyers de néolithisation dans le monde	21
La néolithisation de l'Europe	33
*Les premières migrations d'*Homo sapiens	200

Illustrations

Aurochs.	31
Maison néolithique.	35
De la téosinte au maïs.	50
Biface.	55
Travois.	64
Rhombe.	65
Motifs graphiques.	102
Hache polie.	149
Les formes de poterie.	203
Pirogue à balancier.	215

Introduction	9
Chapitre 1. Qui a inventé l'agriculture (et l'élevage) ?	11
Quand ?	13
Le loup fut un chien pour l'homme	15
La fin de la sauvagerie ?	16
De l'utilité des animaux	18
Planter et transplanter	20
Pourquoi se donner tant de peine ?	22
L'agriculture fut aussi un choix	24
Chapitre 2. Qui a inventé les maisons et les villages ?	29
La plus vieille agriculture du monde	31
Les premiers villages d'Europe	34
La vie des premiers paysans de l'Europe	37
Parures, tombes et tatouages	39
La résistance des chasseurs-cueilleurs indigènes	41
Génétique et métissages	42
Du Danube à l'Atlantique	44
À l'autre bout de l'Eurasie, la Chine	46
Vers le sud-est de l'Asie, et au-delà	48
L'agriculture des Amériques	49
Premiers paysans africains	51
Chapitre 3. Qui a inventé les outils, le métal et la roue (et le travail) ?	53
Des outils de plus en plus anciens	54

Pourquoi inventer ?	57
Les inventions du Néolithique	58
La première métallurgie du monde	59
Du Bronze au Fer	61
Premières machines	62
L'invention de la roue	64
Et maintenant ?	66

Chapitre 4. Qui a inventé les dieux (et Dieu) ? 69
Qu'est-ce qu'une religion ? 70
Le « désenchantement du monde » 71
Premiers signes 72
La société, le sexe et les animaux 74
Les religions de l'agriculture 77
Crânes et masques 79
L'État et ses dieux 81
Trajectoires européennes 83
La mort et le pouvoir 85
Vers l'histoire 88
L'invention du monothéisme 89
Et maintenant ? 91

Chapitre 5. Qui a inventé l'art (et le *design*) ? 93
Néandertal, collectionneur et artiste ? 95
Et vint l'Homo sapiens 98
L'art des paysans 100
L'Europe des chefferies 103
L'art et le goût des « Barbares » 105
La fin de l'art ? 107

**Chapitre 6. Qui a inventé les chefs
(et la servitude volontaire) ?** 111
Les difficultés de l'archéologie 112
Des chasseurs-cueilleurs aux agriculteurs 113
    Dater les sites archéologiques 115
    Reconstituer environnement, alimentation et circulations 117
Le premier or de l'humanité 118
De la servitude volontaire 120
Le pouvoir est-il divin ? 123
Pouvoirs et contre-pouvoirs, la société contre l'État 124

Pour faire un État : l'impôt, la violence, l'écriture et la monnaie 127
Des villes et des États réversibles ? 131
Et maintenant ? 133

Chapitre 7. Qui a inventé la guerre (et les massacres) ? ... 135
La guerre est-elle « naturelle » ? 136
Identifier la violence préhistorique 138
Le plus ancien cannibalisme 139
Les mystères du site de Herxheim 141
Sacrifices humains et morts d'accompagnement 143
Rouvrir les tombes 144
Les plus anciens massacres 146
Tueries néolithiques 148
Et la guerre s'installa 151
La course aux armements 153
La première bataille de l'histoire européenne 155
Et maintenant ? 156

Chapitre 8. Qui a inventé les tombes et les cimetières ? ... 159
Les plus anciennes tombes 160
Naissance des cimetières – et des dolmens 161
    Mégalithes 164
Vers moins de démesure 166
Inhumer ou incinérer ? 167

Chapitre 9. Qui a inventé la domination masculine ? 171
Ève et Pandore 172
Jadis, le pouvoir des femmes ? 173
Le destin du matriarcat 175
Préoccupations sexuelles préhistoriques 177
Une Europe néolithique matriarcale et pacifique ? 179
L'exaltation du pouvoir mâle 180
Un premier effondrement néolithique 182
Naissance des rois 184
Répartitions des tâches et interdits 185
Comment se passer des femmes ? 187
Avoir peur des femmes 189
Et maintenant ? 191

Chapitre 10. Qui a inventé les migrations (et les immigrés) ? 193
Sortir d'Afrique. 194
    Quand nous étions plusieurs espèces... 195
Les « races » existent-elles ? 198
Agricultures et migrations 201
Les migrations indo-européennes ? 204
Migrations méditerranéennes 205
Qu'est-ce qu'un peuple ? Et les Gaulois
   sont-ils « nos ancêtres » ? 207
Les Celtes archéologiques 209
Des Gallo-Romains ? 211
La France, éternelle et inchangée ? 213
Et maintenant ? 214

Chapitre 11. Qui a inventé les peuples, les ethnies et les nations ? 217
Monogames ou polygames ? 218
La culture matérielle. 219
    Culture matérielle et groupe ethnique 222
Les premiers « peuples » ? 224
Balkanisations et créations 226
Qu'est-ce qu'être français ? 228
Et maintenant ? 230

Conclusion. Les raisons d'un zapping 231
L'histoire officielle. 232
D'autres histoires possibles ? 233
Supporter, ou non, l'inégalité 235
De la ligne au buisson 236
Une autre histoire encore à écrire – et à vivre ? 238

Annexes 241
Chronologie simplifiée. 242-243
Arbre de l'humanité 244
Une brève histoire de l'Europe et des alentours 245
Glossaire 253

Bibliographie 277
Index 287